中国众筹行业发展报告

2016

China Crowdfunding Industry
Development Report

袁毅 杨勇 陈亮 著

上海人民出版社

《中国众筹行业发展报告》
课题组

组　长：袁　毅　　孙智冉

成　员：杨　勇　　陈　亮　　徐　来　　张琳娜

　　　　曾行兰　　吴兴寅　　杨成明　　胡安慈

　　　　魏　丹　　吴牧州　　沈一力　　张琳珺

　　　　侯　莹　　崔美香　　叶逸含　　李敏敏

　　　　贲骏竹　　李　琳　　刘鸿斌　　赵　予

顾　问：陈　跃　　杨　东

目 录

序

自 2011 年第一家众筹平台在我国诞生以来,中国众筹走过了 5 年的历程。作为一种新的投融资模式,众筹的出现恰逢我国经济转型的关键时期,特别是 2014 年李克强提出"大众创业、万众创新"的口号后,小微创业公司如雨后春笋般在中国大地涌现,也进一步促进了众筹行业的快速发展。

除去债权众筹平台,中国正常运营的众筹平台已逾 300 家。其中既有产品众筹平台,又有私募股权众筹平台和公益众筹平台,完成融资金额已达百亿元规模。全行业一直在监管机构出台的管理办法及意见的指导下,尝试各种商业模式,一些平台正在逐步建立从创业孵化、众筹融资到服务的生态圈,另一些平台在细分市场找到自己的定位。但是,在发展的同时,还应该看到,整个众筹行业还处于探索阶段:学术研究跟不上实践发展的速度,导致行业缺乏足够的理论支撑;实践中形成的经验较为分散,缺乏系统的归纳和整理,没有上升到理论的高度。行业运营的真实情况、技术应用情况、众筹社会团体等信息还没有充分反映和整合。

人创咨询联合华东师范大学共同研究和撰写的《中国众筹行业发展报告》,是一部全面阐述众筹理论、实践及行业数据的著作。清楚地展示了国内外众筹理论研究的现状,比较了国内外主要众筹平台的差异;以实例详解了易于混淆的概念及政策;在全面收集我国众筹行业的全部数据的基础上,分析和比较了不同细分市场及不同平台的运营状况、用户特征及行业排名情况;通过大量的案例展示了我国众筹平台的各种商业模式及发展思路;报告了当前行业存在的主要问题的发展趋势。本书是一本理论与实践并重的内容全面的图书,无论是对于众筹研究者、平台运营商、相关管理者,还是希望了解众筹的普通读者,它都是一本有价值的参考书。

众筹思维正在重构传统的商业体系,未来十年里,中国将成为全世界最大的众筹市场,它将为中国经济体制转型升级提供新的动力。让我们从了解众筹、参与众筹开始,拥抱这个充满激情的新时代!

中国人民银行金融研究所所长　姚余栋

前　言

《中国众筹行业发展报告》是众筹家基于行业数据进行研究并撰写的研究成果，是众筹家系列图书之一，同时也是对众筹行业进行的全面评估和总结。

众筹家诞生于"双创、四众"风起，众筹站上时代潮头之际。众筹家依托传统金融和大型国资的背景及先进的互联网技术，迅速发展成行业最具影响力的第三方品牌，成为众筹信息的生产、聚合、分析与传播平台，并在上海、北京、深圳、成都等重点城市完成战略布局。目前，众筹家主营业务已涵盖三大板块：第一，运营众筹行业权威的数据研究院，建立了国内最权威的众筹行业数据库，具备深入分析众筹数据，定期提供权威众筹数据报告的强大研究实力；第二，建立众筹项目云库及交易服务平台，聚合全国300余家众筹平台上的优质项目，搭建完善的项目云平台和科学的项目评价系统。通过平台，用户可以实现一站式项目发掘和评价。同时，众筹家与开源基金签署了战略合作协议，众筹家与星融财富联合启动了星筹联动基金，作为众筹家领投基金，带领投资人到项目所在平台开展投资，并为投资人提供包括项目进展跟踪等覆盖全周期的投资服务；第三，成立众筹资讯中心和行业交流活动社区，通过强大的搜索技术实现行业信息的聚合，遍布全国各地的众筹家记者独家撰写行业研究文章，通过中国众筹家俱乐部，定期举办中国众筹家大赛、大嘴扒众筹等品牌活动；《中国众筹行业发展报告》涵盖了自众筹在我国出现以来各个众筹平台的运营数据。本书在研究和撰写过程中，力求严谨和规范，其特色主要体现在以下三个方面。

1. 理论与实践兼备

在理论上，借鉴国内外学术期刊及学术会议上发表的众筹相关论文先进成果,对国内外学者众筹研究的内容进行了综述;对众筹相关概念进行了剖析,并用实例给予详细的解释;提出了五种不同视角下的众筹分类方法,全面地涵盖了众筹的各种形态。

在实践上,课题组成员走访多个众筹平台,全书的内容是以当前我国众筹平台运营的现状及具体实战为基础的,保证了本书的实用性。

2. 全面与细分结合

本书是一本众筹行业的百科全书式著作,是众筹行业自发展以来全面的总结、评估及分析。内容上,力求完整。包括国内外众筹发展史、众筹类型与模式、中美重要平台对比、众筹政策演进、众筹相关机构等内容,以便读者能一站式了解众筹的方方面面。数据上,全面详实。采集的是全平台数据,即采集的是我国所有众筹平台的所有数据(除个别问题平台外),而不是样本数据。数据进行了人工清洗及分类,保证了数据准确性。

同时,本书又以切入细分领域为特色。通过对每个项目进行人工分类,统计项目所属的细分领域,分别对房地产、出版、农业、实体场所、游戏、科技、旅游、影视、音乐九个领域的项目数据进行统计和分析,为读者提供细分领域众筹发展的详细情况。

3. 建立完整评价体系

本书以众筹项目、平台等为对象,建立起一套科学完整的评价指标体系。在本书中,利用层次分析法建立众筹平台评价模型,依靠该模型能直观展示平台发展规模、交易撮合效率、运营特色等重要指标。同时,本书构建了一套帮助投资者快速考察项目价值、发展潜力、预测收益回报评价体系。帮助项目和平台逐步向规范化方向发展,并为投资者服务。

我们希望呈现在读者面前的是一本集理论、案例、实务和数据于一体的工具书,它适用于所有希望了解众筹的普通读者、众筹领域从业人员、希望投资众筹项目的投资者、希望通过众筹方式融资的创业者;适用于互联网金融的研究者;适用于国家各级相关部门的管理者。

本书得到上海现代服务业联合会众筹服务专业委员会的大力支持,在实地调研及数据审核时得到多家平台的配合,中国人民大学法学院杨东教授对本书提出了有价值的建议,在此表示感谢!还要感谢在本书出版过程中,给予热情帮助的上海世纪出版集团出版业务部吴申主任;本书参考引用了诸多媒体报道的公开案例、数据和文献,在此对各位作者一并表示感谢!

众筹家 CEO 杨 勇

寄 语

1. 投壶网

关于互联网股权融资，我在业内经常问的一句话就是：互联网股权融资到底是什么，能够给股权投资这个行业带来什么样的变革？

我从事健康医药产业股权投资已有 12 年光阴。在私募股权投资这条路上走得愈远，愈能发现传统的投资业态存在许多不得不正视的问题。比如投资效率不高及代理成本过高等已逐渐成为约束行业长远发展的普遍问题，我一直在思考这些行业痛点的根源所在，尤其到了今天，随着移动互联网时代的来临，我意识到"股权投资＋互联网"存在某种内在逻辑。为了求证我思路的正确性，2014 年 8 月，我启程赴美考察，从西岸的硅谷到东岸的波士顿，深入医药产业调研和创业项目考察，并拜访当地较专业的投资机构与股权众筹平台。此行让我更坚定地认准了未来"PE＋互联网"模式的发展之路。金融投资和医药行业，在中国均属于高度管制的行业，而这种过度管制必然导致行业创新与发展效能低下。基于这一认知，我产生了致力于通过互联网、大数据的技术去连接这两大行业的想法，通过借助于互联网的直接、高效和去中心化的特性提升 PE 行业的投资效率，同时促进中国医药产业的发展。

正是在这个阶段，国家也开始频频出台政策鼓励支持互联网金融的发展，国内的股权众筹开始迅速生长起来，但是伴随着行业的迅速生长而来的是行业泡沫的膨胀和行业乱象丛生，因此也就有了我在开始的提问。基于我的观察和思考，我们必须要明确以下观点：首先互联网金融企业的首要属性是金融属性，作为金融属性企业，就应当把投资者保护放在首位；其次，多年的金融行业经验让我认识到金融行业必须立足于产业发展，如果没有产业的依托，金融就是无源之水、无本之木。秉承这样的理念，就有了投壶网这个专注于医药产业投资的互联网股权投融资平台的诞生。

投壶,在古时不仅是一项运动,更是一种礼仪,而现在投壶网人再次赋予其现代意义,相信市场是一块很好的试金石,让我们拭目以待,这个以产业发展为支点的互联网股权投融资平台会如何迎接美好的明天!

——投壶网董事长 黄 煜

2. 抱团投

抱团投作为一个区域型股权众筹平台,从做快消实体店铺预购众筹到"预购+权益类众筹",探索出了适用于线下快消和服务行业的风控模型(即基于实体店铺租金支付时长建立评估项目生存周期和兑付风险的风控体系),再做股权众筹,探索出了线下实体股权众筹的有效退出机制和运作方法,谨以浅识抛砖引玉,与大家共同探索众筹行业的未来。

众筹行业至今只有一例平台跑路现象,但此首例跑路案例就暴露了投资人资金安全的巨大问题。众筹平台把所有人拉到一个平台上直接投资,一旦平台无法维持经营或三方支付倒闭,都会在很大程度上影响投资人的资金安全。如何保障投资人的账户安全和在途资金、闲置资金安全? 我们给出了一个答案:常州众筹电子商务有限公司联同上海存管网络科技有限公司和众筹家基于中信银行账户、交易结算系统打造出一款适用于众筹等互联网金融领域的银行系网络支付安全通道。届时,国内第一个完全符合 2015 年 7 月十部委联合发布的《关于促进互联网金融健康发展的指导意见》和 7 月 31 日《非银行支付机构网络支付业务管理办法》的第三方支付服务系统即将上线。

对于如何实现有效退出,抱团投给出的答案是垂直领域纵深去化。有效的销售渠道才是抵抗风险的最佳手段,做垂直领域众筹平台首先要做到在这个行业里有最佳最优质的销售渠道,以保证变现能力,最终方能帮助众筹投资人在项目出现风险时止损退出。抱团投是区域型快消连锁众筹平台,同时也是区域内具备快消去化多渠道的众筹平台,一旦项目失败清算返还投资本金,抱团投能第一时间帮助项目方找到接手转让方或去库存渠道,帮助投资人顺利退出。

基于一年多的众筹风控经验，我们发现，如需做到有效风控，仍需平台有能力根据众筹项目具体业态进行深入尽调，并给出一对一的个性化众筹设计方案，这样才能根据项目特点量身定做回报机制、退出机制和风险保障机制，最终做到道德风险完全避免、经营性风险可获得适当保障。每一位众筹从业者的头上都悬着一柄达摩克利斯之剑，我们需时刻保持对风险的敬畏，并时刻准备好应对风险的一刻！谨慎前行，不忘初心，与诸君共勉。

——抱团投创始人　王振安

3. 爱就投

十年后，我们来评价中国经济的关键词，我认为热词一定是"众筹"。"众筹"这个概念，2011 年兴起，2014 年被称为"中国众筹元年"，2015 年得到飞速发展。根据世界银行 2013 年的报告，预计到 2025 年，发展中国家众筹规模将达 960 亿美元，其中 500 亿美元在中国。正如十年前的"楼市"热了，2015 年的"股市"火了，那么未来，"众筹"一定会成为人们生活中的一种常态，让更多人都能一起分享合伙创业的美好感觉！

今天的众筹，已经诞生了各大流派，他们就像《隋唐演义》一样，群雄逐鹿，英雄辈出。这里面不仅有专注于新三板的众投邦、定位于"小微券商＋精品项目"的爱就投、专注于实体店铺的人人投，还有阿里巴巴、京东、百度等巨头，此外券商们也摩拳擦掌，跃跃欲试。但是监管层突然大喝一声："都给我停住，不许叫众筹，给我叫'互联网非公开股权融资'。"

但是不管怎么样，都无法阻挡历史的潮流趋势。无论出现何种挫折、反复，众筹都已经来了。众筹的历史车轮辘辘往前滚，众筹的明天一定是气势恢宏的！

这一年的众筹，还处在牙牙学语、蹒跚学步的年纪，所有的流派都在摸索，所有进入这个行业的人，不管当初是基于什么目的，他们无疑都在为着同一个目标坚持着。我们欣喜地看到，华东师范大学袁毅教授与众筹家的杨勇等，出版了这本《中国众筹行业发展报告》，他们和众筹实践者一样伟大，都在为众筹的发展奔走相告。我想，所有的众筹人都应该有四个坚定的信念，不管你们信不信，我反正是信了。

我坚信全球的股权都是可以交易的，关键是标准和手段！股权众筹是股权交易的重要标志和手段。

我坚信众筹会使财富面前人人机会平等，投资股权不是有钱人的特权！众筹小额、分散的特点，会使人人都能参与股权投资。

我坚信股权众筹将会成为人们生活中的一种常态，提高人们的幸福指数！在未来，人们会问：今天，你筹了啥，投了啥？

我坚信众筹的到来会使人类的创业速度更快，会使人类商业文明提前进入共产主义！

——爱就投董事长　徐文伟

4．微投网

中国是目前全世界最具创业创富机会的国度，是一个让年轻人实现梦想的地方。顺应这个全新的创业投资时代，诞生了一批像"微投网"这样的股权众筹平台，创业者可以通过众筹平台获得资金、人脉、资源、经验等多方面的支持，而大众投资人可以通过众筹平台跟投那些优秀的项目来获得财富回报，同时通过这种小投资的方式去参与及支持创业者从0到1的不凡经历。而早期投资、股权众筹的魅力正如我们微投网的理念一样——微小的开始，无限的想象！也正是这无限的想象才让大家为之疯狂追逐、努力拼搏。我相信，通过大家共同的努力，众筹行业一定会诞生一批伟大的公司！

——微投网创始人　俞文辉

第一章 众筹概述

1.1 众筹的发展历程

众筹,译自英文 crowdfunding,即向众人筹集资金的意思。在香港地区被称作群众集资,在台湾地区被称为群众募资或群众筹资,在美国有时也被称为众投(crowdinvesting)。通常指人们在互联网上的一种合作行为,是通过互联网上的众筹平台向不确定的公众募集项目资金的一种融资方式。它具有低门槛、多样性、依靠大众力量、注重创意等特征。

众筹虽然是近几年发展起来的新概念,但千百年来,众筹思想及行为一直在民间存在。特别是我国农村,向亲朋好友、街坊邻里凑钱,做买卖、办企业,甚至培养子女读书的情况极为普遍,借款人赚钱后再以各种不同的方式回馈给出借人,这就是最原始的众筹思想。在国外,众筹业务模型可以追溯到 18 世纪通过预售、订阅的方式筹集资金,完成杂志及书籍的出版。19 世纪和 20 世纪西欧和北美的农村掀起了合作运动,通过社区、合作组、兴趣小组等筹资共同开发新概念、新产品,最著名的早期众筹是 1885 年美国自由女神像的众筹成功案例。当时,美国政府无法提供足够的资金用于修建自由女神像,于是在一家报社的牵头下,吸引了 160 000 个捐助者的小额捐款。1997 年发生了两个通过互联网筹资成功的案例,一个是英国摇滚乐队马利恩的粉丝在互联网以众筹的方式,捐助了 60 000 美元,帮助马利恩乐队录制和营销专辑,并使他们完成了美国的巡演;另一个案例发生在电影界,独立作家、导演马克塔皮奥基恩斯设计了一个网站,为他未完成的第一部故事片《外国记者》募资,到了 1999 年初,他在网上筹得超过 125 000 美元,至少有 25 个影迷提供资金,使他完成了这部片子。2002 年,开源跨平台全能三维动画制作软件"Free Blender"通过互联网,募集到 100 000 美元,成为软件众筹的先驱。

2001年在美国上线的艺术众筹网 ArtistShare 被认为是第一个众筹网站,这家以粉丝为基础的融资平台第一次真正通过互联网实现了现在大众所说的众筹:大规模、小额、便捷和快速。然而此后很多年众筹模式并没有受到人们的关注。直到 2008 年和 2009 年,IndieGoGo 和 Kickstarter 分别上线并得到快速发展,众筹模式才开始引起人们的关注,这两家众筹平台都是预售型众筹平台,也就是支持者预先把资金支付给融资者,来获得优先得到产品的权利以及融资者的其他馈赠,这些产品虽然也包括游戏机等电子产品,但大多数都是音乐、视频和其他创意产品。预售型众筹的成功触发了人们对股权型众筹可行性的思考,当时恰逢金融危机之后,美国资本市场监管趋严,IPO 数量大幅减少,中小微企业融资困难,股权型众筹被认为是解决中小微企业融资难的重要途径。但基于互联网的股权众筹在两个方面与 1933 年的《美国证券法》发生了冲突,一是面向大规模的非合格投资者融资,二是所谓的公开劝导。为了给股权型众筹开辟道路,2012 年美国国会批准了《促进创业企业融资法案》(Jumpstart Our Business Startups Act,简称"JOBS 法案"),以法律的形式确立了股权众筹的地位,促进了众筹行业的发展,之后股权众筹逐步从欧美漫延到亚洲、中南美洲和非洲等地区。2015 年 10 月 23 日,美国证券交易委员会投票通过"JOBS 法案"第三章,此举被普遍认为是美国放开"股权众筹"市场,其中重要的条款有:(1)股权集资扩展到可以面向非认证合格投资者。(2)创业公司和小企业每年可以通过股权众筹的模式私募集资不超过 100 万美元。(3)个体投资者如果年收入小于 10 万美元,每年可以参与投资的额度为 2 000 美元或其年收入的 5% 的两者之中的大数。个体投资者如果年收入大于 10 万美元,每年可以参与投资额度为其年收入的 10% 或者个人净资产的 10%,收入较高者可以将上限提高到 10%;此外,个人投资者每年的最高股权众筹投资额为 10 万美元。这实际上是明确了未来美国股权众筹主要从小企业最高融资额、投资人的最高投资额、发行人信息披露、众筹融资中介的职责和投资者保护等几个方面促进对小企业的直接投资,以此来帮助小企业通过在线的方式,低成本地向广大个人投资者出售证券这种投资活动的基本原则。

我国在 2011 年出现了第一批众筹网站,包括点名时间等。2012 年 10 月和 2013 年 1 月,朱江通过微博传播,在淘宝上公开出售公司股权,为其创立的美微传媒筹集到近 400 万元创业资本,是早期的股权众筹案例。2014 年众筹网站纷纷上线,被称为中国众筹元年。同年 11 月 19 日,李克强总理在国务院常务会议上提出"建立资本市场小额再融资快速机制,开展股权众筹融资试点,鼓励互联网金融等更好地向小微企业提供规范服务",众筹受到了国务院的肯定和支持。12 月,中国证券业协会发布了《私募股权众筹融资管理办法(试行)(征求意见稿)》。该征求意见稿就股权众筹监管的一系列问题进行了初步的界定,包括股权众筹非公开发行的性质、股权众筹平台的定位、投资者的界定和保护、融资者的义务等。这一系列政策支持,进一步加速了众筹在中国的发展。2015 年 1 月 20 日,首批共计 8 家股权众筹平台成为中国证券业协会会员,分别是原始会、人人投、天使街、筹道股权、云筹、众投邦、投行圈、开心投。另有一家股权众筹平台天使汇之前就已经申请加入中证协。2015 年 3 月,股权众筹写入政府工作报告。7 月 18 日,十部委发布的《关于促进互联网金融健康发展的指导意见》,指出股权众筹融资主要是指通过互联网形式进行公开小额股权融资的活动,必须通过中介机构平台进行。8 月 7 日,证监会决定对通过互联网开展股权融资中介活动的机构平台进行专项检查,严防打着股权众筹的旗号进行募集私募股权投资基金的做法。12 月 25 日,证监会副主席方星海在国务院新闻办公室新闻吹风会上,首次确认了 2016 年将开展股权众筹融资试点。到 2015 年 12 月 31 日,排除 P2P 网络借贷平台上的众筹频道,我国拥有独立域名的众筹平台已有 300 多家。同时,还出现了为众筹服务的众筹家、众筹工坊等众筹门户网站。此外,家电行业的龙头企业海尔除了在京东众筹上发布众筹项目以外,还创建了独立平台海立方,这意味着行业龙头企业也在逐步将众筹引入行业垂直领域,以加快产品研发、迭代速度,增强企业创新能力。众筹行业呈现了百花齐放的繁荣态势。

1.2 众筹的概念及其分类

美国学者迈克尔·萨利文 2006 年 8 月第一次用到众筹一词,将其定义为:众筹描述的是群体性合作事项,人们通过互联网筹集资金,来支持他人发起的项目。现在,一般认为众筹是指人们在互联网上的一种合作行为,是通过互联网上的众筹平台向不确定的公众募集项目资金的一种融资方式。

众筹具有低门槛、多样性(项目内容)、参与、分享和共创的特征。

众筹、众包、团购、预售等概念常常被人们混淆,这些概念既有区别又有一定的相关性。从学理上将这类概念清晰化,对于理解众筹的内涵、本质及运营实践是非常必要的。

1.2.1 众筹的概念及相关概念辨析

1.2.1.1 众筹与众包的区别

众筹本质上属于众包(Crowdsourcing)的范畴。企业选择将企业价值链上的某些环节依托互联网外包给众多消费者完成的行为被称为"众包"。众包的实质是消费者参与到企业价值创造和创新过程中,这被营销学者称为顾客创新(Customer Innovation)。在网络社会的背景下,伴随着网络通讯技术的发展,消费者的角色及行为发生了变迁。一般的众包是让消费者参与企业的产品或服务的技术创新,以及经营和营销过程,消费者不再是纯粹的消费者,而兼有生产者的角色,成为"产消者"(Pro-sumer)。"产消者"的兴起正在重塑着经济生产主体与生产方式、企业创新模式与组织模式,是社会经济结构的一种变革。相应地,众筹就是让消费者参与到企业投融资环节中,成为企业的投资者。企业通过众筹融资时不再完全依靠金融中介,而是依靠网络平台及大众投资来完成。企业通过众筹平台,实现了企业全部或部分融资环节对大众的外包。

因此,众筹本质上就是一种资金融通行为,是互联网背景下储蓄向投资的转化,其中涉及融资者、投资者、众筹平台等决策主体。众筹活动的社会价值在于调动全社会的资本和资源去参与到投融资活动之中,来扶植小微企业的创新创业。并且通过众筹活动的普及来培育社会契约精神和更完善的社会信用体系,从而建立健全的互联网金融市场秩序。

1.2.1.2 众筹与团购的区别

团购(Group purchase)就是团体购物,指认识或不认识的消费者联合起来,加大与商家的谈判能力,以求得最优价格的一种购物方式。众筹之所以常常被人们误以为是团购,主要原因是团购与众筹中的权益众筹具有很大的相似性,权益众筹是指投资者在前期对项目或公司进行投资,获得产品或者服务的众筹模式。两者具有以下四点区别:

（1）权益众筹主要是针对还未面世的产品，支持者参与到新产品的设计当中去，对新产品的性能或服务提出自己的意见；团购则针对现成的产品，消费者参与是为了购买成品。

（2）权益众筹购买的一般是首发的全新产品；团购则不同，往往都是成熟的批量化产品。

（3）权益众筹是产品没有生产出来之前的预售行为，需要先付货款；而团购是商品已完成之后的促销行为，可以货到付款。

（4）商品团购利用的是规模效应，团购集合了类似顾客的相似需求，利用商品的通用性，努力兼顾那些有类似需求的不同顾客，让尽可能多的顾客也来使用这些商品，尽可能地扩大某种商品的采购规模，有效降低采购成本。权益众筹则是针对性地满足潜在顾客的特殊需求，利用互联网的广泛联系，将特殊需求的长尾集中起来，达到可经营规模。权益众筹对新产品设计提出了一个与传统方法的产品规划和设计完全不同的新方法。在新产品的设计上，权益众筹首先是征求顾客的意见，了解顾客的需求，当满足了这些顾客的特殊需求，有了一定的预订量并收到了预订的款项后，才会进行生产。

1.2.1.3 众筹与预售的区别

众筹也常常与预售两字联系在一起，甚至有"权益众筹就是预售"的说法。但事实上，权益众筹与预售是有区别的，权益众筹强调的是参与，即支持者参与到产品的创意、研发和销售中。而预售仅仅是一种营销的手段而已。但由于权益众筹通常以预售的方式，在产品未上市之前以较低的产品价格销售给支持者，造成了众筹即预售的错觉。

此外，相比美国众筹，中国众筹与预售的相似度更高。据中国众筹平台上的权益众筹项目显示，还未面世的产品，支持者参与到新产品的设计中去的情况较少，往往是已成形的产品、即将上市的产品甚至是已上市的产品的众筹。美国的权益众筹支持者参与度很高，如在美国的众筹图书项目中，很多图书是在创作伊始就开始众筹，支持者参与了全书的情节设计、创作、讨论及最后的推广，而国内的图书众筹项目一般都是在图书已完成或即将完成阶段开始众筹，支持者并没有参与创作，这使权益众筹的魅力大打折扣。因此，有观点认为，众筹不应该只是预售，预售只是售前的营销手段，众筹应立足于孵化，并帮助企业创新成长。

1.2.2 众筹的主要类型及特征

中国众筹是在不断学习美国众筹的过程中发展前行的,因此,国内外众筹模式总体上具有很大的相似性,只是由于各国文化、政策的差异性,在具体做法上又衍生出一些更为复杂的模式,以下从不同的视角系统地概括当前国内众筹的各种类型、主要特征以及典型平台。

1.2.2.1 基于众筹回报模式的分类

众筹按支持者获得回报的形式可以分为权益众筹、股权众筹、公益众筹、收益权众筹和债权众筹,五种模式的特征、风险和收益如表 1-1。

表 1-1 基于回报模式的众筹类型

众筹模式	特 征	风 险	收 益
权益众筹	出资者获得作为答谢的象征性礼物,或预先购买的产品或服务。这种模式正在演变成产融经济,公司通过预售筹集资金,并做到按需生产。	低风险(主要是执行风险、欺诈风险和不能如期交货的风险)。易融资成功,但融资金额一般较小。预订保证按需求生产。满足用户个性化需求。支持者参与,有助于提高产品质量及推广。	潜在回报小。没有证券交易,也没有问责机制。如果没有受大众欢迎或瞩目的产品销售,大多数创业者募集资金可能会有困难。
股权众筹	投资者通过出资获得公司股权,以获取未来收益。	众筹投资的证券法更为复杂,存在一定的法律风险,投资人存在本金损失的风险,其风险高于其他类型。	有分享企业盈利的可能。有些项目会带给投资者巨大的财务收益,对投资者有较大吸引力。
公益众筹	资助者捐赠,不期望经济补偿。	无风险。	主要是精神上的回报。
收益权众筹	出资方获得单位信托的占有率,意味着获得筹款公司知识产权特许权使用费的利益。一段时间内营业收入的一部分会返给出资方,数额取决于周期性收入的变化。	不需稀释股份,因此规避了股权众筹的监管。对创业者来说,存在众筹难以完成的风险;对投资者来说,如果项目还处于虚拟阶段,未产生任何销售收入就被收购,投资者存在颗粒无收的风险。	对创业者来说,比付出股权更为合算,不是借贷,因此也不需承担还本付息的责任。对投资人来说,收益是由预先设定利率决定的。该投资方式和股权投资相比,风险低,收益小,但和债权投资相比,风险高,收益高。
债权众筹	贷款人和借款人之间预先商定回报率,在指定时间内支付固定利率和回报。P2P网络借贷即属于债权型众筹。	存在债权人违约及众筹平台跑路的风险。但一般债权型众筹都设计了担保物,以保证发生风险时,投资人可以通过拍卖担保物,追回部分本金。有的平台还利用有信誉的第三方提供担保,承诺保本保息,在实际操作时,一旦借方没有如期偿还,平台往往用自有资金垫付。	收益高于银行储蓄及银行发售的理财产品。收益存在一定的波动性,2015年下半年,行业给出的平均收益率普遍低于之前。

1. 权益众筹（Reward-based Crowdfunding）

权益众筹又称为回报众筹、产品众筹、奖励众筹、实物众筹和预售众筹。

Massolution(2012)在"众筹行业报告"中，将权益众筹定义为："投资者在前期对项目或公司进行投资，获得产品或者服务"的一种模式，并进一步解释，在权益众筹的情况下"出资者的主要目标是获得非金钱奖励，诸如纪念品或者刚发布制造的产品"。我国京东众筹、淘宝众筹、青橘众筹就是以权益众筹项目为主的平台。

权益型众筹的回报方式一般分成若干等级，不同的等级对应相应的产品及服务，随着众筹的发展，权益众筹的回报模式也越来越有创意，如众筹网上众筹的《森林的孩子》一书的回报模式为：凡需要订做读诗版的读者，请关注"森林的孩子"公众微信号，选择两首自己最喜欢的诗歌，将朗诵版的音频发送至"森林的孩子"后台，由出版方负责将其制作成二维码，读者拿到的书通过扫描二维码，就可以听到自己读的诗歌。出版方会在书的封面上写上你的名字。比如，陆小明认筹并朗读《森林的孩子》某一首诗，他就会得到一本《森林的孩子》专属版，封面会有"陆小明朗读"的字眼，封底会有二维码，只要一扫，就可以听到陆小明读的诗歌。此外，208元一档回报中要求支持者分享该众筹项目信息到朋友圈，就有机会参加"我的团队与大孩子、小孩子"的读者见面会。通过这样温情的互动活动，完成了图书的再次传播与推广。

权益众筹的融资效果与回报模式的设计有很大的关系，人性化的、有创意的、互动程度高的、有投资人感兴趣的增值服务的项目，往往会吸引更多的投资人。如《森林的孩子》就将温情、人性、荣誉感、参与感、交流互动很好地结合在一起，达到了很好的传播效果。

2. 股权众筹（Equity-based Crowdfunding）

股权众筹是指公司面向普通投资者出让一定比例的股份，投资者通过出资入股公司获得未来收益。这种基于互联网渠道进行融资的模式被称作股权众筹。由于融资金额数目较大，又牵涉金融市场，股权众筹无疑是政府更为关注的部分。

2015年8月10日，中国证券业协会发布了关于《场外证券业务备案管理办法》的通知，通知指出，将《场外证券业务备案管理办法》第二条第(十)项"私募股权众筹"修改为"互联网非公开股权融资"。这意味着，股权众筹的概念系指公募股权众筹。为了叙述的方便,本文中提到的股权众筹平台指的就是互联网非公开股权融资平台。

相比权益众筹,股权众筹融资金额更高,但难度更大,目前最大的难点是优质项目较少,平台选项目、看项目的成本高,如京北众筹一般要看 100 个项目才能确定投资 1 个项目,投资的概率大约为 1%。

3. 公益众筹(Donation-based Crowdfunding)

公益众筹指通过互联网方式发布公益筹款项目并募集资金的方式,它不同于权益型众筹,通常是由个人或非营利组织发起的公益融资项目,支持者一般无任何物质回报。如创意鼓、腾讯乐捐、须弥山和越梦众筹都是专业公益众筹平台,还有一些综合型的网站上也有少量的公益项目。

公益众筹拓宽了社会公益事业资金筹集的渠道,在爱心人士和求助者之间搭建起一个更加便捷快速的沟通渠道。公益众筹较传统的线下公益捐赠,具有覆盖面广、传播速度快、成本低、透明度高等优势,可以让更多的人投身到公益事业中,能在更短时间汇集更多的慈善资源。公益众筹比其他几种类型的众筹出现得更早,被认为是众筹之根,早期最著名的自由女神像的众筹就是典型的公益众筹。

国内外公益众筹的项目有所差异。从公益项目的资金方向上看,国外公益众筹项目所筹资金一般用于修缮教堂、修建学校、建设孩子社区娱乐场所、俱乐部的运动设施以及教育。特别是在教育方面,公益众筹正在起着较以往更大的作用,包括支持课程、学生学费以及赞助大学,公益众筹的透明性、公开性以及便捷性,使大学获得更多的校友捐赠。而国内公益项目多是扶贫、救困、救医、助老、助学、关爱留守儿童。这与我国是发展中国家有一定的关系,我国有很多地区仍需更好地解决就医、教育和养老等民生问题。

中国目前主要有 7 家纯公益众筹平台,其中又以腾讯乐捐为主。众筹网等综合型的平台只有较少的公益项目,腾讯乐捐占据中国公益众筹的主要市场,呈现一家独大的格局。而美国拥有更多的公益众筹平台,市场集中度不高。

从公益众筹的效果上看,美国的公益众筹,如果接收方是经过认证的非营利性机构,则基本上不需要融资人的后期监督参与。但在中国,质疑公益慈善资金走向的声音一直不绝于耳。新浪网的一项调查显示,70%的网友认为,在选择众筹项目时,"项目的监督机制,以及项目执行的透明化最为重要,公益项目的资金使用应该比其他类别的项目更谨慎。"因此,在这种背景下,中国公益众筹的最终效果取决于融资人的后期参与程度。当个体或机构兼任倡导者、融资人和后期实行者,切实保证筹集款额的正当有效使用时,往往可以取得比较好的效果。

2014年《公益时报》与新浪公益联手推出了公益众筹相关的"益调查"①,其调查结果反映了网民对公益众筹的态度。对于是否会成为公益众筹的支持者,46.2%的网民表示愿意尝试这种新颖的模式,38.5%的网民表示要看项目内容,15.4%的网友则表态不愿意,认为公益众筹与传统筹款没有差异,而且比较欠缺保障。对于众筹项目什么环节最重要,其中76.9%的网民认为是项目的监督机制以及项目执行的透明化;11.5%的网友认为给支持者的回报不能太敷衍。但是,半数网友表示愿意成为公益众筹支持者,这说明中国公益众筹仍具有很大的发展潜力,如果公益众筹能做到比传统公益更为公开、透明,在未来十年,中国公益众筹将会有很大的上升空间。

4. 收益权众筹(Royalty-based Crowdfunding)

收益权众筹的英文名称是Royalty-based Crowdfunding,其中Royalty在金融或者经济学领域是指一种特权使用权益协议,在众筹领域可以称为收益权众筹,或者特权使用权益众筹。收益权众筹是指投资人对企业或项目进行投资,回报以不持有企业的股权,但享有股份收益,通过企业经营而获得可能的经济利益的一种众筹方式。通俗地说,就是一旦未来项目产生销售收入,项目发起人需要向投资人提供一定比例的销售收入作为回报。例如移动手机App网站,投资人可以选择任意一种正在研发或者还未投入市场的App,一旦这款App投入市场,投资人就可以分享销售收入。

美国的收益权众筹平台有Quirky、TubeStart、AppsFunder、Royalty-Clouds、Lendpool及Gideen等。其中Quirky提出了一种完全不同的有趣形式,它鼓励社区参与到产品的发展过程中,任何对最终产品有贡献价值的人都会从销售收入中获得不同比例的回报。项目发起人或者产品研发者不享

---

① 公益众筹为公益捐助带来新发展[EB/OL]. http://news.xinhuanet.com/gongyi/2015-01/28/c_127430423.htm.

有这个产品的持有权,但是他们会获得较高比例的收益回报。

2015年美国新出现的收益权众筹模式传播到中国,但鲜有人对这种新的模式进行研究,对于收益权众筹的内涵、优势以及它与股权众筹的差异等缺乏系统的论述。有些平台高调宣称自己是收益权众筹的专业平台,但其平台上的项目回报模式却并不一定是收益权众筹模式。由此可见,国内对收益权众筹的概念存在诸多困惑,为此以下通过四个方面来介绍收益权众筹。

(1) 收益权众筹与股权众筹的差异

股权是指投资人最终拥有一定比例的公司所有权。如果这个公司的价值增加,投资人所持有的股权价值也会增长,反之亦然。投资人作为项目的部分拥有者或合伙人,相当于拥有这个公司的股份。如果公司盈利并把资金放入银行,那么投资人手中持有的公司价值就相应增加;如果公司需要分发现金给投资人作为红利或投资报酬,那么任何人只要拥有项目的部分所有权,就可以享有相应的红利。

经济学家把企业所有权定义为剩余索取权,股权所有者就是经济学家所说的"剩余索取者",剩余索取权是一项索取剩余(总收益减去合约报酬)的权力,也就是对资本剩余的索取。在不确定的情况下,剩余价值的变动是非常大的。而因为剩余是不确定的,没有保证的,故在固定的索取被支付之前,剩余索取者将什么也得不到。在这种形式下,股权所有者的利益是在商业链最后一步考虑的,风险较大,但是相应的也会有无限的上升空间。

收益权和公司的所有权无关,它们只是公司基于合同或协议进行的一种支付行为。收益的计算方式很多,根据合同或协议而定。例如,项目发起方每月支付给投资人一定比例的销售总额作为收益,或者每当一件产品卖出,投资人就会得到一个固定收益。

收益权意味着销售的一种费用支出,它可以是一个固定费用(例如每件商品售出,就要支付1元给投资人)或者一个固定比率(例如支付总销售收入的3%给投资人)。在商业中,收益权被视为一种账单或费用支出,意味着不管盈利与否,经营者都要支付。和股权不同,它是一种快速获得投资回报的方式。

假设融资方有一个产品,生产成本50元,费用支出40元,售价100元,利润是10元。A要求3%的收益权;B要求30%的股权。对于A投资人,融资方付给他3元(100×3%),剩下7元利润融资方留存或继续投资。对于B

投资人,这个项目拥有 10 元利润,B 可以和融资方一起决定如何使用这 10 元,既可以用 10 元继续投资,促进项目增长;也可以把 10 元拿出来分红,B 获得 3 元(10×30%),融资方获得 7 元。假如项目发展较好,产品供不应求、单位售价涨为 200 元,成本费用仍不变,费用支出也不变,利润就是 110 元,那么,A 的单位收益权带来的价值为 6 元(200×3%),B 的单位股权带来的价值为 33 元(110×30%)。

简单来说,收益权是从未来总销售收入中扣出的,而股权是从利润中获得的;通常情况下,收益权以现金的方式及时付给投资人;选择收益权方式的项目发起人,会认为此方式从长远来讲支付给投资人的费用较少,而选择股权的项目发起人,会认为股权短期内有利于用利润增加投资,扩大商业规模。

收益权是新的融资模式,它与股权和债权完全不同。收益权是分隔产权或假设为债务,企业简单地按照营业额的百分比来支付投资人的回报。以股权作为投资的回报可能是有风险性的,而且进度缓慢,分隔股权和权力被控制的规定给企业造成负担;而债权融资对投资者而言,收益上升率空间有限,且往往有各种形式的条件来规定和限制该企业如何使用这些收益。收益权提供了另一种选择性,这或许比某些公司出售股权或债务的方法更好。

其实收益权众筹并不是一个陌生名词,卖掉将来收入的一部分(即收益权)作为投资回报,已经在制药、石油和天然气行业,以及艺术、出版、影视等领域存在很久了。它最主要的优势就是一旦销售产生,投资人马上就能从销售收入中获得基本的收益,对项目发起人来讲,他不需要放弃任何股权,即可以保持 100% 的项目所有权。

(2) 适合采用收益权众筹的企业或项目

对于融资方来说,如果所持有的是科技相关或者服务类的具有高利润空间的项目,采用收益权众筹较为有利,因为项目边际利润相比传统制造业项目更大。如果融资方需要用利润增加投资,不断扩大商业规模,则股权方式更优,有利于项目发起人短期内用所得利润增加投资。收益权的优势在于项目发起人拥有项目的所有权,意味着拥有这个商业构想,可以按照自己的方式发展。然而弊端就是,有时候项目发起人并没有这个能力和资金让项目按照自己设想的方式发展。

例如 A 有一个很好的专利发明和原型,但是没有资金去研发和批量生产,此时项目持有者的所有权是没有任何优势的。如果 A 找到投资者,然后卖给他们自己专利的部分股权,投资者购买他的专利,进行研发、生产,根据协议,投资者会把销售或者利润的一部分给 A;对专利持有者 A 来讲,弊端是他不再全部拥有这个商业构想,投资者可以按照自己的方式发展,专利持有者无权干涉。

在这种情况下,对专利持有者 A 来讲,收益权就是一个双赢策略,因为它使专利所有者有权发展他的商业构想,同时获得资金支持,同时投资者也可以协助扩大商业构想,确保能够获利。

（3）收益权的计算方法

收益权是对投资人的一个承诺,用总销售收入的百分比这样一个简单的形式,向投资人支付回报。当企业扩大营业额时,投资人的回报也随之增加。一旦有了财务目标,收益权可按此比例构成费率,或得出对投资人的整体回报。一般来讲,收益权期限越长,在满足投资者需求的情况下,所支付的收益比例越低;10—20 年的长期收益权,对投资人的支付销售收入的比例相对较低。

收益权的金额、时间、收益率及保证合同遵守的方式是收益权交易需要协商的四个要素。收益权的大小要根据相似项目的行业市场监测平均值及产品生命周期进行评估。

① 基于行业类型的收益率:项目发起人在决定发起收益权众筹之前,需要了解市场的当前收益率。换句话说,就是要调查行业过去的项目及收益率分布情况。例如,通过出版平台,作者拥有 5％—10％ 的简本销售收益率及 15％ 的精装本销售收益率;音乐家享有单张 CD 2 美金或者每次 iTunes 下载 0.25 美元的收益。所以,对于一些创新型项目,就可以根据这些平均值来设定收益率。

② 基于产品周期的收益率:从产品虚拟构想到实体分发阶段,每一阶段的努力都会影响盈利能力,所以项目发起人应该预测项目的起伏,从而更精准地计算收益权众筹的回报方式。一般情况下,一个整体的估值必须在所有细节敲定之前商定,因为项目价值越高,收益率对投资者的影响也就越大。从项目价值在不断变化这个层面来讲,收益权众筹的回报方式也应该是随时间变化而发生波动的。标记出每一阶段的结束和下一阶段的开始,有利于保证项目发起人对项目整体回报率的控制,也能防止项目在最后阶段被稀释。

为了计算收益权,阿瑟·利普设计了计算方程式,被授予美国专利,计算程序应用到收益权交易所(Royalty Exchange)的交易平台上,该公式通过几个简单的步骤来展现回报率和其他影响回报的关键因素,使交易平台成为给投资人提供监管、控制、审计、持有和发行等服务的平台。这样一来,收益权将通过一个开放的电子市场出售,它们的价值也随着企业支付的收益而提升①。

(4)收益权的风险

对于收益权众筹而言,如果项目还处于虚拟阶段,未产生任何销售收入就被收购,那么投资者将颗粒无收。

收益权众筹的典型案例就是 OculusRift。它从 Kickstarter 募集近 250 万美元,而在 23 个月之后,公司就被 Facebook 用 20 亿美元收购。OculusRift 的创始人和原始股东终于得到了现实的回报,但是那些以收益权作为回报进行投资的 9 522 名投资者却并没有从中获得收益,除非他们涉及了股权方式。这对于创业者来说很幸运,但是对于投资者来说却正好相反。

5. 债权众筹(Lending-based/Debt-based Crowdfunding)

债权众筹是指投资者对项目或公司进行投资,获得其一定比例的债权,未来获取利息收益并收回本金。

债权众筹相关的概念是 P2P 网络借贷。P2P 是英文 Peer to Peer 的缩写,本意是人与人之间的借贷,P2P 网络借贷是指个体和个体之间通过互联网平台实现的直接借贷。随着 P2P 网贷的发展,"人与人的借贷"逐步延伸为"点对点的借贷",出现了 P2B 等新模式。P2B 是为中小企业提供供求的平台。现在国外该种形式的众筹已吸引到了政府基金的参与,如英国政府基金在 P2B 平台上与其他投资人共同投资中小企业。

债权众筹包含 P2P、P2B,还包括购买 P2P 公司发行的证券,如 Lending Club 模式②。由于债权众筹主要是 P2P 模式,因此,有观点认为债权众筹就是目前在国内普遍流行的 P2P 网络借贷。

---

① 特权使用[EB/OL].http://www.chinaroyalties.com.
② Lending Club 最初也是通过互联网平台从事个人之间的借贷,没有平台担保,后来由于监管要求,改用类似资产证券化的借贷模式,其交易结构是:信用评分合格借款人在平台上发布借款请求,通过审核后,由平台合作银行向其发放贷款;随后,银行将债权以无追索权本票的形式出售给 Lending Club;最后平台再以每月等额本息还款票据的形式转手卖给投资者。

自 2011 年人人贷在北京上线后,我国 P2P 网络借贷迅速发展起来,由于我国中小微企业数量庞大,长期存在融资难的问题,同时也由于国内缺乏完善的征信体系,仅依靠网上进行风险控制就很困难,本地进行风控管理更为有效,因此,全国各地出现大量的 P2P 平台,目前我国已有超过 3 000 家规模不等的 P2P 平台。美国由于有完善的征信体系,因此 P2P 领域市场集中度高,P2P 平台数量较少。

由于 P2P 发展速度及规模远远超过众筹,因此,现在国内多习惯将其单列另行介绍。本书也遵行这一习惯,债权众筹不在此书中重点讨论,统计数据中也不包括债权众筹部分。但为了保证众筹的完整性,本书将通过具体的案例,介绍债权众筹业务流程及风险管理模式。

6. 其他现象和模式

权益众筹、股权众筹、公益众筹、收益权众筹和债权众筹五种商业模式类型已在全球得到广泛的认可与使用,现在,各种模式在具体应用时,出现了一些值得注意的现象。

(1)捐赠常规化。多年来,美国非政府组织一直通过捐赠的形式为某些特定的项目捐赠资金。现在,利用众筹的方式进行捐赠,非政府组织会不断地将项目的最新进展更新展示,使得捐赠者更愿意长期参与,同时也保证了多次捐赠。投资者的主要动机是社交,这通常是维系长期捐赠的良好基础。

(2)授予不同的精神回报。比较单纯的捐赠,如果给捐赠人一些精神上的荣誉、头衔或专享权,会更易于吸纳捐款,如 VIP 身份是对高额捐赠的回报,大学里的荣誉头衔、建筑物冠名都是对捐赠的答谢。这点在给大学的捐款中体现最为明显。

(3)实物或智力成为众筹的对象。通过提供实物或智力而不是资金也可以成为一种众筹模式,使项目的资助者参与进来。在很多情况下,这些产品及服务本身就是需要进行采购的,如果一开始就众筹起来,对项目发起人来说,具有很高的经济价值。如大学科研人员以技术服务智力资本进行众筹,又如锂电池这个产品可以直接资助给电动汽车众筹项目,都属于这种类型。

(4)混合模式。一些平台试行一种贷款和预售的混合模式。同一个项目为投资人提供两种选择,一是可以选择“贷款”,投资人出资,项目以利息方式回报投资者;二是可以选择预售,即投资者以低于市场价预先订购产品或服务。这种模式下,项目发起人在众筹之前就要设计好特定比例的资金用于贷款模式,特定比例的资金用于预售模式。

1.2.2.2 基于众筹企业背景的分类

按众筹平台的企业背景划分,可以分为以下 8 种类型。

表 1-2 基于众筹企业背景的众筹类型

类 型	特 征	示 例
在线购物平台＋众筹	大型 B2C、C2C 在线购物平台所建立的众筹网站或频道。成为其生态系统的一部分,多以预售方式促进其主营平台产品的销售。	京东众筹 淘宝众筹 苏宁众筹
门户＋众筹	腾讯乐捐是专注于公益众筹的平台,利用其强大的社交网络传播能力完成了多个有影响力的众筹项目,是典型的去中心化的开放众筹平台,个人、非公募机构都可以自行发起公益项目。百度是搜索门户网站,百度众筹通过其流量优势,吸引众筹参与者。	腾讯乐捐 百度众筹
企业＋众筹	企业开展众筹有三种类型,第一种是利用第三方众筹平台融资或营销,如海尔在京东众筹平台上发布海尔冰箱盒子项目;第二种,自建平台,如海尔自建的众创汇平台就是以"定制"方法"众筹"用户的想法,打造更具个性化产品;第三种是企业利用众筹做营销,如乐视的众筹营销模式,乐视通过众筹网发布其电视项目,目的是预售并使用户参与研发过程,其发布的"我签 C 罗你做主"项目,是以众筹的方式签约乐视体育代言人 C 罗,具有典型的营销目的。	众创汇
非营利组织＋众筹	这类主要是非营利组织举办的公益众筹。红十字会等非营利组织在线捐款平台是公益众筹的雏形。现在发展有多种形式:一是在众筹网站上发布项目;二是在自己的平台上发布项目;三是通过 O2O 的形式利用微信朋友圈等形式传播。如创意鼓公益众筹平台是由深圳市关爱行动公益基金会、深圳市创意谷公益文化发展中心联合主办的,是具有公募资质的公益项目及活动的经费募集平台。而广东省红十字会采用第三种形式,以张志雄亲身骑行 18 000 余公里的行动,通过微信传播,感召人们救助先心病儿童。	创意鼓
金融机构＋众筹	金融机构所运营的众筹平台,如平安众＋是平安集团旗下的众筹交易平台,众筹网是网信金融集团旗下的众筹网站。在债权众筹中,金融机构以参股或直接运营等方式参与。有信誉的金融机构能起到背书的作用,如陆金所就是中国平安(保险)集团股份公司的成员之一,金融机构的影响力对平台影响力的提升具有较大作用。	平安众＋ 众筹网
众筹门户＋众筹	众筹平台的门户网站,是众筹行业新闻资讯、行业报告、行业数据的聚集地。其中众筹家还是众筹项目的聚合平台,通过聚合各众筹平台的项目,以基金领投的方式带领用户投其他平台优质项目,利用门户资源集聚的优势优选项目,并为投资人提供项目后期跟踪报告。英国众筹评级平台 CrowdRating 与众筹家的定位与业务模式几乎一模一样。而众筹家提出做一站式众筹交易服务平台,开展项目评级和行业标准制定业务,比英国的 CrowdRating 早了 8 个月。	众筹家 众筹工坊 Crowd-Rating

类　　型	特　　征	示　　例
社交媒体 ＋众筹	社交化众筹是指基于社交网络,传播自己的众筹项目,并可以通过好友间的转发,达到大众传播的目的,完成对项目的支持。目前国内的社交众筹主要是在微信朋友圈进行传播,而且逐渐变成了预售和团购,大家出钱来购买某件产品。 国外著名的社交众筹平台 Crowdtilt 也属于这一类型,它是利用亲友间的社交关系,让任何人的任何主意都有可能实现。目前 Crowdtilt 已成功集资办梦幻橄榄球赛、资助学校建设项目以及帮助玩具店避免倒闭等,成为面向各种各样的融资项目的平台。	微信 朋友圈 Crowdtilt
传统 VC/ PE＋众筹	传统 VC/PE 直接创办运营众筹平台,或者传统 VC/PE 投资众筹平台。这种形式将视为传统 VC/PE 的"互联网＋"行为。如云投汇是由老牌 PE 中科招商发起、投资、布局的互联网非公开股权众筹平台,智金汇是由 CA 创投、东方富海、险峰华兴、力合清源等 9 家专业风投机构共同打造的互联网非公开股权众筹平台。	投壶网 爱就投 云投汇 智金汇 微投网

1.2.2.3　基于众筹项目的行业分类

按众筹项目所涉及的行业划分,众筹平台可以分为综合平台及垂直平台两类。综合平台是支持各行业项目的平台,如众筹网支持几乎所有领域的众筹项目。垂直平台是专注于某个具体细分领域的平台,如摩点网是游戏动漫领域的垂直众筹平台,大家种是专注于农产品的垂直众筹平台,淘梦网是专注微电影的垂直众筹平台。

没有一家企业能满足所有消费者的需求,也没有一家企业能满足一位消费者的所有需求,这说明了细分市场的重要性。阿里、百度、腾讯和京东等巨头可以做全品众筹,但对于大多数众筹平台,只有专注于某个行业甚至行业中某个更为细分的领域,才有可能提高自身的核心竞争力。

1.2.2.4　基于众筹项目偏好的分类

表 1-3　基于众筹项目偏好的众筹类型

类　　型	特　　征	示　　例
"互联网＋" 项目	关注互联网、移动互联网以及"互联网＋"项目的平台,据 2015 年年底数据显示,资本汇的这类项目共有 65 个,位居第一,远超过其他平台。此外,京东东家、云筹网也较关注该领域项目。	资本汇
实体店铺 项目	专注于实体店铺的众筹项目,除人人投是专业实体店铺众筹平台外,还有平台专注于更为细分的领域,如汇梦公社只做餐饮的实体店铺众筹,多彩投只专注于旅游客栈的众筹。	人人投 汇梦公社 多彩投
生物医药 健康项目	偏好这类项目的平台主要是看好这个领域的发展,或者平台本身具有该领域的投资背景和经验。	投壶网

类　型	特　征	示　例
TMT 项目	除了京东众筹、淘宝众筹和点名时间几大做智能硬件的平台外，微投网和众筹网也较偏好 TMT 项目。	京东众筹 淘宝众筹
文化创意消费项目	将自身定位为年轻人文化创意消费众筹平台，追梦网在年轻人群体中拥有很大的影响力。云筹也较关注生活消费类项目。	追梦网
农业项目	众筹网、淘宝众筹平台上的农业项目最多，此外还有多个专注于农业众筹的平台，如点筹金融、大家种、有机有利等。	点筹金融 大家种
游戏项目	国内游戏项目主要发布在摩点网、游戏筹、筹趣网、点名时间、淘宝众筹、青橘众筹这几个平台上。	摩点网 游戏筹
音乐项目	除了乐童音乐、5SING 众筹是专业音乐众筹平台外，众筹网上也有大量音乐项目。	乐童音乐
影视项目	影视项目众筹最近受到人们关注，除了淘梦网、聚米金融是专业影视众筹平台外，近期，大家投将业务重点转移到影视类项目。	淘梦网 大家投
宗教项目	须弥山宗教众筹平台是专注于宗教的众筹平台，是中国第一个宗教众筹平台，致力于弘扬优秀的宗教文化，是为宗教艺术品、宗教用品、宗教活动、宗教公益等提供网络支持和服务的平台。	须弥山

表 1-3 展示的是基于行业的平台分类，还有基于特定阶段的平台没有包括其中，如专注于新三板项目和早期项目的平台。专注于新三板的平台，主要为即将上新三板的项目进行股权融资或为新三板项目定增融资，这类项目通常属于后期项目，项目较为成熟，风险相对较小。众投邦就是专注于新三板的典型代表。专注于早期项目的平台，偏重于早期创业项目，如云筹网称自己为专注于天使投资的私募股权众筹投资平台。

1.2.2.5　基于众筹实施路径的分类

从众筹的实施路径来看，可以分为 PC 端众筹、App 端众筹和社交众筹。

PC 端众筹是指通过互联网 PC 端具有独立域名的互联网平台进行众筹的方式。这是众筹的主要形式。这类平台的格式较为规范，一般具有项目信息披露、众筹过程（预热、众筹中、众筹结束）、预期融资额、实际融资额、时间（开始时间、结束时间）等字段。有些平台（如众筹网）还有项目点评、投资人投资时间及金额等更多的信息。

App 端众筹是指通过智能手机相关软件应用实现众筹的方式，包括信息发布、项目展示、交流、支付和评价等。如 2014 年 3 月，国内著名的综合众筹平台众筹网就发布了 App 端众筹。其 App 嵌入了微信好友、朋友圈、新浪微博、腾讯微博、QQ 空间和人人网等主流社交工具的接口，实现了从浏览项目、支持项目到分享项目的功能。目前 App 端众筹主要有三种情况,第一种是原有 PC 端的众筹平台,开发 App 端,目的是给用户以更多的选择,采取以 PC 端平台为主,App 端为辅,如众筹网;第二种是原有 PC 端的众筹平台,开发 App 后,App 端经营得反而比 PC 端经营得更好,于是将经营重点转向 App 端,淡化了原有的 PC 端,如上海的众筹平台梦立方就属这种情况;第三种是只有 App 端众筹,或者是先开发 App 端平台,后开发 PC 端平台,如以农业众筹为主营业务的点筹金融就是这种情况,点筹金融创始人早期是做 P2P 的中介平台,即向客户推荐 P2P 产品,并提供担保,从中收取佣金,这项业务使其积累了一定数量的投资人,有了朋友圈的基础,在此基础上,该公司转型做众筹,顺理成章地选择了 App 端模式。另外一个原因是,点筹金融所做的是农产品的权益类众筹,给投资人回报的是米、牛羊肉等食品,此业务较适合在朋友圈中传播。现在点筹金融也在加强其 PC 端,希望通过两个途径开展其众筹业务。

社交众筹是指在微信、微博等社交工具上,对好友、粉丝发起众筹,这类众筹主要可以分为几种类型。第一类是将微信等社交工具作为营销平台,起到聚人、传播和营销的作用,如销售农产品的挑拾客。挑拾客的创始人最初只是为了帮助亲戚销售杨梅,在朋友圈中筹钱,立即就有几位朋友响应,每人投了 5 000 元,挑拾客以杨梅作为回报,投资人再利用个人社交资源(微信朋友圈)将杨梅销售出去。这种模式筹的是销售,每位投资人充当的是销售员、消费者以及项目股东。项目关闭后,投资人可根据个人销售业绩享有项目利润分红。首次成功后,挑拾客将业务推广到新疆哈密瓜等更多产品,目前已形成常年在微信中做农产品众筹的品牌了。第二类是募捐类众筹,通过朋友圈,为有困难的人募捐。第三类是带有娱乐性质的众筹,如众筹旅游、众筹手机、众筹梦想等,这类众筹开始时给人们带来一定的新鲜感,起到一定的娱乐效果,但现在这种模式被很多人诟病,认为是绑架亲情和友情。

虽然社交众筹很普遍,但是一般规模不大,多是募捐、权益类众筹或是以营销为目的的。社交众筹如若涉及股权,则将涉及法律风险。

1.3 众筹的作用及意义

虽然众筹在我国发展仅有不到五年的时间,但在当前我国面临产能过剩、经济下滑的形势下,其意义将不仅仅在于融资方面,对于促进"双创"和形成多层次资本市场以及营造公平和谐社会等方面都具有重要意义。

1.3.1 众筹有力促进了我国的创新和创业

很多人乐观地认为,众筹能解决小微企业融资难的问题,中国有数以千万计的中小微企业多年来一直存在融资难的问题,如果众筹能解决这个问题,无疑其贡献是巨大的。但是,自2011年我国出现第一家众筹平台以来,已有300余家众筹平台和2万多个众筹项目,众筹真的解决了我国中小微企业融资难的问题了吗?

事实上,从300余家众筹平台上的项目融资情况看,众筹融资对项目是有偏好性的,主要体现在以下两点。

第一,众筹适合中小微项目的融资。从数据上看,众筹平台上目前成功融资5 000万元以上的项目只有28个,而且其中有些项目的众筹平台本身就有VC/PE的背景,在平台发展初期,为了促进平台的发展,众筹平台会将线下的项目放到线上平台募集,而不是真正意义上的纯平台募集。还有一些大项目的真实性受到质疑。从众筹的特性看,众筹产生于小圈子的资金募集,许多成功募资的项目往往在于项目方有较好的社交圈子,此外,在监管政策上,互联网非公开股权融资对投资人数也有要求,从而限制了众筹平台上项目的大规模融资。因此,至少在目前看来,众筹更适合小微企业的融资。

第二,众筹偏好创新创意类项目的融资。从我国众筹平台融资成功的项目可以看出,除实体店铺项目外,其他项目多是有一定的创意、技术上具有一定的创新性或瞄准互联网应用热点的项目,特别是科技类项目。

众筹既没有解决大型企业或大型项目的融资问题,也没有解决当前我国4 000多万家传统企业的融资难问题。但却在促进我国的创新和创业方面发挥着重要的作用。

自李克强2014年9月在夏季达沃斯论坛上首次发出"大众创业、万众创新"的号召后,中国掀起了创业热潮。全国许多城市建设了大量创业孵化器,特别是在深圳,仅2015年至少新增50家创业孵化器,而创业孵化器的创业公司多是互联网、新技术小微企业,这类创业公司数量近年来呈爆发式增长。

创业公司起步运营所需的初始资金往往并不需要太多,特别是软件类公司,这种情况下,就比较适合采取众筹模式融资。正如 FundersClub 的创始人阿历克斯·米塔尔所说①,"在这一阶段众筹融资对于初创而言是一个非常好的选择。"

由此可见,虽然众筹现在还没有为我国大型企业及传统的中小企业融资添砖加瓦,但却给当前我国如雨后春笋般涌现的创业企业雪中送炭。李建军(2014)的研究结果也显示,基于信息搜寻的视角,在企业金融成长周期理论和信息不对称理论的基础上发现众筹模式与小微企业融资具有较好的匹配性。

1.3.2 众筹有助于我国经济发展及产业转型

2015 年,我国政府明确提出"双中高"发展目标——中国经济长期保持中高速增长和迈向中高端水平。从"互联网+"首次写入政府工作报告到"一带一路"、"京津冀协同发展"、"长江经济带"、"中国制造 2025"、"自贸区"、"大众创业、万众创新"等国家层面的战略推进,再到各种旨在完善现代市场经济制度的改革举措密集推出,中国经济发展正努力实现从要素驱动向效率驱动、创新驱动的"转身"。

"转身"背后的几年来,中国经济发展环境正在悄然变化。在 2014 年 12 月 9 日至 11 日的中央经济工作会议指出,中国经济环境变化主要表现为:消费需求从模仿型排浪式消费向个性化、多样化消费转变;投资需求从传统产业向互联互通、新技术、新产品、新业态、新商业转变;出口由低端向高水平引进来、大规模走出去相结合转变;供给从总体不足向传统产业供大于求转变;生产要素相对优势从劳动力规模驱动向效率创新驱动转变;市场竞争特点从数量扩张向质量型、差异化竞争转变,等等。

众筹对于应对经济环境的变化及挑战具有积极的作用。

(1)众筹思维将会促进我国企业开始思考新的、更适应当前环境的商业模式。众筹思维正在重构传统的商业体系,正在将原来产业结构转化成刚性

---

① 初创企业两种众筹模式解析:股权型与奖励型[EB/OL]. http://it.sohu.com/20140817/n403513798.shtml. 2014-08-17.

计划产融投资的商业体系,使得个性化定制和按需生产成为现实。过去的市场经济是盲目的生产模式,在产品与消费者见面之前,生产者对消费者的产品需求及意见是无法知晓的或是片面了解的,企业在快速扩张的过程中,已经形成了大规模标准化的生产线,形成了稳定的零部件供应商及销售渠道,通过这种大规模的标准化生产提高单位产品的边际效应,降低产品的成本。这种模式显然是不能适应上述"消费者正在从模仿型排浪式消费向个性化和多样化消费转变"的变化。而新的产融模式是将人、资金、资源及销售融合在一起,在产品未面市以前,就已经解决了需求、研发、生产及销售各个环节的诸多问题。

(2) 获得众筹支持的企业或项目一般都属于新兴行业,发展前景可观,增长势头强劲,想象空间巨大,有可能成为经济的新增长点。另外,现在已有大型传统企业也在尝试进行体制上的改革,将一些原本由企业完成的小项目或预研究项目,通过另外组建小微企业或项目组的方式,利用众筹在特定互联网平台进行融资。最典型的是海尔集团,海尔除了在京东众筹平台上投放项目进行融资外,另建有海立方平台,来搭建筹钱、筹人、筹技术、筹企业的众筹活动。也就是说,现阶段,众筹为创新创业小微企业融资的作用已经显现,但未来大型企业以及我国4 000多万家中小企业,也将以更为灵活多样的方式,通过众筹平台进行部分项目的众筹,从这个角度看,众筹对我国经济发展是有潜在意义的。

(3) 众筹具有引进国外先进技术及引进外资的作用。众筹平台是面向全球的开放平台。最近发现一些平台在美国、以色列等国家寻找高新技术项目,并引入自己的众筹平台进行融资,这本质上就是引进先进技术。在改革三十多年中,我国引入了大量外资企业,但核心技术仍掌握在外方手里。因此,众筹为引进国外新技术提供了途径。墨西哥政府也已将众筹平台当作其吸引外资的手段之一①。目前我国众筹平台上只有个位数的国外投资人参与,且投资金额极小,也就是说,我国的众筹平台还没有完全起到引进外资的作用。随着我国众筹行业的发展和众筹平台影响力的增强,有更大机会吸引

---

① CROWDFUNDING IN MEXICO[EB/OL]. http://www10.iadb.org/intal/intalcdi/PE/2014/14161en.pdf.

外资进入。

1.3.3 众筹促进我国多层次资本市场的发展

在资本市场上,不同的投资者与融资者都有不同的规模大小与主体特征,存在着对资本市场金融服务的不同需求。投资者与融资者对投融资金融服务的多样化需求决定了资本市场应该是一个多层次的市场体系。目前我国正在形成以上海证券交易所和深圳证券交易所的主板、中小板和创业板、新三板、区域股交中心(四板)和股权众筹(新五板)为主的多层次资本市场。资本市场的层次结构详见图 1-1。

图 1-1　我国多层次资本市场

中国正处于"大众创业、万众创新"的黄金时期,但这股创业浪潮中存在的问题也急需解决。人民银行金融研究所所长姚余栋认为,股权众筹将是多层次资本市场的重要补充和金融创新的重要领域,对服务实体经济和控制宏观杠杆水平起着至关重要的作用。

众筹通过扶持新兴企业成长与壮大并推动其上市,给证券市场注入生机。例如,在众投邦平台上两轮众筹融资成功的华人天地影视项目现已成功登陆新三板。从发展趋势看,股权众筹在证券市场发展中将起着越来越重要的作用。

此外,众筹降低了投融资门槛,拓宽了民间资本投资渠道,从而吸引更多的资金投资到资本市场。随着我国经济的发展,我国城乡居民的储蓄存款逐年增长,但近两年银行利率不断下调,实体经济形势不容乐观,大量的民间资金找不到投资的出路,众筹有望汇集更多的投资人参与,对于资本市场的活跃及发展具有一定的意义。

1.3.4 众筹有利于营造公平和谐的社会环境

众筹除了具有融资等物质层面的作用外,还具有更深层次的作用和意义。

在参与互联网产品众筹的过程中,提高了投资人的科学文化知识和素养,也养成了人们对自我权利、民主的追求,培养了人们的公民意识。同时,让他们对自身不满意的产品和服务提建议,与其他有共同需求的人一起去打造一个创新产品、服务或者完成一项事业,共同享受创业的激情、乐趣以及创业成功后应得的回报,这种精神层面上的满足增加了公民的幸福感。

公益众筹对构建和谐社会的意义更为重大。众筹起源于慈善,慈善通过众筹可以帮助一大批需要帮助的人,而众筹的参与者又在帮助人的同时获得快乐。从中美公益项目的比较看,我国公益众筹的项目所解救的对象贫困程度及迫切程度远远大于美国资助的对象。我国的社会保障体系还不健全,还有数量庞大的人群需要资助,通过公益众筹,帮助在困境中生活的人群,对于社会稳定和创建和谐社会具有重要的意义。

1.4 众筹的业务流程及平台盈利模式

1.4.1 众筹平台的业务流程

众筹基础商业模式主要由融资方(项目方)、投资方、众筹平台这三大部分组成。合格投资人可以是一个或多个自然人(或投资机构或法人);非公开股权融资的融资方则为一个;众筹平台作为第三方机构承担着沟通连接的纽带作用,在互联网众筹平台上,达成融资交易。在各类众筹模式中,股权众筹的业务流程相对最为复杂,因此,以股权众筹平台的业务流程为例说明众筹的业务流程(如图1-2所示)。

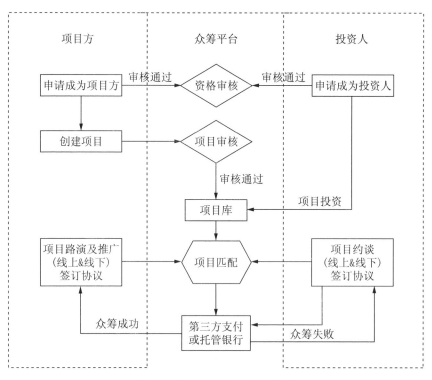

图 1-2　股权型众筹的一般业务流程

（1）融资方的众筹流程

融资方是指在众筹平台上发起项目以期获得资金支持的人或企业。在互联网非公开股权融资项目中,融资方的发起人以小微企业的创业者为主。

① 众筹平台及众筹模式的选择

创业者或者企业中的某个项目通过众筹方式融资之前,至少需要了解:第一,众筹的主要目的是什么? 是为融资、营销还是产品测试? 第二,根据众筹的目的,选择众筹的回报类型,即股权众筹、权益众筹、公益众筹、收益权众筹或债权众筹。第三,针对众筹类型,选择最恰当的众筹平台。第四,众筹方案的设计,可以在众筹平台方指导下完成。

② 平台注册及信息提交

在所选定的众筹平台上注册,真实提供平台所需要的各种信息。

③ 创建项目及发送商业方案

按所选定的众筹平台的项目发布要求进行认真的撰写。是否清晰地体现项目的情况及团队架构,直接影响到融资的顺利完成。各平台展示的项目信息不尽相同。而且不同类型的众筹,所要求提交的信息也不尽相同。

互联网非公开股权融资项目一般需要提交的信息(以筹道股权为例)如下:项目名称、项目简介(包括目标用户、解决用户需求点以及与市场其他同类相比的优势、商业计划、团队架构等)、项目阶段(概念阶段、研发阶段、测试阶段及已正式运营阶段)、所属行业、所在城市、上轮融资额、上轮估值、本次目标(已有公司融资、新设公司)、投资比例计算(如果按总估值确定,包括目标融资额、目标出让股份)、最高融资额、总估值、每份认购金额、是否有每人最高份额限制、预期回报收益、资金用途、选择融资方式(领投跟投制、平台合投制)。

权益型众筹项目一般需要提交的信息有(以青橘众筹为例):项目分类(各平台分类不同)、封面图片、项目名称、项目简介(主要介绍梦想)、宣传视频(非必要)、详细描述(关于我们、我想要做什么、项目的进展和风险、为什么需要你的支持、我的承诺与回报、退款说明)、融资金额、众筹周期。

权益众筹与股权众筹所要给投资人展示的内容是不同的,权益众筹有更多的梦想和情怀成分,因此在项目简介时要突出自己的梦想和创意,唤起投资人的共鸣和兴趣;同时,在项目回报的设计上,也要了解潜在投资人的喜好,投其所好进行不同层次的设计。而对股权众筹项目,要充分考虑潜在投资人通常以获取高额回报为目的的心理,在股权出让比例的设计上,要对公司的未来发展及股权结构精心设计,既要考虑投资人的可接受程度,又要考虑自身的利益。

总之,项目发起人需要将自己的想法和创意以文字、图片、视频等丰富的表现形式展现给投资人,使投资人能够全方面多角度地了解项目,并能对项目产生兴趣。

④ 合格项目上架

经过审查后的项目,就可以放到众筹平台上,一般分为项目预热中、众筹中、众筹结束三个阶段。

⑤ 项目路演及媒体推广

通过线上线下的方式开始项目路演,是投资人深入了解项目的一种最有效的方式。此外,项目方要广泛利用自己的社交网络进行营销,特别是现在众筹平台的流量一般都不大,因此仅靠平台方的平台推广是不够的。一种方法是将信息发布到众筹家这类众筹信息节点上;二是自己发布到百度贴吧、微信朋友圈、行业 QQ 群等社交媒体上,现在青橘众筹等一些众筹平台都设有分享键,可以直接在平台上将项目信息分享到各类社交媒体。需要指出的是,项目方最好针对不同分享渠道量身定制分享的内容文案,对项目进行简短有力又特别的描述并且强调一下回报奖励,最后加上项目页面的链接。青橘众筹还设计了推广监控平台,粉红色提示线段帮助项目方设置每日融资目标额度,通过该数据平台能了解自己融资的历史走势及有效的推广渠道。

⑥ 项目众筹及签署协议

当确定投资项目时,出资人会与项目发起人和众筹平台签订协议。

为了保证资金的安全性,监管层规定,众筹平台自身不能设置资金池,不能直接经手投融资双方的资金,为此,众筹平台引入第三方来托管或监管资金。几方签订协议后,投资人通过第三方支付或托管银行保管投资人的资金作为保证金,如果融资达到预定额度,再支付一定资金给融资人,如果没有达到预定目标,则将资金退给投资人。

(2) 投资者的业务流程

① 项目信息的搜集及评估

众筹平台上展示项目方提交的信息,为投资人了解项目提供了一定的帮助。但是,考虑到众筹平台上的项目信息主要是融资人所提供,虽然平台会进行不同程度的审核,但是,投资人仍需要通过多种渠道对信息进行进一步甄别,对项目的市场前景进行评估,以减少投资的盲目性。第三方网站众筹家定期召开线下项目评估交流及路演,投资人参与项目会有助于提升投资人的评估能力,同时投资人也可以将自己感兴趣的项目拿出来,听取大家的意见。

投资人也可以直接访问众筹家网站,众筹家平台作为众筹项目的集散地,汇集了中国众筹平台的数千个项目,因此,对于没有确定投资项目的潜在投资人,可以首先访问众筹家,获取项目信息、项目评估信息以及项目所在平台。

② 注册账号、填写个人信息

有投资意向后,需要向项目所在平台注册账号,如实填写个人信息。有些平台只有在注册后,才能看到更为详细的项目信息。

③ 审核通过成为投资人

投资人提交信息,获得审核通过后,成为投资人。一般来说,大多数平台对投资人的审核较为宽松,但对项目方的审核要求较多,主要是出于风险控制的考虑。

④ 查阅、选择项目及线上线下约谈

投资人查阅所注册平台上的项目,对于有意向投资的项目,进行线上或线下约谈。平台会通知投资人参加意向投资项目的路演等活动,使投资人更全面地了解项目。

⑤ 项目投资

最后进入项目投资阶段。部分投资人可能与项目方或众筹平台有一定关系(如项目方或平台方的员工),众筹之前可能先进行内部认筹,但对于大多数普通投资人,都是在平台上线该项目后投资的。按平台上指定的第三方账户汇款,如果众筹成功,则投资完成,如果众筹不成功,则投资人所汇入第三方的款项全部返还。

关于何为众筹成功,各平台在认定时有一定的差别。一般认为,平台在规定的众筹期间内,筹到的金额大于预期融资金额,视为众筹成功。但是有的平台认为,如果筹到的金额小于预期融资金额,平台与项目方商议,项目方能接受,也被视为成功。而有些平台会设定一定的阈值,如京东东家的认定方法如下:"如果认购额超过本次募集资金的80%但不足100%时,若领投人愿意补足,则该轮融资成功,否则视为不成功。"

(3) 众筹平台的业务流程

众筹平台是整个众筹活动的重要媒介。融资方利用众筹平台发布众筹项目,投资人通过平台为合适的项目投资。众筹平台承担了融资人和投资人的资格审查、项目审核、执行监督、后期控制等多项职能,最后当众筹项目未在计划期内筹得足够资金时,众筹平台负责将资金返还大众投资人。

众筹平台的主要功能在于为创意项目筹集资金,除此之外,平台还有义务为创意和产品进行初期市场反馈测试,通过互联网和社交网站帮助项目方进行项目的宣传和传播,具体包括以下内容:

① 创建众筹平台,保障平台安全,保证较好的用户体验;

② 引入第三方资金托管机构,为投融资双方资金提供托管服务;

③ 投资人及融资人的身份、资格审核；

④ 对项目进行尽职调查等认证工作，将合格项目入库；

⑤ 指导融资方进行项目的包装、信息披露和推广；

⑥ 通过线上线下渠道帮助投融资双方沟通与了解；

⑦ 签署相关的协议，提供相关的法律文件及法律支持；

⑧ 完成网上众筹以及融后资金的交付或返还（众筹失败返回投资人）。

1.4.2 股权众筹的增资规则

对于互联网非公开股权融资项目，众筹之前融资方需要设计融资方案，并在众筹期间，项目上明确标示融资金额，以及金额所占的股份比例。在众筹完成后，融资方和投资人要签订相关的增资协议，才算完成众筹的过程。

融资方可能是已创立的公司，也可能是仅有项目或创意方案的未创立公司的团队。一般根据投资人的多寡，又分为直投模式和"领投＋跟投"模式。因此，以下将根据可能的情况，介绍其增资的一般规则。

1.4.2.1　融资方已成立公司

融资方的公司作为发起人，以股权作为融资工具，投资人投资后，所投的资金将以增资的形式进入融资方的公司。通常来说，公司增资一般会有溢价，即公司增资后估值大于公司增资前的注册资本，特别是互联网等新技术公司往往估值会很高，这时，投资人的资金根据公司估计折算成一定的比例，一部分纳入公司注册资本金，而另一部分纳入公司资本公积金账户。当股东人数不多的时候，投资人直接成为公司的股东，根据所投资的比例确定股份。举例来说，如果A公司的注册资本为100万元，A公司准备众筹融资100万元，出让股份为20％，这说明该公司对自己的估值是500万元，融资方案可以设计为：增资后注册资本为125万元（公司原注册资本为100万元除以原股东融资后持有的股权比例80％），投资人所投的100万元，其中25万元纳入注册资本金，而75万元作为该公司资本公积金。如果投资人人数不多，可以采取直接投资方式，即投资人直接持有公司的股权；如果投资人人数相对较多，则采取"领投＋跟投"模式的较多。

1.4.2.2　融资方未成立公司

融资方（创业者）A只有创意、方案或不成熟的产品，由于A前期已做了部分贡献,因此,在融资时要对这部分工作进行估值。与已成立公司的融资方不同的是,这时并不存在公司注册资本金,在众筹融资时,融资方就要根据需要设定公司注册资本金,假如需要注册资本 100 万元,A 准备通过众筹融资 100 万元,出让股份为 20%,说明 A 为自己的前期成果估值 500 万元,投资人投资的 100 万元,其中 20 万元作为公司的注册资本金,80 万元作为公司资本公积金,创业者 A 出资 80 万元作为公司的注册资本金。

1.4.2.3 "领投 + 跟投"模式及其融资规则

"领投 + 跟投"是指在众筹过程中由专业投资人或机构作为"领投人",众多跟投人或机构选择跟投。这种模式最早由美国股权众筹平台 Angelist 发明并使用。"领投 + 跟投"有众多的好处。首先,由于众筹投资人众多,不可避免出现管理成本高,决策效率低的现象,引入"领投 + 跟投",可以有效解决这一问题;其次,众筹的投资人,很多无投资经验,甚至是首次一级市场投资者,通过专业人员带头投资,可以增强投资人的信心,同时专业人员的经验及资源对项目的后期管理及退出都有帮助。因此,目前国内的互联网非公开股权融资平台多采用这种模式。此外,是否选择"领投 + 跟投",还与项目本身有关,若项目属于科技类或轻资产投资风险较高的项目,选择这种模式较好,专业投资人的经验可增加项目融资成功率。若项目刚完成一轮融资,或自身固定资产较高,投资风险相对较低,则可能选择直投模式,一般认为,消费类品牌、艺术品的投资较多使用直投模式。

领投方由于承担了管理的职责,因此,跟投人一般需要向领投方出让一部分利益。领投方一般向跟投方收取管理费和利益分成两部分费用。各平台采取的收费标准有一定的差别,同一平台的不同项目也有差别(如实体店铺类项目,则可能不收利益分成)。下面的例子提供了一个较常见的收费结构。该项目的融资方众筹 100 万,领头方领投 20 万,跟投方共跟投 80 万,领头方需要收取两笔费用:(1)管理费。管理费是每年收取融资额的 2%,连收三年,对于 100 万的融资项目来说,管理费为 $100 \times 2\% \times 3 = 6$ 万元;(2)利益分成。如果跟投方退出时获利 60 万元,领投方要提取 $60 \times 20\% = 12$ 万元。

此外,如果领投方在项目融资过程中,在确定项目估值、推荐合伙人及协助路演等方面为融资方做较多的工作时,有些融资方也会出让少量股份给领投方。

领投方领投额度一般在 5％—50％之间，领投方获取管理费、利益分成及股权投资的回报，领投方将管理费用于投后项目帮助、监督等维护投资人利益的活动。而跟投人获取股权投资回报外，并出让少量收益，以换取专业领投人的服务。

融资完成后，融资项目公司为股份有限公司的，其股东人数累计不得超过 200 人；融资项目公司为有限责任公司的，其股东人数不得超过 50 人；融资项目公司为有限合伙企业的，其合伙人的人数不得超过 50 人。

很多平台对领投人的认定、责任、权利及义务、"领投＋跟投"的流程等做了较为详细的说明，下面以京东东家为例，介绍"领投＋跟投"的融资规则（详细情况参照京东东家网站）。

1. 投资人要求

个人合格投资人需要符合下列条件之一：

（1）最近三年个人年均收入不低于 30 万元人民币；

（2）金融资产不低于 100 万元人民币；本条所指的金融资产包括银行存款、股票、债券、基金份额、资产管理计划、银行理财产品、信托计划、保险产品、期货权益等。

单位合格投资人需要符合下列条件：

（1）投资单个融资项目的最低金额不低于 10 万元人民币；

（2）社会保障基金、企业年金基金、慈善基金等基金，以及按照金融监管部门要求设立或备案的投资计划，前述投资者豁免穿透核查和合并计算投资者人数。

2. 领投人要求

（1）应充分认同东家的发展原则及方向；

（2）在某个行业或领域有丰富的经验，独立的判断力，丰富的行业资源和影响力，很强的风险承受能力；

（3）具有投资管理能力以及投后管理能力；

（4）领投人至少有过 1 个非上市股权投资项目退出，或领投人具有自主创业成功的经验；

（5）勤勉尽职，乐于分享。

3. 领投人的权利及义务

领投人享有如下权利：

（1）优先看到预热融资项目（包括未审核通过的项目源）和领投人社交群推荐项目；

（2）领投人在确认领投后有三天冷静期。冷静期内，领投人可以无条件放弃对融资项目的领投。领投人可对项目进行点评，并可在东家公布；

（3）领投人或领投人委托/指定的第三方负责对融资项目行使管理、监督等权利，跟投人应向领投人或领投人委托/指定的第三方支付管理费，具体管理费的计算以领投模式以及跟投人与领投人或领投人委托/指定的第三方签订的协议为准；

（4）领投人的投资成绩和回报情况将会成为该投资人在相关领域的投资记录，并向跟投人展示；

（5）项目融资成功后，领投人可以在东家上以东家认可的方式对自身投资经验和投资案例进行合理的宣传推广；

（6）领投人不对项目投后管理成果及项目收益承诺保底。

领投人应当承担如下义务：

（1）确认领投后，协助融资项目完善《融资项目商业计划书》、确定投后估值、投资条款和融资额，协助项目路演和完成本轮对跟投人的融资；

（2）能够协助融资人按照《融资人信息披露规则》完成融资项目的信息披露；

（3）领投人应接受跟投人的委托，对融资项目进行管理；

（4）领投人应采取诸如电话沟通、实地走访等方式代表所有投资人对项目进行投后管理。每个季度领投人应至少一次将其采集的投后管理信息在东家上向跟投人进行披露。领投人还应代表所有投资人出席股东会或董事会，以投资人的利益为优先，合理评估收益与风险，尽职勤勉地做出最优投资决策，尽最大努力维护投资人合法权益。

4. 跟投人的权利及义务

跟投人可以享有如下权利：

（1）跟投人与领投人在融资项目公司中的股权收益计算方式相同，即同股同收益权；

（2）如果跟投人能够为融资项目提供稀缺的重大价值，在成功投资后，可以与融资人自行约定其他合作协议，并进行信息披露，但不得损害其他投资人的合法权益；

（3）跟投人具有双重知情权，跟投人可以通过东家要求融资人进行信息披露，同时，亦可以通过东家要求领投人对投后管理进行信息披露，具体的信息披露内容，详见《融资人信息披露规则》；

（4）必要时，跟投人可以自行对融资项目进行独立的尽职调查，但该调查费用由跟投人自行承担；

（5）跟投人如果对项目的信息披露和领投人的投资管理存在疑虑可以通过东家发出质询；

（6）跟投人可以根据投资人规则，行使其股东或合伙人权利；跟投人可依法转让其在有限合伙企业中的份额，并承担相应的成本及费用，但不可要求融资人赎回，也不能转给融资项目的竞争方；

（7）跟投人在其认购后有三天的冷静期，冷静期内，跟投人可以随时放弃对该融资项目股权的认购。

跟投人应当承担如下义务：

（1）跟投人应符合合格投资人要求，对投资风险有充分的认识；

（2）跟投人应按照相关条款规定向领投人支付融资项目退出分成；

（3）跟投人不参与公司的重大决策，不进行投资管理；

（4）跟投人应该遵守投资文件及有限合伙协议中作为一方的所有权利和义务；

（5）跟投人应承诺配合东家、领投人或领投人委托/指定的第三方在设立有限合伙企业、执行及退出融资项目时的相关法律行为，签署相关文件。

5. "领投 + 跟投" 模式的融资流程

预热阶段：领投人选择自己感兴趣的项目，并与融资人深入沟通，确定领投意愿，并对项目进行尽职调查并出具尽调报告或领投理由。

项目上线：帮助融资人完善商业计划书，确定投后估值、融资额、最低单笔投资额、投资者席位数和投资条款，通过东家向其他跟投人推荐项目，协助项目路演，协助确定投资意向书条款，帮助项目落实跟投。

私募股权融资成功：私募股权融资成功后，领投人与跟投人将私募股权融资资金转入东家委托的第三方机构的资金账户或托管账户。投资人与融资人根据项目认购结果签订《投资协议》。待融资人办理工商变更手续并经东家审核通过且满足交割条件后,该第三方机构根据相关方指令将相应款项转入有限合伙企业,再由该有限合伙企业转入融资项目公司。

投资后:领投人代表投资人跟踪融资项目进展情况,参与公司重大决策,尽最大努力为项目提供有价值的帮助。

选择退出:领投人应代表投资人选择合适的时机以合理公允的市场价格退,但退出前,要书面告知参与本轮融资的跟投人共同设立的有限合伙企业的执行事务合伙人,以便其代表合伙企业做出相应的投资决策。

1.4.3 众筹平台的盈利模式

1. 佣金模式

佣金模式是指平台在融资完成后,收取融资方一定比例费用的模式。这是目前国内外众筹平台通常采用的盈利模式,一般收取融资金额的3%—10%。但是依靠简单的抽佣,在项目数量少、网络流量不够高的情况下,国内平台很难实现盈利,甚至平台运营所必需的费用也难以维持,大多数平台以烧钱的方式在支撑平台的运营,资金不足的平台只得关门离场。因此,这种模式需要足够大的业务量,才能实现盈利。

2. "佣金＋天使投资"模式

有些平台握有大量的创新项目资源,可能会直接参与项目的融资,通过持股等方式盈利。有的平台甚至不再收取佣金,直接以天使投资的形式投资平台的部分项目。这种模式的缺陷在于,其他投资者会对平台未投的项目持怀疑态度,因此,也有一些平台坚持不投自己平台上的项目。

3. 后端收费模式

传统佣金模式的优点是清晰、简单易行。但缺点在于:第一,增加了融资人的负担,融资人除了要给投资人股份或产品回报以外,还要给平台佣金;第二,这种模式使平台与融资人的利益绑定在一起,而不是与投资人利益绑定在一起。在投资人、平台及融资人这三个角色中,投资人被置于信息不对称的一端。在平台和融资人利益一致的情况下,平台可能会为了促成项目的众筹成功,无视融资方的项目缺陷而过度包装,不做尽职调研,甚至帮助融资方欺骗投资人,从而导致投资人对平台不信任,最终影响平台的发展。

投壶网创立了后端收费模式,即平台管理费收取对象为投资人,投资人在投壶平台上投资,投资成功后,平台再从之前就商定的入股协议或其他的形式中获取投资人的部分收益。投资人投资不成功,平台免收任何费用。后端收费模式使平台与平台投资人的收益绑定,从根本上保证了平台维护投资人利益的动力。

后端收费对平台资金实力要求较高,由于项目成功需要一定的时间周期,平台需要有足够的资金运营到项目成功的时候。

4. 服务收费模式

众筹平台的作用是中介,只要撮合投资方和项目方交易即完成了任务。但是,由于众筹平台发展并不顺利,一些平台渐渐从单纯的中介向产业链的两端延伸,增强平台的服务功能,从而,增值服务费就成为平台收入的一项来源。如点名时间就属于这种类型。

点名时间于2011年5月上线,是我国第一家类似于Kickstarter的权益型众筹平台,2014年转型成为面向B端和C端的智能硬件首发和预售平台,线上线下累计500多万用户及1 000多家渠道。在30天的预售期内,早期用户可以5—7折抢先体验产品,而渠道商可以以市场价的3—5折获得产品。转型后,点名时间开始提供从开发到生产的一条龙解决方案,包括目标受众分析、包装、定价、渠道推广、媒体联系甚至是生产供应链。因此,它可以在包装等多个环节向经销商和发起人收费。

2015年年底市场的某些迹象显示,越来越多的平台开始尝试或准备尝试从服务上发现新的盈利模式,多个平台都在线上设立了众筹学院等教育频道,有的平台开设了线下众筹教育课堂,甚至将课堂开到名校的MBA课堂,培养潜在的投资人和创业者。深度的咨询、教育和众筹辅导,就成为有些平台的收入来源之一。

京东众筹、众筹网等发展较快、资金雄厚的平台,有可能提供平台服务,成为创业孵化器,为创业者提供整套的配套服务,这其中就蕴含着更多的盈利点。

5. 间接盈利模式

众筹平台中还有一种看上去仅收取佣金甚至免费,但实际上,众筹业务可以为平台企业或其关联企业带来隐性的好处或收入。

如博纳众投,该平台是专注做实体店铺的众筹平台,但与人人投等实体店铺专业众筹平台不同的是,博纳众投创始人具有商业地产从业背景,掌握一定的商业地产资源。其商业模式是吸引打算开实体店铺的人到平台上融资,同时为项目方提供或介绍优质购物中心的门店,一旦融资完成,项目方入驻平台介绍的购物中心。平台同时促进了商业地产的销售,为平台带来潜在的商业利益,也为项目方提供了增值服务。

房地产众筹常用以营销为目的的间接盈利模式。如上海的二手房代理公司华燕集团投资的房融所,其平台上的房产众筹频道就是采用这种模式。以 2016 年 2 月公布的"[松江]祥腾·麓源壹号"为例,楼盘将在两个月后开盘,平台上显示,单个投资人最多认筹一份,每份 50 000 元,共有 300 份。认筹后,项目方在 63 天后,返还投资人年化 5% 理财收益,如果购房再享受 1% 的折扣。

1.5 股权众筹的风险管理模式

股权众筹项目的风险较大,风险主要体现在以下几个方面:(1)政策风险。现阶段由于众筹相关监管政策未出台,平台遇到纠纷时,面临着合法性认定的风险;(2)融资人恶意欺诈风险。由于股权融资属于风险投资,国内外众筹平台上都发生过融资人虚构项目骗取投资人金钱的案例;(3)融资方在管理上侵犯投资者的利益。由于股权众筹项目中的投资者基本无法参与股东会的投票与表决,而融资者在众筹成功后,也存在把公司资产挪为他用、以种种借口不及时分配利润、虚报经营数据等问题,甚至融资方与领投方恶意串通,共同侵犯普通投资人利益,有些融资人选择采用众筹方式融资,就是为了避免股东的监管;(4)项目本身的风险。创业项目一直存在高风险性,有来自市场的,有来自经营不善等原因的;(5)众筹项目商业模式被复制的风险。项目展示在众筹平台上,如果项目内容说明展示不充分,难以吸引投资者参与,过分详实又可能带来被复制的风险;(6)众筹方式不当的风险。有的投资人选择了收益权众筹,当项目在无盈利时被收购,具有无收益的风险,投资人选择股权众筹时,也存在项目方估值过高的问题,这无形中侵害了投资人的权益;(7)众筹不成功风险。众筹时,项目方如果不能充分说明项目的优势,吸引投资人兴趣,设定的融资额过高,融资时间过长或过短,都可能导致融资失败;(8)退出变现时的风险。通过众筹模式创办的企业非上市公司,投资者拥有的股权无法公开自由地进行转让交易,目前我国各种区域性股权交易市场还正在建设之中,交投不活跃,故存在变现风险。

针对上述风险,目前众筹平台一般采取准入审核、规避法律冲突、设计投资时限、建立资金第三方托管、设计退出及补偿机制的方法进行风险控制。在平台实际运营时,各平台的风险控制操作方式及控制程度又有一定的差别。因此,以下从五个方面阐述平台的风控模式,最后,以人人投为例,说明在实际运营中,平台会根据自己的实际情况进行更为具体和严格的风控管理。

1.5.1 准入审核

1. 融资者准入审核

融资者首先需要在网站上实名注册,这一环节并不存在十分严格的审核标准。注册完成后融资者需要上传商业计划书。各大众筹平台对于项目计划书的审核制定了不同的标准并配有专家团队进行审核。

一份完整的项目计划书须包括小微企业目前发展情况并配以相关图片和视频、项目定位、用户需求定位、盈利模式说明、竞争对手分析、核心竞争力说明、创业团队介绍、历史执行情况、未来发展计划、融资金额及付款方式说明等必要项目。一份完备的项目计划书从提交到审核入库可能需要经过驳回和修改再提交的过程,若对项目的评估结果为不成熟或亮点不足,则网站有权拒绝项目入库。

2. 投资者准入审核

各大众筹平台投资参与机制基本一致。采取“领投+跟投”模式的互联网非公开股权融资平台,对领投方要求较高,对跟投方所设的门槛较低。如大家投需领投方满足以下任一条件即可:(1)两年以上天使基金、早期 VC 基金经理级以上岗位从业经验;(2)两年以上创业经验(只限第一创始人经验);(3)三年以上企业总监级以上岗位工作经验;(4)五年以上企业经理及岗位工作经验;(5)两个以上天使投资案例。而对跟投方没有资产要求,只需提供身份证、联系方式等个人真实信息即可。

1.5.2 法律法规的风险防范

我国《证券法》第十条规定:公开发行证券,必须符合法律、行政法规规定的条件,并依法报经国务院证券监督管理机构或者国务院授权的部门核准;未经依法核准,任何单位和个人不得公开发行证券。有下列情形之一的,为公开发行:向不特定对象发行证券的;向特定对象发行证券累计超过 200 人的;法律、行政法规规定的其他发行行为的。非公开发行证券,不得采用广告、劝诱和变相公开方式。

对于股权众筹来说,为了避免踩踏"非法集资"的红线,众筹平台首先需要在相关监督管理机构进行备案登记。2014 年 12 月 18 日,中国证券业协会公布了《私募股权众筹融资管理办法(试行)(征求意见稿)》(以下简称《办法》),《办法》中对股权众筹平台的备案登记做出规定如下:股权众筹平台应当在证券业协会备案登记,并申请成为证券业协会会员;股权众筹平台应当具备下列条件:在中华人民共和国境内依法设立的公司或合伙企业且净资产不低于 500 万元,融资者不得公开或采用变相公开方式发行证券,不得向不特定对象发行证券,融资完成后,融资者或融资者发起设立的融资企业的股东人数累计不得超过 200 人。众筹平台作为中介机构在撮合融资和投资双方的同时,需要满足投资对象为具有专业知识技能和相关经验的、可识别并应对风险的特定对象,并且人数不得超过 200 人。

如何将"非特定对象"转变为"特定对象"并合理控制人数从而避免触碰法律红线,大家投采取了成立有限合伙企业的做法,同时规定领投人和跟投人认购股份的最低数额,因此,可以有效地将一个项目的认购人数控制在 50人以下。

"领投＋跟投"的投资机制一方面可以利用领投人较强的经济实力、从事相关行业的经验和应对风险的能力保障跟投人的投资利益,规避法律风险,将"非特定群体"转化为"特定"群体;另一方面,领投人和跟投人之间的信息不对称有可能对跟投人的利益造成较大伤害。众筹平台作为第三方机构如果没有监督和信息公开机制,当领投者和融资者存在某种利益联系时,则很可能出现合同欺诈等问题,损害跟投人的利益。

1.5.3 投资时限设置

目前的国内众筹平台一般对众筹项目的融资时间有明确的规定。若在规定的时间内并没有完成融资目标,则该项目将会被撤销,资金尽数返还投资人,而融资者将损失时间成本。投资时限的设立可以更好的保障投资人的利益,提高投资效率。实际上,时限的设置等同于在众筹平台设立了一种竞争机制,更加完备、更加具有亮点的投资方案将会受到更多投资者的青睐。不符合市场需求的方案将在到期后被撤销,以此在融资人改善融资计划的同时,也保障了优质资源可以在平台上及时更新。

1.5.4 资金安全

众筹融资具有典型的双边市场特征。众筹融资由项目发起人、大众投资人和众筹平台三个基本的参与主体构成。其中,项目发起人通常是有资金需求的小微企业或个人创业者,他们通过众筹平台向社会大众展示其创意项目来获得资金支持。双边市场的交易方式相对于 P2P(点对点)的交易更加复杂,其资金流的控制和管理往往面临着更大的风险。

项目融资用时较长,且投资人数较多,因此资金会在某一平台慢慢汇集,难以避免会形成一个"资金池",当项目融资成功后,所有资金才会发放至融资者供其使用,因此在融资阶段,如何确保资金的安全则是投资者最为关心的问题。现在众筹平台一般都是与第三方支付平台合作,由第三方机构进行资金的托管。这种方式以较为有效地保障资金的安全与流转的有序,但其中监管账户的归属并不明确,也存在第三方平台挪用资金的风险。处于资金安全的考虑,第三方平台不可在交易过程中经手资金。因此,相比于第三方支付平台,商业银行是更好的选择对象,其雄厚的经济实力、操作经验和应对风险的水平可以为投资者提供良好的信誉和资金保障,但现在商业银行出于众筹风险的考虑,一般不愿意承担这一业务。

1.5.5 退出和补偿机制

目前非公开股权融资的退出机制主要有以下几种:

(1)并购退出。并购退出是指通过其他企业兼并或收购风险企业从而使风险资本退出;

（2）回购退出。回购退出是指通过风险企业家或风险企业的管理层购回投资人手中的股份,使风险资本退出;

（3）首次公开上市退出(IPO)。首次公开上市退出是指通过风险企业挂牌上市使风险资本退出;

（4）股权转让退出。股权转让退出是指通过股权转让的方式使风险资本退出。股权转让是指公司股东依法将自己的股份让渡给他人,使他人成为公司股东的民事法律行为;

（5）单个投资人转让。在投资人投资项目满一年,且已寻找到合适的股权受让方的前提下,股权转让手续可以由众筹平台办理,但众筹平台收取一定的费用;

（6）有限合伙集体转让。有限合伙企业集体转让,一般由平台投资经理配合创业者、投资人一起寻找合适的股权受让方(VC/PE机构、战略投资机构、战略并购机构、场外市场、证券市场等);

（7）清算退出。清算退出是针对投资失败项目的一种退出方式。风险投资是一种风险很高的投资行为,失败率相当高。对于投资人来说,一旦所投资的风险企业经营失败,就不得不采用此种方式退出。

此外,投资者不可在将投资款项支付后选择反悔或退出,若强行退出则投资款项不予退还。退出机制的设立可以有效地保障融资者利益,同时也要求投资者在确认投资前进行审慎的判断,提高风投的成功率。

股权投资流动性差,导致投资人退出难度大,这影响投资人参与众筹的积极性。因此,现在各平台及相关机构都在尝试通过以下多种方式,增加退出的可能性。

（1）与新三板对接。股权众筹平台与新三板结合的方式分成三种:第一种是基金公司建立新三板领投基金;第二种方式是众筹平台发行投资新三板的基金产品;第三种是新三板企业在平台上直接转让部分股权或者发行定增项目。众投邦、原始会等平台已与新三板对接。股权众筹可以在挂牌之前入股定增,在挂牌后退出;如果未挂牌成功,可以要求大股东选择回购,并承诺固定收益,甚至可以签订"对赌协议"。即将上新三板的企业或新三板的定增企业,与一般的初创企业相比,承诺回购的可能性更大,因此,这是一种较现实的退出模式。

（2）建立"五板"市场，将股权标准化后在"五板"上交易，或者在区域股交中心（新四板）转让。虽然在理论上提供了股权交易市场，但目前的实际运行中发现，早期创业公司的股权流动性差，目前还不能成为一种有效的退出渠道。

（3）融资方回购。有时融资方会承诺，如果没有其他投资人接盘，公司必须以自有资金，按下一轮融资的估值水平的一定折扣回购。这是一个比较现实的保持投资人利益的做法，但是对融资公司和下一轮投资者来说却不利，因此，融资公司一般不愿承诺这种方式。

（4）下轮退出模式。如36氪股权投资平台，选择采用"下轮氪退"机制的融资项目在正式交割完成后，其企业在两年内的随后两次正式融资中，本轮股东均有选择退出的权利；如最终交割后的两年内，融资公司未发生任何一次正式融资，则退出期延长至最终交割后的三年内。跟投人在退出时有三个出让比例可以选择，不出让其持有的股份、出让其持有的50%的股份、出让其持有的100%的股份。不做选择的，则默认为不出让其持有的股份。两次下轮融资间自主选择是否退或者是否退一半，对投资人并不强制要求。相比原来的领投、跟投共同进退方式，这种方式给投资人更多的自主选择权，放大了跟投人的权利。但这种退出方式仍取决于融资公司是否有人接盘。

（5）风险补偿基金或承诺保障。有些平台除了上述退出机制外，还设计了更为具体的细节，以保护投资者。如大家投推出投资人"风险补偿基金"制度，用于补偿投资人非正常投资亏损。其风险补偿金来源主要是投资人缴纳的100元认筹诚意金以及投资人单个或集体退出项目时收益的2%。当创业者融资成功后两年内存在利用众筹平台进行诈骗的，投资人可获得风险补偿金，但风险补偿金的发放时间需以司法机关作出生效判决为准。创业者无诈骗行为，而是企业正常经营不善、股东间民事经济纠纷或其他不可抗拒因素所引发的投资人亏损，不予以补偿。补偿标准为投资人当次投资本金的50%。若后续通过各种途径追回投资本金超过50%，超额部分应归还风险补偿金。在有些类似债权众筹或收益权众筹的平台上，还有提供保本或本息保障的权益，如融资方承诺无论项目成功与否，提供本息保障。

1.5.6　人人投的风险控制

除了上述风险管理的五个方面以外，一些平台又有自己更为具体的风控措施。实体店铺专业众筹平台人人投在平台发展的过程中,逐步强化风险管理,其风控能力主要在以下几个方面得以体现。

(1)专注实体店铺这种看得见、摸得着的细分领域的项目众筹,因此,其项目风险性相对较少。

(2)团队在全国有三千多人,是全国乃至全世界最大团队规模的众筹平台。分布在全国各地的员工保证平台能使尽职调查、投后管理及监控落实到实处。

(3)建立了诚信体系,通过诚信体系,约束项目方,降低了项目方不讲诚信等道德风险。

(4)建立了财务监测体系,确保店铺启动之前的融资每一笔花销都真实、合理地用在这个项目上,以及这个店铺启动之后每一笔收入、支出和分红真实性、合理性,让投资人心中有数。

项目上线融资前的七层风控把关。如上海某个项目申请融资,平台要进行以下工作:①要求上海当地对相关资料进行采集,包括股东的个人征信、市场定位、营业执照、是否经营一年以上、是否店铺超过两家店以上、年回报率超过 20% 以上等刚性要求;②到人人投预审部,对资料进行核实真伪;③专业的风控部对这个项目的市场前景、团队进行定位,评判这个项目是否值得投资;④投委会表决;⑤副总裁签字,三个副总裁分别具有审计、融后及市场的专业知识和经验;⑥实体考察,验证资料是否真伪;⑦再次风控,确定是否上线融资。

1.6 债权众筹业务流程及风险管理——以宝点网为例

在现代经济社会中,债权众筹 P2P 已经成为一种不可或缺的金融衍生品。一是随着人们收入的增加,具有更多的资产保值和增值需求。二是中国建设创新型国家的大环境下,创新创业者数量快速增长,对资金有巨大的需求,而银行繁琐的流程与严苛的要求让创业企业或小微企业望而却步。债权众筹利用了互联网的优势,为投资人提供了相比银行及其理财产品更高的收益,又给创业企业或小微企业相比银行更高效率和更低成本的贷款,在促进中国经济发展、优化不同地区间的资源配置和支持小微企业发展方面起着越来越重要的作用。

P2P网络借贷的风险主要来自于平台产品的信用风险,风险控制依赖于完善的征信体系,而征信在中国还处在初级阶段,央行个人征信系统个人信贷数据少,而BAT(百度、阿里巴巴和腾讯)有海量的社交、搜索、购物的数据,但有很多是无效数据,而且大数据业务尚未成熟。在这种情况下,一些平台在遵循行业风险控制办法以外,还有自己独特的风控方法,如我国西南最有影响力的、也是我国最有特色的P2P平台——宝点网采用"重点做本地融资方项目"的运营模式,有效地控制了风险,保证平台几年来持续、稳步地发展,与一味追求扩张不顾风险的平台形成完全不同的发展路径。以下将以宝点网为案例,介绍债权众筹一般的业务流程和风险管理模式。

1.6.1 宝点网及其业务流程

宝点网上线于2012年8月8日,是一家以债权众筹模式为核心的平台。宝点网立足西南,辐射全国,总部位于成都,目前已在北京、上海、深圳、昆明开设分公司。平台是中国版的Lending Club,也是中国小额信贷联盟会员单位,目前已经完成3 000万美元A轮融资。

截至2015年年底,宝点网注册用户接近100万,为中小企业及个人成功募资超过15亿元,为投资者带来了可观的收益。宝点网旨在为债权众筹双方提供一个安全、公平、透明、便捷的互联网金融服务平台,实现多方互惠共赢。

宝点网的业务流程与其他债权众筹平台的业务一样,整个众筹过程包含借款人、平台、出资人(即债权拥有者)、第三方担保平台以及资金托管方。在经过一系列风控审核流程后,帮助借款人发布借款标的;出资人则通过平台,将富余资金按一定比例交换债权并签订相关合同。之后,出资人按期获得相关收益,到期收回本金;借款人则更方便快捷地及时获得资金用于项目推进。具体业务流程如图1-3所示。

融资方的众筹流程分为以下几个步骤:(1)项目发起人通过宝点网提交众筹申请;(2)宝点网业务部受理申请后,收集项目相关资料;(3)宝点网业务部收集全套资料后移交风控部进行审核;(4)审核通过后,通过宝点网平台对外发布债权众筹信息;(5)众筹成功后,进入后期管理程序。

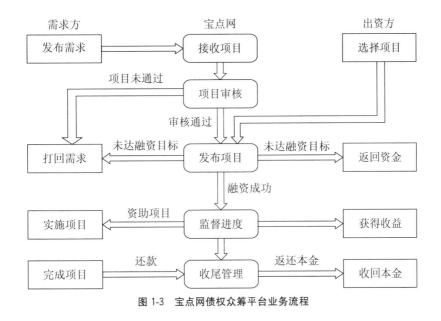

图 1-3　宝点网债权众筹平台业务流程

投资人的众筹流程分为以下几个步骤:(1)出资人挑选债权对象;(2)出资并获得债权;(3)定期获得收益;(4)到期收回本金。

1.6.2　宝点网的风控管理模式

1. 实行"融资方地域性限制"的风控模式

理论上讲,网络借贷是无地域限制的,而且无地域限制能使网络汇聚更多的融资项目。但是,网络借贷最大的风险来自于融资方违约,宝点网与一味追求规模的 P2P 不同,它以四川地区的融资项目为主,其他区域优质项目为辅,建立自己完善的线上线下风控体系、线下严格的尽调和催收等管理体系。宝点网对投资方地域则没有限制,在全国经济发达的地区,如北京、上海、广东等地建立了多个分公司,分公司负责投资人的管理及服务,以保证发达地区的资金投入到以四川地区为主的诚信企业和优质项目。以自己可掌握的地区作为根据地,虽然在一定程度上限制了平台发展的规模,但是却能提高风险控制的效率,同时本地化的管理也降低了风险管理的成本。

2. 为优质融资企业提供服务以稳定客源

优质融资企业,才能创造利润,投资人也因此享受其回报,P2P 平台优质融资企业占比越高,平台出现坏账率就越低。宝点网早期就非常注意积累优质融资企业,同时为了使这部分企业对宝点平台具有黏性,宝点网将业务延伸到为优质企业服务的领域,帮助企业解决融资以外的问题,这样使宝点网具有一批稳定的优质融资企业。

3. 构建融资方画像,自建征信系统

用户画像是近年来发展起来的新技术,构建用户画像是力求通过综合用户相关的所有数据,还原用户真实的特征。用户画像是企业深度了解用户、提升用户服务和精准营销的手段。一些P2P平台将用户画像理解为投资人画像,认为通过为投资人画像,可以更好地了解投资人,做好投资人服务,最终达到增强投资人黏性使其反复投资的目的。但宝点网却将工作重心放在融资方画像上,认为P2P最重要的任务是做好风控,平台对融资方信用等信息了解越透彻,投资人投资风险就越低,做好融资方画像,才能提高风控能力,这才是对投资人最好的服务。宝点网立足本地的模式,使其可以更方便与当地工商、税务等多个部门建立紧密的合作,再加上多年来融资方在宝点网上留下的信用数据,使宝点网能够较精准地构建融资方画像,形成自身强有力的征信体系。

4. 为融资方量身定制担保方案

基于对融资方的充分了解,宝点网就有能力将风险管理做得更为具体,如宝点网推出了为融资方量身定制担保方案的服务,数据库里可以快速发现融资方的资产情况,宝点网据此提出增加反担保人、担保物、保险等更严格的担保方案,通过增加项目资信条件进一步降低风险。

5. 设立多层次保证金制度

网贷平台的"风险保证金"的作用就是保证平台标的出现逾期、坏账时候刚性垫付给投资人的那部分资金。"风险保证金"既要满足风险的覆盖性,又要满足资金成本最小化的特点,同时要随着标的的增加或减少动态变化。

P2P网贷平台留存的"风险保证金"额度一般是待收总额的10%。该比例是根据各地民间借贷的综合逾期及坏账粗略数据7%衍化而来的,认为10%更为安全。考虑到互联网借贷具有必须准时刚性兑付、不允许逾期的特点,宝点网设计了更高比例的风险保证金,保证金来源于担保机构保证金、项目主体保证金、核心企业保证金等多个渠道,以保证平台具有更强的抗风险性。2015年6月宝点网完成3 000万美元的A轮融资,领投方为跨国名企菲

律宾长江实业集团,该集团对外贸易规模庞大,约有 500 亿元的斥资。此项投资为宝点网提供了资金保障。

6. 设立法律援助金支持投资者维权

法律援助金是指设立单独的法律援助资金账户,为宝点网的众筹项目提供法律支持。当众筹项目发生纠纷需通过司法程序解决时,随之启用此法律援助金为投资人聘请专业律师进行维权,此资金用途包含但不限于律师代理费、诉讼费、催收费等。

7. 专业律师团队提供法律援助支持

宝点网除了建立专业的风控团队和催收团队外,还委托四川展新律师事务所为宝点网提供诉讼、催收、法律援助等专业法律服务。

宝点网是我国最早出现的 P2P 平台之一,2015 年 8 月举行了 3 周年庆典。宝点网遵循的融资方地域限制、优质融资企业服务、强化融资方信用、加强本地化催收等策略,使其成为西南地区最有影响力的 P2P 平台。平台先后荣获资信认证 AA,四川省投促会 P2P 唯一会员认证,分众传媒战略合作伙伴,2014 年度网贷稳健平台,2015 年度互联网金融影响力品牌大奖等资质和荣誉。80 后创始人杨勇也被《BOSS》杂志评为互联网金融标杆人物。

与一些盲目追求规模、大跃进发展模式的平台相比,宝点网严格执行其类似证券市场仓位控制的风险管理原则,凝聚了一批忠诚稳定的用户,使其发展具有更为持久的生命力。

1.7 国内外众筹研究综述

众筹概念提出后,国内外很多学者开始着手研究这一新兴事物。分别以"众筹"和"Crowdfunding"为关键词,分别检索了中外文文献数据库(如中国知网、EBSCO 等),共发现 104 篇中文文献和 147 篇外文文献,对中外文学术文献进行内容分析,发现国内外众筹研究主要包括五个方面:第一,研究众筹对经济的作用,众筹有助于解决当前全球经济衰退等问题;第二,研究众筹政策、监管及所面临的各种风险及解决路径;第三,研究前置消费者的参与行为、动机及影响因素;第四,研究众筹平台的运营模式、运营技巧及策略;第五,研究了众筹平台的特征、商业模式及众筹在各领域中的应用。

1.7.1 众筹与经济的关系研究

国内外多篇文章论述了众筹对提振经济的意义。全球很多国家都面临着就业、经济增长和快速城市化三大挑战,Jason(2012)等人论述了如何利用众筹模式帮助解决这三大问题。文章中说,美国总统奥巴马在 2012 年 4 月 5 日签署"JOBS 法案"时称众筹投资为竞争重整(Game-changing),新的"JOBS 法案"为社区融资创造了一个融资工具,美国大众能够运用众筹投资为他们信任的创业者和当地企业进行投资。如果全部美国人运用储蓄的 1‰进行众筹投资,那么这项政策变化将为小企业带来超过 3 000 亿美元的资金,将会有效地刺激创业、创新并增加新的工作岗位。美洲发展银行的多边投资基金(MIF)发布的墨西哥众筹报告中指出,墨西哥政府不仅将众筹作为为中小企业融资的手段,而且认为众筹还将起到引进外资的作用①。加拿大众筹网站 Sponsorcraft 的营销总监 Duncan Knox(2011)指出,当创业者选择银行、风险投资、天使资金进行筹资时,他们努力获得资金的过程大部分是徒劳的,即使成功融得资金,他们获得的也是单一资金来源,当赞助者退出时,创业者将会面临更加严峻的挑战。创业者运用众筹意味着不再需要追逐并依赖单一的资金来源,相反,从一群赞助者那里得到一系列较小额度的资助就可以实现融资目标。

我国也有多名学者论述了金融创新对解决当前经济的作用,苗文龙(2014)从理论模式上推演出"当经济发展到一定阶段时,多人决策的众筹融资模式成为推动技术有效创新的转化的金融制度"的结论。

1.7.2 众筹监管及风险控制研究

国外的政策研究主要围绕美国"JOBS 法案"进行介绍及解读,以及世界各国对众筹出台的政策进行介绍。此外就是围绕发行人、平台以及投资者三方如何认定和监管的政策进行介绍。各国对于股权众筹的态度分为三种,第

---

① CROWDFUNDING IN MEXICO[EB/OL]. http://www10. iadb. org/intal/intalcdi/PE/2014/14161en.pdf

一种是禁止股权众筹,第二种是虽允许股权众筹但设置了很高的进入壁垒,第三种是任何投资者皆能介入股权众筹[①],但为了保护投资者利益,对股权众筹中的发行人、中介机构和投资者实行严格的监管。目前,美国、意大利、英国、新西兰、法国等国家已颁布了股权众筹的相关立法,其他一些国家,如加拿大、澳大利亚等也正在对股权众筹的监管进行建议和征求意见。

在我国,政策、监管及风险控制的文献占到众筹文献的一半以上,这说明政策一直是众筹(主要是股权众筹)的最大关注点。目前的讨论集中在三大方面,第一,从法理上分析股权众筹的合法地位;第二,股权众筹的监管措施,包括从业资格、投资者界定、业务运行规则、法律责任等方面;第三,从众筹平台、投资人和融资人三个不同对象,研究众筹活动中可能遇到的风险及规避风险的建议(杨明,2014)。

1.7.3　前置消费者参与行为及动机研究

互动百科对前置消费者的定义为"愿意主动参加投资一个还没有上市的新产品或服务的人群",在众筹行业中,大众作为消费者参与众筹行为,研究这一角色时定义其为前置消费者。

Schwienbacher(2010)对众筹进行了较为系统全面的研究,并对旅游信息分享网站 Benoot.com 的运作模式进行分析。研究表明前置消费者体验创业的刺激是参与的重要动机,他们喜欢挑战,愿意体验创业以及他们对产品和管理团队有信心。大多数前置消费者选择支持一个公司并不是为了在将来公司发展壮大之后通过转售公司的股票获得利润收益。当问及是否想从众筹投资中获得高收益时,78%的人表示并不想从中赚钱也不想损失,他们追求的是最大限度的参与到刺激的创业过程中,几乎 100%的参与者表明他们想成为创业项目成员的一分子,因此,吸引他们的是由此带来的经历和挑战。同时研究表明,投资者对产品和管理团队是有信心的,89%的投资者认为产品是有潜力的,管理团队是有能力去做自己想做的事情的。还有一小部分人的参与动机是利用众筹扩大社交网络圈。

---

① 山西财经大学法学院、晋商研究院. 国外是如何监管股权众筹的[EB/OL]. http://zhongchou.hexun.com/2016-02-09/182170416.html. 2015-10-09.

Andrea(2011)等人运用扎根理论和案例分析法对三个众筹网站进行访谈,回答了"消费者参与众筹的方式和原因"和"众筹网站发起众筹项目的方式和原因"两个问题。研究认为,项目参与、社会参与动机以及获得投资回报是前置消费者参与众筹项目的主要动机。众筹使用互联网平台这种新奇方式也是吸引前置消费者参与的因素。

Andrea研究还发现,前置消费者的集体投资行为是影响其他前置消费者投资的重要原因。Gordon(2012)等的研究也显示了类似的结果,即影响众筹投资者行为的关键因素是"前期参与行为信息",包括其他投资者投资的数量和参与时间的早晚,Gordon还进一步提出了衡量其他投资者投资数量和参与时间的变量"贡献频率"。Agrawal(2011)也发现之前的投资常常会产生羊群效应,增加未来投资的可能性。Kuppuswamy(2013)注意到,在众筹平台上,当融资截止日期临近的时候,截止日期的影响占主导地位。

著名众筹网站IndieGoGo的创始人斯拉瓦·鲁宾认为,人们愿意掏钱支持项目的原因,主要有三个:关心创意者、想使用这一产品和成为众筹社区的一分子(徐珊,2012)。

从国外的研究情况看,参与众筹的动机主要在于创业体验、获得话语权和个人认可及满足。另外,获得回报也是其动机之一。国内这方面研究成果较少,魏可新(2013)的实证研究显示,预期收益、众筹平台信任、促进因素以及参与意愿对参与行为的影响呈正相关关系,而融资者信任、感知行为控制、项目融资进度与慈善和参与行为没有明显相关性。赵咏梅(2013)的实证结果显示,投资人参与众筹的驱动因素来自于经济价值、功能价值、社会价值和情感价值。

1.7.4 众筹平台运营模式及众筹策略研究

众筹平台具有融资以外的其他功能,国内外一些文献对此都进行了研究,但在实际应用上,国内外平台具有一些差异。Tanya(2012)认为通过众筹平台,公众获得充分资助商业项目或社会事业的能力;汤佳(2015)认为众筹平台还是强大的营销工具,企业使命和愿景、产品介绍等都可以通过众筹平台等媒体机制加以宣传,众筹平台也可以为企业提供来自公众的评论、反馈和建议;另外,众筹平台还能通过社交网络工具,如Facebook和Twitter把已公布的项目推送给新的受众(Lambert，et al.，2010)。

众筹平台的运营模式也是众筹领域重要的内容，天使投资人李湛威分别从业务定位、业务流程和产品及服务特色三个方面对天使汇、大家投、人人投和众投邦四个平台进行比较(李湛威，2015)。

一些文献给出了具体的众筹策略，也有的通过成功或失败案例进行分析，得到如何成功融资的经验。Kevin(2013)在《众筹的革命：如何利用社交媒体》一书中，对利用社交媒体众筹的方法进行了介绍。施慧洪(2015)分别对公益众筹、文化娱乐类众筹、产品创新等类型众筹进行了典型案例及模式分析。胡世良(2015)则给出了众筹模式成功的几大关键要素。

1.7.5 众筹的特征、模式及应用研究

Hemer(2011)引用了一个网站的数据，归纳出众筹平台的特征：第一，每个众筹平台发布的项目数量取决于平台的知名度和规范性；第二，平台发布的项目只有小部分会被投资人选择；第三，能成功融资的项目数更少；第四，投资人数量庞大等。

Ibrahima(2012)指出尽管 Web2.0 是众筹平台的重要组成部分，但众筹跟开放性资源还是不一样。一个重要的区别是，开放性资源属于公众，可以被个人使用。而对众筹来说，资源的使用权在企业，因为资金不是公共物品，是不能共享的。依据众筹模式的复杂程度、法律环境以及所涉及的利益相关者数量，把众筹平台的商业模式划分为三种：模式一，捐赠与赞助模式；模式二，预售模式；模式三，借贷与股权模式。

众筹可以应用到多个领域，学者对此进行了广泛的研究。如 Alexander 以俄罗斯的案例说明众筹已是募集资金支持民间抗议活动的有用工具。《国家健康》2015 年 4 月发表 Krisberg 的一篇文章说，在科研经费紧张的区域，医学研究者向民间筹资开展医学研究 Krisberg(2015)。有几篇文献也探讨了众筹在科学研究领域的作用。特别是一些公众认为意义重大的研究或能唤起公众情绪的研究项目，有可能得到公众的支持。此外，我国已有多家图书馆在尝试如何利用众筹开展公益项目。

第二章　众筹行业统计分析

2.1　统计指标及统计方法

2.1.1　众筹平台结构、概念及指标说明

众筹平台一般分为浏览项目和发起项目两个主要部分。

发起项目是供项目发起人申请及上传项目所用。而浏览项目部分包括该平台上预热的项目、正在众筹的项目、已成功的项目和失败的项目。由于预热项目具有不确定性（可能不进入众筹），本研究不统计该数据。而正在众筹的项目、已成功的项目和失败的项目是本研究所需要采集的。

对于上述三种状态的项目，每个项目一般都包含以下字段：项目名称、项目网址、认筹状态、众筹类型、预期筹集资金、出让比例、项目估值、实际筹集资金、已达比例、发起时间、结束时间、众筹周期、投资人数、关注人数、评论次数、发起人、发起人所在地、项目所在地、项目简介。

除了采集众筹平台上显示上述字段以外，本研究还设计了项目成功率等指标，以便更好地反映众筹发展情况。以下对文中出现的重要概念及这类指标进行定义和说明。

认筹状态：项目状态包括项目正在预热中、正在众筹中、已成功和已失败四种。对于成功项目，平台上会显示预期融资金额和实际完成金额（或实际融资金额）。正在众筹中的项目会显示项目预期融资金额（或称为目标金额）、现完成金额，多以进度条显示。有的可能未达到预期金额，有的可能超过预期金额，超过预期金额称为项目超募，如果这时项目还没有结束，也不能算项目成功，只有等超募金额达到项目方认可的金额或达到设定的时间时，项目才算成功。

项目成功：一般来说，项目成功是指项目众筹结束后，平台上注明该项目

成功。项目成功有两种可能,一种是超过了项目预期融资金额,项目众筹结束,平台注明该项目成功;另一种是虽然未达到预期融资金额,平台方与项目方协商,项目方同意接受低于预期的众筹金额,平台上注明该项目成功。本书中就是按这种标准进行项目成功的认定和统计的。

实际融资金额:实际融资金额为成功项目中,投资人实际投资的金额,而非意向金额。有些平台写的是意向金额,如果没有实际进账,本书不将其纳入实际融资金额的统计。有些项目已超募,如果项目没有结束,仍在募集中,本书的统计也不会将其计入实际融资金额,直到项目结束才会统计。筹道股权较为特别,其平台上成功项目显示了其预期融资金额、最大预期融资金额和认筹金额,其实际融资额虽然未注明,但咨询平台后,平台方给出解释是:"如果项目有最高目标筹资额且认购额超过这个最高额,那实际融资金额就是该最高目标筹资额;如果有最高额,但认购额未能超过最高额,那认购额就是实际融资额。"因此,本书按其统计口径进行测算得到其实际融资金额。

项目成功率:平台上所有成功的项目数与成功项目数与失败项目数之和的比值。该指标反映了平台的众筹能力。

融资成功率:平台上成功项目实际融资金额与成功项目预期融资金额的比值。由于成功项目的实际融资金额基本大于或等于预期融资金额,这样融资成功率通常大于或等于100%,该指标较适合评估平台成功项目的平均完成情况及平均超募程度。

融资完成率:成功项目的实际融资额与所有项目(众筹中项目、已成功项目和已失败项目)的预期融资额之比。该指标能够反映平台的实际融资能力与预期融资需求的差距。

众筹周期:指项目在平台上进行筹资的天数,体现方式通常为标明项目发起时间和结束时间。

出让股份:是指在股权众筹项目中,发起人为融资而出让的股份份额。

项目估值:预期融资金额与出让股份的比值。

2.1.2　采集对象及研究方法

检索到377家众筹平台(除去已下线、已转型和即将上线的平台)后,对

301 家众筹平台的基本信息进行统计分析。采集内容包括项目名称、项目网址、认筹状态、众筹类型、预期筹集资金、出让比例、项目估值、实际筹集资金、已达比例、发起时间、结束时间、众筹周期、投资人数、关注人数、评论次数、发起人、发起人所在地、项目所在地、项目简介 19 个字段。并从 301 家平台中，按以下标准进行筛选：第一，将部分明显是假数据的网站去除；第二，将无法获取数据的网站去除（如天使汇已完成的项目已无法获取）；第三，将明显有问题的部分数据去除，保留可信的部分，从而得到 241 家平台的 29 048 个项目。利用计算机程序自动按字段采集了各个网站的项目信息并对项目进行了两种分类，一是权益众筹、股权众筹、公益众筹和债权众筹的分类，二是项目所涉及的领域分类，领域分类包括科技、文化传媒、传统服务、医疗、设计、互联网＋、公益、生活用品、房地产、实体场所、农业和其他共 12 类，并制订了分类原则。

特别注明，项目采集日期截至 2015 年 12 月 31 日，而平台改版时而有之，对于采集完成后平台改版并更新项目的情况，以采集时间阶段内网站显示为准。

本书涉及的研究方法主要包括以下三种：

（1）全平台"数据自动抓取＋人工审核"

人创咨询运用独立编写的网页信息采集程序抓取了众筹行业所有平台数据（除下线、无项目或问题平台以外），并在人工对这些数据进行预处理、核对、纠错、分类的基础上，进行统计分析。由于各平台对项目众筹过程中及众筹成功后的处理方式不同，所收集的数据全部以平台在线运行项目为准，包括项目正在众筹、项目众筹失败的、项目众筹成功的三种。

（2）实地调研及访谈

对于典型互联网众筹平台，研究团队除广泛搜集媒体报告、平台公开资料外，还通过面对面或电话形式对众筹平台负责人、融资人、投资人等相关从业者进行访谈，以确保信息的准确性。

（3）定性与定量研究相结合

本书中对采集预处理后的数据进行层次分析、对比分析、回归分析等统计分析，对研究的数据进一步精确化，以便更加科学地揭示规律，把握本质，理清关系，预测行业发展趋势。而对于一些无法量化的有用信息，本书采用的一定的定性研究方法,主要凭借研究员的经验和对众筹平台过去和现在的延续状况及最新的信息资料,对众筹平台及市场的特点、发展规律等作出归纳和判断。

2.2 众筹平台统计分析

2.2.1 众筹平台上线时间分布

据不完全统计,截至 2015 年 12 月 31 日,国内上线过众筹平台共计 377 家。其中,2011 年上线平台 5 家;2012 年上线平台 10 家;2013 年数量有所增加,上线平台 25 家;2011—2013 年期间共计上线 40 家,占比 10.61%。2014 年,国内众筹平台出现爆炸式增长,全年共有 180 家平台上线,占到所有平台的 47.75%,众筹行业进入了"百筹大战"的局势;2015 年,新上线平台数量有所回落,共有 157 家,占到所有平台的 41.64%。

在这 377 家平台中,已下线或转型的共有 76 家,目前正常运营的平台共 301 家,从图 2-1 中可以看出具体情况。最早于 2011 年上线的 5 家平台中,点名时间、追梦网和天使汇仍正常运营,而另外两家平台现已转型;2012 年上线的平台中有 2 家下线,现正常运营的共 8 家平台;2013 年上线的平台中有 9 家下线或转型,现正常运营的共 16 家平台;2014 年上线的平台数量最多,但现已下线或转型的也不少,180 家平台中有 48 家下线或转型,占比 26.67%,余下正常运营的平台共 132 家;2015 年的上线平台总数虽然不及 2014 年,但现正常运营的平台数为 142 家,下线或转型的仅 15 家,整体发展趋势良好。

众筹平台下线或转型,是内部因素和外部因素共同作用的结果。一方面,越来越多的行业巨头开始进入众筹行业使其他平台面临巨大的竞争压力,同时政策法规的相继出台也使平台面临监管压力;另一方面,这些平台自身也存在着或多或少的问题,项目质量参差不齐,平台专业度不够等都使其难以继续发展。值得一提的是,我国首家众筹平台——2011 年 7 月成立的点名时间,在 2014 年 8 月宣布放弃众筹转型为电商化的智能硬件限时抢购平台,但一年后借着第五届 10×10 创新趋势大会宣布重回众筹轨道,并强调要把平台做成"原汁原味"的众筹平台。

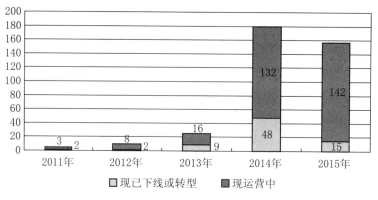

图 2-1　众筹平台上线时间分布

2.2.2　众筹平台类型分布

众筹平台按其回报模式划分,可分为股权型、权益型、公益型、债权型和综合型。股权型众筹此处是指互联网非公开股权融资,即融资者通过股权众筹融资互联网平台以非公开发行方式进行的股权融资活动,即当下我们普遍定义的私募股权众筹融资;权益型众筹指参与众筹的项目或公司以提供产品或服务作为投资回报的众筹模式;公益型众筹是指参与众筹的项目或公司无偿获得投资者资金上的捐赠;债权众筹是指投资者对项目或公司进行投资,获得其一定比例的债权,未来获取利息收益并收回本金。因为债权众筹平台的特殊性,本节暂不讨论。

另外,近年来,兴起了一种称为收益权众筹的新模式,房地产众筹项目及实体店铺项目众筹较喜爱采用该模式,其类似于股权型众筹,但不占股份,只

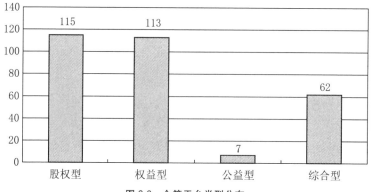

图 2-2　众筹平台类型分布

享受分红。目前国内的统计中，多将其列在权益型众筹中。本次统计也遵循这一规则。

按上述的统计口径，全国运营中的 301 家众筹平台中，其中有 4 家平台（触点众筹、海立方、乐居众筹、天使营）平台类型不明确，剩下 297 家平台中股权型众筹平台为 115 家，权益型众筹平台为 113 家，公益型众筹平台为 7家，综合型众筹平台为 62 家。

2.2.3 众筹平台地域分布

图 2-3 为目前国内正常运营的 301 家众筹平台的所在地分布情况，全国34 个省级行政区中，众筹平台已覆盖 23 个。从图中可以看出，平台主要集中在经济较为发达的沿海地区，分布在东北、西北和西南地区的平台极少。具体而言，平台主要集中地又以北上广最为突出，其中北京有平台 84 家，占比 27.91%；广东有平台 77 家，占比 25.58%，作为众筹行业的探路者，北京和广东的平台数量遥遥领先；排名第三的是上海，共有 48 家，占比 15.95%。北上广三地平台总数为 209 家，共占比 69.44%。其次为浙江、山东和江苏，平

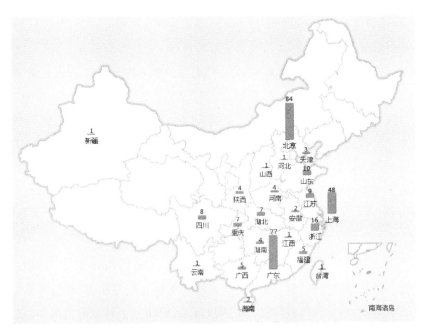

图 2-3　众筹平台地域分布

台数分别为 16、10、9 家。中西部地区的四川、重庆和湖北平台数较多,分别为 8、7、7 家。众筹平台地域发展差异较大,与各地的经济发展程度、互联网金融发展程度、配套设施、创业环境等因素有很大关系。

2.3 众筹项目统计分析

2.3.1 众筹项目类型分布

（1）各类众筹项目数及项目成功率

众筹平台上一般都会显示项目信息,包括正在众筹的项目、成功项目、失败项目。项目总量的多寡反映了平台吸引项目的能力。而项目成功率是指平台上所有成功的项目数与成功项目数与失败项目数之和的比值。项目成功率反映了平台完成项目的能力。

据统计,截至 2015 年 12 月 31 日,全国的众筹平台共有 29 048 个项目,其中股权类项目有 2 508 个,权益类项目有 15 505 个,公益类项目中腾讯乐捐有 6 762 个项目,其他公益平台有 4 273 个项目。

全国共有 14 773 个项目成功募集到了资金,其中股权类有 1 268 个成功项目,项目成功率为 76.11%;权益类众筹有 10 402 个成功项目,是股权类成功项目数量的 8 倍之多,项目成功率为 79.94%;公益类众筹有 3 103 个成功项目,项目成功率最高,为 86.92%,腾讯公益的情况非常特别,腾讯公益早在中国出现众筹之前就已存在,后来,腾讯公益包括"月捐"、"乐捐"、"微爱"和"公益活动"四部分,其中"月捐"、"微爱"和"公益活动"几乎没有众筹平台的基本要素,如预期融资额及融资时间等。所以,一般国内多数众筹报告只将"乐捐"作为众筹平台统计。腾讯乐捐与其他众筹平台也有不同之处,即其项目不管有没有达到预期融资金额,已达比例不管是否达到 100%,都认定为成功,这与我们传统意义上的众筹规则不同,故将其单独说明,不绘入图表。

由于采集的平台大都会下架其失败项目,从而导致项目成功率虚高。但总项目数和成功项目数基本反映了各类项目的众筹状况,更具客观性。由数据可知,各平台发起的权益类项目最多,成功的项目数量也最多,这可能与权益型项目投资额度小、投资风险小有直接关系,中国最早的众筹网站——点名时间即为权益众筹平台,虽在一段时间内转型,但是仍然选择在2015年回归,重新进入众筹领域中来。股权类众筹属于新兴事物,近两年发展势头迅猛,一些优秀的股权众筹平台一跃成为众筹行业的佼佼者,如人人投、投壶网等,虽然在项目数量上远不能与权益类平台相比,但是无论从行业分布还是地域分布上看,股权众筹都已经获得了快速的发展,并且热度持续不断,融资额不断高涨,并引起了国家领导人的重视。公益类众筹项目,总项目数将近股权类项目的2倍,成功项目数将近股权类项目的3倍,其项目成功率相对最高,可见公益众筹是众筹行业中非常重要的组成部分。

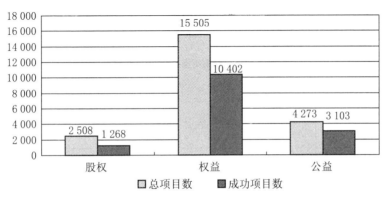

注:腾讯乐捐数据除外。

图 2-4 不同众筹类型的项目数分布

(2)各类型项目融资完成率

融资完成率是指实际融资额与所有项目预期融资额之比。

据统计,截至2015年12月31日,在各平台发布的29 048个项目中总预期融资金额高达234亿元,其中14 773个成功项目成功募集到了111亿元的资金,占比将近五成。在成功募集的资金中,股权类项目成功融到66.36亿元,融资完成率为36.81%;权益类众筹项目成功融到39.39亿元,融资完成率为91.86%;公益类众筹项目(除腾讯乐捐)实际融到0.61亿元,融资完成率达86.83%,腾讯乐捐实际融资额为4.68亿元,融资完成率为42.44%,见图2-5。股权众筹项目数量少,融资完成率低,但实际融资金额总量却很高,成功项目平均融资金额高达523.38万元;而权益类众筹项目数量较多,融资完成率高,但成功项目平均融资金额只有 37.87 万元;公益类众筹平台除腾讯乐捐一枝独秀外,其他 6 家平台的项目数量都很少,见图 2-6。

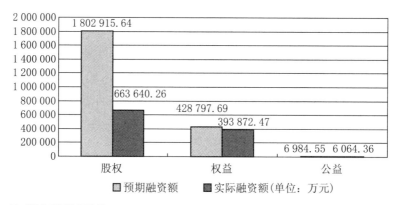

注:腾讯乐捐数据除外。

图 2-5 不同众筹类型的融资金额分布

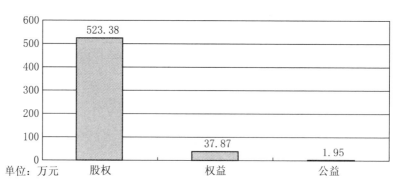

注:腾讯乐捐数据除外。

图 2-6 不同众筹类型的项目均筹金额分布

(3) 各类型项目支持情况

对不同众筹类型项目的投资人数进行统计,可得不同众筹类型项目的投资人数分布情况。但是由于一些平台不公示项目的投资人信息,故有效数据减少,其中 2 508 个股权型项目里有 1 666 个项目有投资人数信息,15 505 个权益型项目里有 15 299 个项目有投资人数信息,4 273 个公益型项目里有 1 722 个项目具有投资人数信息。每一类众筹项目的投资人数如图 2-7 所示。

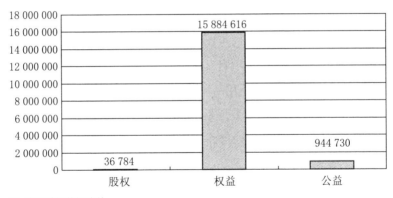

注:腾讯乐捐数据除外。

图 2-7　不同众筹类型的投资人数分布

可见,股权型众筹项目的投资人信息公开度是最低的,投资人数也是最低;这与相关法律中保护投资者的权益是相符的;与此不同的是,权益型众筹项目的投资人信息公开度最高,投资人数也最高,几乎所有的权益类项目都有其投资者信息。

但是,不能否认的是,不同类型的众筹项目数量有多有少,所以每一类型众筹项目的平均投资人数更能客观地表达实际情况。故而统计了每一类型众筹项目的平均投资人数信息,详情见图 2-8。

公益型项目的平均投资人数为 549,接近权益型项目的平均投资人数 1 038 的一半,而股权型的平均投资人数仅仅为 22,这另两种类型都相距甚远。

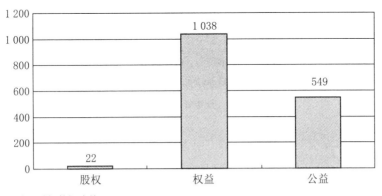

注:腾讯乐捐数据除外。

图 2-8　不同众筹类型的项目均投人数分布

2.3.2 众筹项目行业分布

将众筹项目进行分类统计,可以看出众筹关注的领域。为此,为了统计的便利,根据目前众筹平台上项目具体情况设计了项目分类的一级类目,包括:科技、设计、互联网+、生活用品、实体场所、文化传媒、传统服务、农业、医疗、房地产、公益及其他共12个行业。考虑到公益类项目的特殊性(腾讯乐捐只有已结束和众筹中),此处排除公益类项目,将在全国范围内的18 013个非公益类项目进行分类。

(1)不同行业项目完成情况

① 文化传媒、生活用品和科技类众筹项目较多。

图2-9显示,在18 013个非公益类项目中,文化传媒、生活用品和科技类项目分别为3 980、3 775和3 323个,在非公益项目中分别占了22.10%、20.96%和18.45%,三大类目所占比例是所有非公益众筹项目的60%。

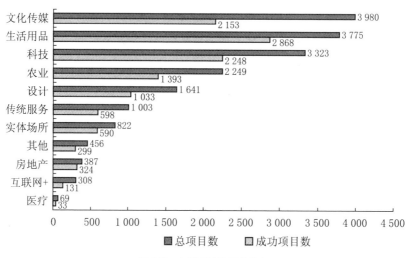

图2-9 众筹项目各行业分布

文化传媒类项目中主要涵盖了音乐、影视、游戏、动漫、舞台剧等垂直领域的项目,可见文化传媒类的项目具有多而广的特点。生活用品类项目涵盖衣食住行的各个方面,所以与生活休戚相关的项目也较受欢迎。而科技类众筹项目多以设备和软件系统为主,这一现象表明了中国在技术创新和产业转型上有了明显的提高。

② 医疗类项目数量偏少。

医疗类项目仅有 69 个,在 18 013 个非公益类项目中只占了 0.38%,还不到 1%。

医疗属于高科技产业,国家十三五规划也将医疗列入其中。而从上述数据来看,目前中国众筹行业在医疗这类高科技产业和新兴产业上还处于萌芽期,国内专注于做医疗类项目的平台相对较少,所以医疗类项目数量偏少。国外的众筹行业起步早,医疗类项目的投资模式比较成熟,对于众筹来说未来医疗将是重要的组成部分。

③ 房地产和生活用品具有较高成功率。

房地产和生活用品两个类目的成功率分别为 83.72% 和 75.97%。房地产融资较容易成功的原因在于房地产众筹项目目前还是采取"大拆小"的风险分散融资方法。通过比较发现房地产项目的大量投资人仅仅是小额的投资,故房地产众筹更多的偏向于营销,成功率会相对较高。而生活用品类项目与大众的生活休戚相关,且大多以预售型的模式进行众筹,故成功率也相对较高。

(2) 不同行业融资完成情况

① 科技和传统服务的融资需求量最大。

图 2-10 显示,科技类和传统服务类的融资需求量最大,分别为 708 010.47

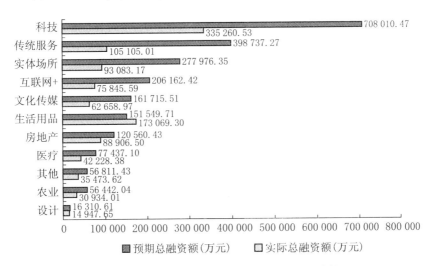

图 2-10　不同行业项目预期总融资额与实际总融资额

万元和 398 737.27 万元,两大类目的项目预期融资额超过了所有项目预期融资额的一半。

科技类项目融资需求量最大,但融资完成率不高,只有 47.35％,不到融资需求的一半。

② 融资完成率最高的是生活用品类。

生活用品类预期融资额为 151 549.71 万元,实际融资额为 173 069.30 万元,融资完成率为 114.20％。

生活用品类的项目预期需求量最少,但项目数量相对较多,故生活用品类的项目具有项目融资金额低、易于成功的特点。

③ 融资完成率最低的是传统服务。

传统服务类的预期融资额为 398 737.27 万元,实际融资额为 105 105.01 万元,融资完成率只有 26.36％左右。

④ 融资需求大,融资缺口更大。

中国众筹行业整体上融资需求量非常大,约有 223.17 亿元,实际融资额有 105.75 亿元左右,不到预期融资额的一半,这说明众筹行业融资缺口较大,需要后期更多投入。

(3) 不同行业股权型项目完成情况

据统计,截至 2015 年年底,共有 29 048 个项目,其中股权型的有 2 508 个,占比约 8.63％。将 2 508 个股权型项目进行分类,得到各行业众筹项目数及成功项目数,如图 2-11 所示。

① 科技类项目最多,而成功率不高。

在 2 508 个股权型众筹项目中,科技类有 836 个,占比 33.33％。而成功率却很低,只成功了 352 个,成功率仅为 42.11％。

② 房地产和设计类股权型项目较少。

房地产和设计类股权型项目分别为 10 个和 22 个,占比均不到 1％。成功项目数分别为 2 个和 9 个,成功率分别为 20.00％和 40.91％。

在房地产和设计类项目中,股权型所占比例较小,大多以权益型为主。可见此两类项目较适合进行权益方向的融资,对于股权方面的融资还处在发展阶段。

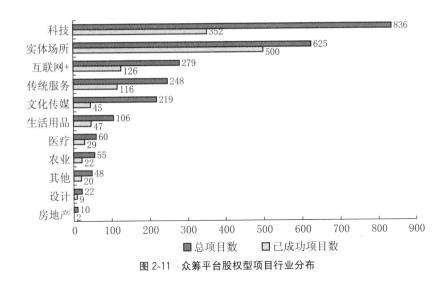

图 2-11　众筹平台股权型项目行业分布

③ 医疗类项目股权型占比最高。

从统计的 69 个医疗类项目来看,股权型有 60 个,占比 85% 以上,其中成功的 33 个项目中有 29 个是股权型的,医疗类项目中股权型的成功率为 48.33%。

数据反映出当前医疗类的众筹项目大多以股权型为主,但股权型的成功率并不是很高。

④ 成功率最高的是实体场所。

实体场所类的 625 个股权型项目成功了 500 个,成功率高达 80.00%。除实体场所外,其他类项目成功率均在 50% 以下,其中成功率较低的是房地产和文化传媒,分别只有 20.00% 和 20.55%。

（4）不同行业融资完成情况

① 几乎所有的行业融资需求量都以股权型项目的融资需求量为主。

比如科技、传统服务类,总的融资需求量分别为 708 010.47 万元和 398 737.27 万元,而股权型的融资需求量为 676 887.51 万元和 352 983.47 万元,90% 以上的融资需求量由股权型项目占有。

② 融资完成率较低的是传统服务类。

传统服务类预期融资额为 352 983.47 万元,实际融资额为 95 888.83 万元,融资完成率为 27.17%。

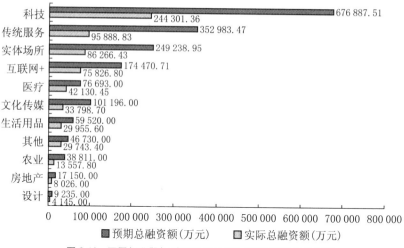

图 2-12　不同行业股权型项目预期总融资额与实际总融资额

③ 融资完成率较高的是医疗。

医疗类预期总融资额为 76 693.00 万元,实际融资额为 42 130.45 万元,融资完成率为 54.93%。

④ 股权型项目融资总需求量为 1 802 915.64 万元,而实际总融资额为 663 640.37 万元,占了总需求量的 36.81%。

⑤ 二八格局初步形成——20% 的股权型项目贡献了 80% 的预期融资总需求量。

(5) 不同行业权益型项目完成情况

在 29 048 个众筹项目中,权益型有 15 505 个,占比约 53.38%。将 15 505 个权益型项目进行分类,得到各行业众筹项目数及成功项目数,如图 2-13 所示。

① 大多数行业的项目都以权益型项目为主。

比如设计、农业、房地产和生活用品类,项目分别为 1 641、2 249、387 和 3 775 个,而权益型的项目数分别为 1 419、2 194、377 和 3 669 个,权益型所占比例均在 95% 以上,其中设计类最高,为 98.66%。

② 房地产类的权益型项目不多,成功率却最高。

房地产类的权益型项目有 377 个,成功率 322 个,成功率为 85.41%,比股权类的成功率高出四倍多。房地产的权益型项目更容易成功。

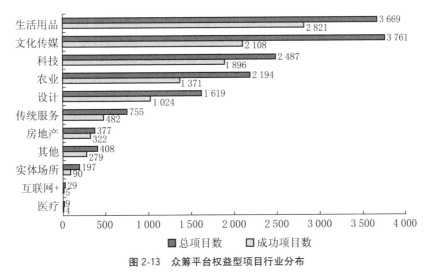

图 2-13　众筹平台权益型项目行业分布

③ 项目成功率较低的为互联网 + 。

互联网 + 作为一种"互联网 + 传统行业"O2O 的模式,项目大多以股权型为主,而权益型的互联网 + 类项目较少。308 个互联网 + 类项目中,权益型只有 29 个,其中只成功了 5 个,成功率只有 17.24%。

(6) 不同行业融资完成情况

① 权益型项目中科技类最容易融资。

科技类众筹项目中权益型融资需求量为 31 122.96 万元,实际融资额为

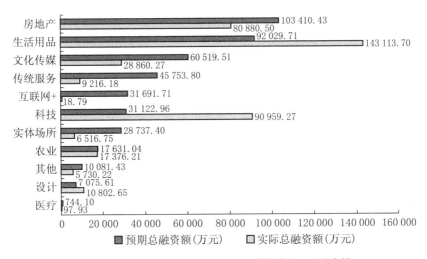

图 2-14　不同行业权益型项目预期总融资额与实际总融资额

90 959.27万元,超募率近乎达到300％,这与股权型的融资情况正好相反。这也从另一个侧面反映当前的众筹投资者偏好于购买科技产品,而对投资科技领域企业的热情度不高。除此之外,设计和生活用品类的权益型项目也出现超募现象。

② 农业、房地产的前景乐观。

农业和房地产的项目中权益型融资需求量分别为17 631.04万元和103 410.43万元,实际融资额分别为17 376.21万元和80 880.50万元,融资完成率分别为98.55％和78.21％。

③ 医疗和互联网＋的融资完成率最低。

医疗和互联网＋的融资完成率分别为13.16％和0.06％。就目前而言,医疗和互联网＋项目回报往往是长期的收益分红,目前还缺少短期权益的回报模式,因此权益型的医疗和互联网＋类项目融资较少。

2.3.3　众筹项目所在地分布

众筹项目尤其是成功项目的多寡反映了平台的实际运营情况。统计看出,众筹项目所在地已遍布全国34个省直辖市,这说明全国普遍都具有融资需求和一定的众筹意识。除去未显示项目所在地之外剩下18 121个有效数据。其中,北京地区拥有3 948个项目,占总项目数的21.79％;广东地区拥有2 355个项目,占总数的13.00％;四川地区有1 272个项目,占总数的7.02％;上海拥有1 075个项目,占总数的5.93％。值得注意的是,众筹项目所在地位于四川的项目数量超过了2015年上半年全国众筹项目数居三甲的上海,跻身全国三强。

从众筹项目所在地来看,北京比广东、上海的优势更为显著。上海未显示出明显优势,江苏、山东、浙江和河南等多个省都显示了较大的需求。从数量上看中国的边远地区也有较强的众筹需求,如宁夏、青海、西藏分别发布了120、112和74个项目,但是从项目类型上看,可以发现,多数是公益型项目和农业项目,并具有少量的宗教文化类项目,而股权型项目非常少。这也说明中国区域发展的不平衡也表现在众筹的项目上。

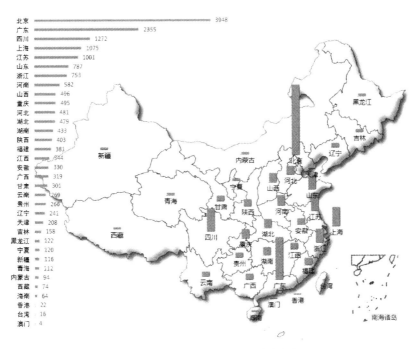

北京 ————————————————— 3948
广东 —————————— 2355
四川 ——— 1272
上海 ——— 1075
江苏 ——— 1001
山东 ——— 787
浙江 ——— 753
河南 —— 582
山西 — 496
重庆 — 495
河北 — 481
湖北 — 479
湖南 — 433
陕西 — 403
福建 — 381
江西 — 344
安徽 — 330
广西 — 319
甘肃 — 301
云南 — 269
贵州 — 266
辽宁 — 241
天津 — 208
吉林 — 158
黑龙江 — 122
宁夏 — 120
新疆 — 116
青海 — 112
内蒙古 — 94
西藏 — 74
海南 — 64
香港 — 22
台湾 — 16
澳门 — 4

图 2-15　众筹平台众筹项目所在地分布

2.3.4　众筹周期分布

项目的众筹周期是指该项目在平台上进行融资的天数,众筹周期应该长到足以形成声势,又短到给未来的投资人带来信心。体现方式通常为对每个发布的项目标注项目发起时间和认筹结束时间,多数平台还会标明项目剩余天数。本报告将众筹周期定义为认筹结束时间减去项目发起时间再加 1。

事实上,一些平台并没有同时标注项目发起时间和结束时间,甚至有的既没有发起时间也没有结束时间,造成数据的部分缺失,最终采集到众筹周期的项目共有 14 150 个,以此作为众筹周期的研究样本,计算发现项目平均众筹周期为 56 天。

图 2-16 显示了不同众筹周期内的项目数量。发现众筹周期在 21—40 天的项目最多,不大于 20 天的项目次之,81—100 天的项目数位列第三。周期为 1—40 天的项目共计 7 655 个,占比 54.10%。说明一般众筹项目的发起人偏向将周期设定在 40 天以内。另外,统计发现,使 81—100 天的项目数位

列第三的主要原因在于公益众筹平台——腾讯乐捐。在此众筹周期段的项目共有 2 650 个,而单单腾讯乐捐一个平台就有 2 451 个,占比 92.49％。

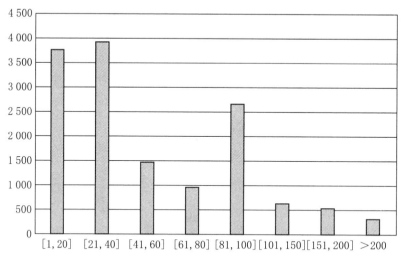

图 2-16　项目众筹周期分布

　　众筹项目最直接的目标就是众筹成功,那众筹周期的设定是否会影响项目成功呢? 为了探索两者之间的联系,图 2-17 统计出了每个众筹周期段的成功项目数及项目成功率(项目成功率为该周期段内成功项目数除以成功与失败项目数之和)。需要特别说明的是,此图未将腾讯乐捐的数据列入统计,事实上,腾讯乐捐与其他众筹平台有一个很大的不同之处,即其项目无论有没有达到预期融资金额,已达比例不管是否达到 100％,都认定为成功,这与我们传统意义上的众筹规则不同。并且腾讯乐捐的数据量较大,若将其统计在内会影响项目成功率的准确性。

　　从图 2-17 中可以看出,众筹周期在 21—40 天的成功项目最多,不大于20 天的成功项目数次之,由于去除了腾讯乐捐项目的影响,排在第三的周期段不再是 81—100 天,而是 41—60 天。项目成功率的走势与成功项目数走势基本一致,最高的三个众筹周期阶段分别是 21—40 天、1—20 天、41—60天,项目成功率都在 80％以上;而随着众筹周期段的右移,项目成功率在逐渐减小,整体呈下降趋势。这说明项目众筹周期时间太长并不一定有助于项目成功。

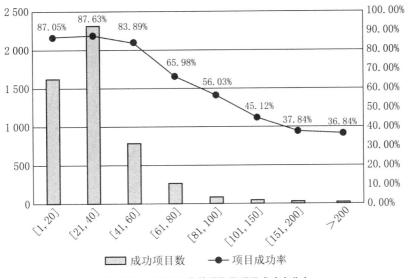

图 2-17 成功项目众筹周期及项目成功率分布

2.3.5 成功项目预期融资额区间分布

众筹平台发布的项目都会标注预期融资额和实际融资额。成功项目的预期融资额反映了众筹的规模。除去成功项目中预期融资额为无限筹以及未显示预期融资的项目剩下 23 007 个有效数据,从采集到的有效数据来看,不同项目的预期投资金额差异较大,从 0 元到无限筹不等。例如须弥山是中

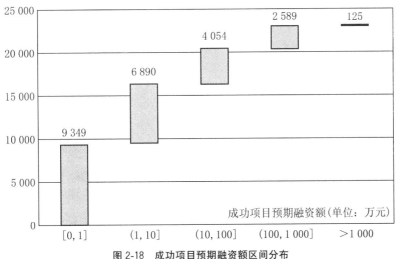

图 2-18 成功项目预期融资额区间分布

国宗教众筹结缘平台,它对众筹项目的预期投资金额不作要求,都为 0;而投壶网中有一个"独角兽"——心脑血管类医药项目有 1.15 亿元的预期融资并最终成功融资 1.20 亿元。通过不同预期融资额进行区间统计,发现预期融资金额在 1 万元及以下的项目数最多,共有 9 349 个项目,占比 40.48%。而项目的预期融资金额是在(1, 10]共有 6 890 个,占比 29.83%。(10, 100]项目数为 4 054,占比 17.55%;(100, 1 000]项目数为 2 589,占比 11.21%;而大于 1 000 万元的项目仅为 125 个。由此看来,预期融资在 1 万元及以下的众筹项目成功的可能性较大。

2.3.6 各地众筹平台的成功项目数量

将平台按所在地进行划分,并将各地众筹平台的成功项目进行统计,得到各地众筹平台发布的成功项目数量。这与项目所在地不同,项目所在地是发起方发起的项目的地址,而此处统计的是不同地域的众筹平台上发布的项目详情。从成功项目数量上来看,各平台呈现出北京、江浙沪、广东三足鼎立的局面,北京以 7 702 个成功项目数位居第一,然后依次是浙江、上海、广东、江苏。北京不仅众筹平台多,而且有京东众筹这样拥有电商背景的公司,其

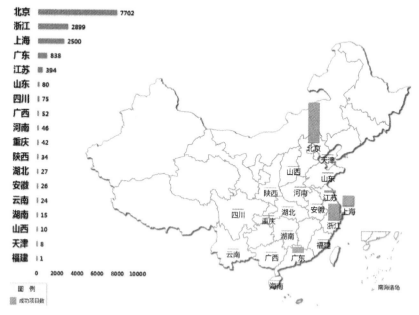

图 2-19 各省市众筹平台成功项目数量

权益类众筹项目数量多,众筹成功率高。而浙江虽然众筹平台少,但是也拥有淘宝众筹这样具有电商背景的公司,所以其平台成功项目数量仅次于北京排在第二。上海和广东两个地区相比于北京和浙江,虽然缺乏拥有类似电商背景的巨型公司,其权益类项目数量不及以上两个地区,但上海是全国的金融中心,广东的深圳是全国的创业创新中心,这两个地区自然而然地将发展中心移向了股权众筹,而股权众筹目前在我国的状况就是项目少、周期长、众筹成功率相对较低,所以影响了上海、广东两个地区的成功项目数量。

2.3.7 各地众筹平台的已筹金额数量

已筹金额是指项目在众筹成功后所筹集的资金数量。从各省市众筹平台已筹金额数来看,可分为三个阶梯,第一阶梯是北京、广东、上海和浙江,已筹集金额都在10亿元以上,第二阶梯包括江苏、天津、四川和安徽,已筹金额集中在9 000万元与10亿元之间,第三阶梯为其余各省,已筹金额在9 000万元以下。北京以高于40亿元的已筹金额数高居榜首,北京地区一直是我国众筹发展的领头羊,相继涌现出一大批优秀的众筹平台,例如京东众筹、人人投、36氪股权投资、点名时间等。江浙沪地区是我国经济最有活力的地区,人力、

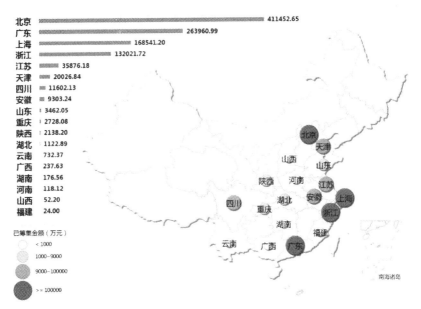

图2-20 各省市众筹平台已筹集金额数

财力资源丰富,且配置合理,众筹发展以上海为中心,浙江、江苏为辅,三驾马车齐头并进,从已筹金额来看,江浙沪地区依然是上海最高,浙江和江苏次之。江苏地区现已拥有苏宁众筹、抱团投众筹网、同筹网、贝咖网等众筹平台,虽然目前已筹金额不高,但在上海及浙江地区的影响和本地区的良性发展下,众筹发展前景是十分可观的。内陆地区四川省一直独秀,拥有聚天下、洪七公、梦想帮等发展良好的众筹平台,其已筹集金额也已超过了 1 亿元。

2.4 上海地区众筹行业概况

自 2011 年众筹平台出现以来,迄今已有 300 余家各种类型的众筹平台,众筹家发布的《2015(上)中国众筹行业报告》显示,北京、广东和上海位居全国众筹平台数量和发布项目数量的前 3 名。作为全国经济中心的上海,其众筹行业的发展对整个行业的发展具有一定的引领作用,本节将通过数据展示上海众筹行业的发展现状,以期探索众筹在某一特定地区的发展状况。

截至 2015 年 12 月 31 日,共发现在上海注册的众筹平台有 57 家(不包括 P2P 平台及少量 P2P 平台上的众筹频道)。其中,2014 年 5 月上线的谷筹网和众筹会两个平台已下线,E 分投、网融众筹联盟、发启众筹、朋友圈众筹、云众汇、正果众筹 6 个平台无法打开网站;觉 JUE.SO 原为专注于创意产品众筹的平台,现已转型不做众筹;追梦网已搬迁北京,且平台已转型为 App移动平台,清大众筹也下线其网页版众筹频道,开辟 App 新战场;众友众筹网页信息不全。排除上述 12 家平台,对剩余 45 家平台,按照平台名称、众筹类型、融资金额、成功项目数及平台上线时间进行统计,得到表 2-1。

表 2-1　2015 上海众筹平台概况

排名	平台名称	类　型	实际融资额(万元)	成功项目数	平台上线时间
1	同筹荟	综合型	40 727.21	17	2014 年 8 月
2	爱就投	股权型	35 825.28	17	2014 年 5 月
3	爱创业	股权型	18 580.30	16	2014 年 3 月
4	平安好房	权益型	15 352.20	9	2014 年 5 月
5	筹道股权	股权型	12 710.00	17	2015 年 1 月
6	蚂蚁达客	股权型	10 555.00	4	2015 年 11 月

排名	平台名称	类 型	实际融资额（万元）	成功项目数	平台上线时间
7	环杉众筹	综合型	7 345.66	10	2015 年 7 月
8	中筹网金	综合型	5 063.62	68	2014 年 9 月
9	桔子众筹	股权型	3 900.00	3	2015 年 7 月
10	青橘众筹	权益型	3 697.86	158	2013 年 10 月
11	出品人网	权益型	3 375.00	6	2014 年 11 月
12	创客星球	权益型	2 302.96	103	2014 年 6 月
13	众筹界	股权型	1 390.72	11	2015 年 5 月
14	众创聚投	权益型	1 348.77	26	2014 年 12 月
15	蚂蚁天使	股权型	1 240.00	12	2014 年 12 月
16	圆桌汇	股权型	1 099.50	4	2014 年 3 月
17	企 e 融	股权型	800.00	1	2015 年 6 月
18	一米好地	综合型	743.28	26	2014 年 12 月
19	投哪儿	股权型	500.00	1	2015 年 11 月
20	众投社	股权型	423.00	2	2014 年 3 月
21	东之贝	股权型	410.00	2	2015 年 6 月
22	同筹网	综合型	300.00	1	2014 年
23	点赞网	公益型	298.98	1 868	2014 年 5 月
24	阿甘筹众	股权型	204.00	2	2015 年 8 月
25	梦立方	权益型	41.91	46	2014 年 1 月
26	小喇叭众筹	权益型	35.58	15	2015 年 6 月
27	互利网巨人众筹	综合型	33.93	4	2014 年 7 月
28	海筹啦	权益型	16.58	3	2015 年 8 月
29	天下众筹	综合型	14.78	5	2015 年 5 月
30	绿动未来	公益型	13.16	13	2015 年 6 月
31	欢聚时光	综合型	6.89	6	2015 年 3 月
32	百筹网	权益型	4.02	8	2014 年 12 月
33	创 1 网	权益型	0.31	1	2015 年 4 月
34	百筹汇	股权型	0.00	0	2015 年 5 月

排名	平台名称	类　型	实际融资额(万元)	成功项目数	平台上线时间
35	昊昭众筹	股权型	0.00	0	2015 年 8 月
36	金豆开会	综合型	0.00	0	2015 年
37	来筹网	股权型	0.00	0	2014 年 11 月
38	联投汇	股权型	0.00	0	2014 年 10 月
39	圈筹网	综合型	0.00	0	2015 年 10 月
40	人人有房	权益型	0.00	0	2015 年 2 月
41	乡筹网	权益型	0.00	0	2014 年 10 月
42	中国众筹网	综合型	0	0	2014 年 9 月
43	天使基金网	股权型	不详	不详	2012 年 1 月
44	亚创投	股权型	不详	不详	2015 年 10 月
45	游戏筹	股权型	不详	不详	2015 年 3 月

注 1:以上数据来源于各平台网站公开数据,时间截至 2015 年 12 月 31 日。
注 2:实际融资金额为平台成功项目实际融资金额,而非意向金额。成功项目数为平台已完成融资的项目数,募资已超过预期融资目标但认筹状态仍在众筹中的项目不计入其中。

众筹平台的成功项目数及实际融资金额是衡量众筹平台的两个最关键的指标,成功项目数是平台交投活跃的指标,而实际融资金额是衡量平台业绩的指标。图 2-21 显示了实际融资金额前 15 的各平台两项指标的对比。

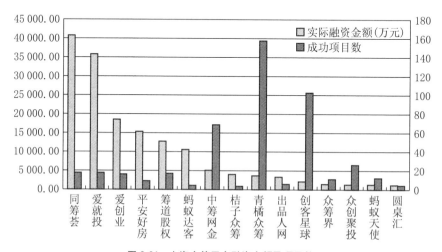

图 2-21　上海众筹平台融资金额及项目数

从上述统计数据发现,上海众筹平台发展可归纳为七大现象和四项不足。

上海众筹平台数据反映了以下七大现象。

(1)股权型平台与权益型平台在项目数和融资金额方面,具有显著差异。爱就投、爱创业的融资金额名列前茅,但成功项目数并不多;而青橘众筹、创客星球和梦立方的项目数量远高于多数平台,但融资金额却并不高。前两个平台是股权型众筹平台,而后三个平台都是权益型众筹平台,权益项目通常融资规模较小,较容易融资,而股权项目则相反。数据显示,权益型平台上近 400 个成功项目融资金额不足 3 亿元,而股权型平台上九十多个成功项目就筹集资金近 9 亿元。从图中也可直观地看出,很少的股权项目获得很高的融资金额,这也是股权型众筹平台更受行业青睐的缘故。

(2)出现了创新性强、受到投资人高度认可的项目。爱就投的"鹰眼,让驾驶更安全,共同触摸未来",因其具有明显可预期的市场前景,一上线即被快速认投;筹道股权的"WiFi 万能钥匙股权众筹投资项目"的认筹意向金额高达 77 亿元,关注该项目的人高达 6 972 个;此外,众投社的"聚美物联网——室内位置信息服务平台"和"安派科——早期癌症检测",以及爱创业的"众筹个 3D 打印云工场"和"就诊通"的科技含量也较高。

(3)某些细分市场显示出一定的发展潜力。中筹网金和一米好地都是房产众筹的专业平台,虽然上线时间不长,但都取得了较好的成绩,平安好房上的众筹频道——好房众筹,也专注于房产众筹细分市场。众筹界专注于实体店铺众筹,由于行业实体店铺的龙头平台人人投的快速扩张,实体店铺众筹细分市场受到广泛的关注,被认为是一个容易切入的市场,市场之大,使人人投之外其他的平台仍然有机会。此外,游戏筹是游戏的专业平台,游戏也是一个适合众筹的细分市场。创客星球则声称自己是最具影响力的创客文化展示分享平台,用视频呈现年轻人喜爱的科技、商业和生活方式。

(4)某些平台具有鲜明的个性。创 1 网,从平台名称就能看出这是一个注重创意的众筹平台,发起的项目中有不少有创意的产品;百筹网发布的项目则具有深厚的文化气息;海筹啦是一家专注于海外商品的众筹平台,现有不少海外的酒类项目。

（5）投后管理受到重视。目前投后管理是众筹行业需亟待解决的重要问题，众筹界这个2015年5月刚上线、专注于连锁店投融资店铺的平台已经迈出了一大步，平台声称自己拥有自主研发的融资及股权交易系统、店铺在线财务监管系统、在线视频和监控系统。

（6）众筹O2O显效果。线上的众筹平台与线下实体机构找到双赢的合作模式，线下实体机构在该众筹平台上融资成为常态后，将会给平台带来稳定的项目、收益及影响力，而频繁在某众筹平台融资，对于线下实体机构融资、营销及增强品牌度也同样有益。

（7）微众筹兴起。梦立方平台上设置了柠檬微众筹，平台称其"借助微信平台，发起众筹，用最快的速度传递众筹，用最有爱的方式完成众筹"。微支付的普及，为微众筹发展奠定了技术基础。此外，梦立方平台分类较为规范，包括设计、科技、影视、摄影、活动、游戏、出版、农产、公益及其他共十个分类，而且平台发布的项目较为均衡地分布在各个类目。

上海众筹平台还具有四项不足。

（1）平台信息披露不完善或有歧义。很多平台存在一个问题：成功项目不显示实际融资金额。如同筹荟有两个项目认筹金额均超过1亿元，但预期融资金额都只有2 000万元，从平台处得知这些成功项目均已签了合同，实际融资金额即为认筹金额，但是网站没有明确表达。筹道股权的成功项目显示了其预期融资金额、最大预期融资金额和认筹金额，其实际融资额虽然未注明，但咨询平台后，平台方给出解释是："①我平台上所有项目的筹资额是指认购金额，即真实发生下单行为的意向筹资金额，因我平台所有项目的认购都是强制要求缴纳保证金的，这点可能和其他平台不同，所以我们的认购额都是具备真实投资意向的金额；②成功项目的实际融资额，就是其目标筹资额，如果项目有最高目标筹资额且认购额超过这个最高额，那最终融资金额就是该最高目标筹资；如果有最高额，但认购额未能超过最高额，那认购额就是实际融资额。"因此，本研究根据平台解释的统计口径，得到其实际融资金额。

（2）平台展示的项目信息变动或前后矛盾。如9月5日发现，之前东之贝平台曾公布的两个成功项目,已变成了尽调状态,9月15日发现变成了众筹中。成功意味着项目融资完成,而尽调应该在项目众筹之初,时间的颠倒,平台的信度会因此受影响。近期频频发现,有平台上原有的成功项目突然消失了,问及平台方,平台方解释是"因成功时间太久而撤下"或"页面放置不下而撤下"。成功项目数量和融资金额是反映平台融资能力及业绩的重要指标,一个平台如果完成了众筹项目,通常来说,都会在平台上展示而不会让其下线,真实的原因,可能是有些平台早期会放置一些未必真实的项目,或者项目众筹过程中出了这样或那样的问题。

(3)平台信息自相矛盾。一些平台不仅有项目进展信息,还发布了与企业有关的新闻。平台利用自己的新闻阵地,利用媒体展现对自己的正面报道,这是有助于提升平台的影响力的。但是有的平台,不同页面的数据相互矛盾,反而会起到反效果。

企e融平台就存在这类问题,其主页显示成功融资额为5 790.90万元,但本次统计表明只得到1个成功项目,实际融资额800.00万元。将所有众筹中和已成功项目的已筹金额合计也只有2 790.90万元,也与网站显示的数据差距很大。欢聚时光也有同样的问题,网站公布项目总数110个,累计融资金额为107 168.00万元,但本次统计该平台项目只有10个,其中没有股权型项目,实际融资金额6.89万元,与网站公布的结果有很大的矛盾。

(4)项目来源不明,进度和数据不明。天使基金网属于这类情况,具体问题可分为四个方面:①在百度搜索天使基金网,进入其主页后,主页是整屏的banner广告条幅,如果用户没有将页面向下拉,则看不到平台的成功项目。如果用户直接点击其banner上方的分类:众筹、微众筹和项目广场,无论哪个分类点开后,都有大量的项目,但项目进度大多数是零,翻了好几页都看不到一个成功项目;②很多项目预期融资金额为0。电话咨询后反复沟通才明白,平台将众筹项目分布在三个频道:众筹、微天使和项目广场。微天使是不多于5万元的众筹项目,众筹是大于5万元的众筹项目,众筹和微天使是通过审核的,而项目广场是未经审核的,很多是用户随便写写的,所以导致很多项目预期投资金额是零,用户随便写了几个字,项目就被发布到项目广场了,而经审核过的另外两个频道,也出现了预期融资金额为零的情况;③成功项目在哪里?电话沟通后,才知道在全屏广告的首页,向下滑动鼠标,在

"04成功案例"下面,显示共有4个项目,点击后三个项目都只返回平台的首页,却看不到项目的任何信息;④该平台项目按阶段分类的方法有些另类。平台将项目分为项目筹备中、产品开发中、产品已上市、已有收入、已有盈利五类,而一般平台项目分为项目预热中、众筹中及已成功;后一种分类对于用户来说更为清晰。

第三章　互联网非公开股权融资统计分析

3.1　概述

3.1.1　概念解读

股权众筹融资：主要是指通过互联网形式进行公开小额股权融资的活动，具体而言，是指创新创业者或小微企业通过股权众筹融资中介机构互联网平台（互联网网站或其他类似的电子媒介）公开募集股本的活动。由于其具有"公开、小额、大众"的特征，涉及社会公众利益和国家金融安全，必须依法监管。未经国务院证券监督管理机构批准，任何单位和个人不得开展股权众筹融资活动。股权众筹融资即为过去所称的公募股权众筹融资。

互联网非公开股权融资：是指融资者通过相关互联网融资平台以非公开发行方式进行的股权融资活动，即现在普遍定义的私募股权众筹融资。互联网非公开股权融资不属于2015年7月18日十部委发布的《关于促进互联网金融健康发展的指导意见》中规定的股权众筹融资范围。

所谓"公募"与"非公开股权融资"或"私募"的主要区别，在于股权融资的募集方式和对象，前者是向不特定的投资者公开发行，后者是向特定投资者非公开发行。

3.1.2　数据说明

据统计，截至2015年12月31日，共有125家专注于互联网非公开股权融资的平台，其中处于运营中的有115家。除去暂无成功项目的16家平台，以及网站数据有质疑或无法从网站上直接获取数据的28家平台（如天使汇项目融资金额仅投资人可见），最终采集了71家平台的项目数据,共计1 999条。项目包括众筹中、已成功和已失败项目,但不包括预热中项目。

特别注明,项目采集日期截至2015年年底,而平台改版时而有之,对于采集完成后平台改版并更新项目的情况,所选项目信息以采集时间阶段内网站上的显示为准。

另外,有些平台虽然有互联网非公开股权融资项目,但同时又有权益众筹或公益众筹类别的融资项目,属于综合型众筹平台,由于本章节只针对互联网非公开股权融资平台,故未将此类平台纳入统计样本,如58众筹网、e众筹网、爱创投、安筹网、贝咖网、贷帮众筹、海鳌众筹、红牛金服、宏筹网、互利网巨人众筹、聚投众筹、梦创众筹、平安众+、平安众筹网、人人天使、融e邦、首科众筹、天下众筹、同筹荟、同筹网、万象众筹、文筹网、欣生活、中国众筹网、众筹天下、众创众投、洲际联合等。虽然京东众筹也有权益型众筹项目,但其将互联网非公开股权融资分离出去成立了新平台——京东东家,故将京东东家纳入统计样本。

3.2 互联网非公开股权融资平台综合实力评级

3.2.1 评级的目的及意义

自2011年众筹的概念进入中国以来,国内众筹平台快速增长,与此同时,互联网非公开股权融资平台也获得了快速的发展。但不同的互联网非公开股权融资平台发展速度不一、质量参差不齐,行业规范性和标准化程度较低。本节以期用数据来观察行业中平台概况和项目详情,意在给出互联网非公开股权融资行业一个更加明晰的行业全貌,使相关管理部门、创业者、投资人和平台运营商等对行业有更加深入的了解。

3.2.2 评级指标说明

互联网非公开股权融资平台综合实力评价模型如图3-1所示,根据可以获取的数据和信息,通过多维度分析,最终设定了人气指数、实际总融资额、透明度、成功项目数和平台影响力五个指标,对每个指标在0—100范围内进行评分,综合五个指标及其权重从而得到最终得分。

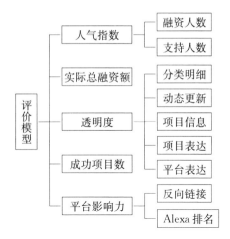

图 3-1 互联网非公开股权融资平台综合实力评价模型

（1）人气指数

表示平台中融资人数和支持人数情况的指标。融资人数指众筹平台项目发起人人数；支持人数由三部分构成，即投资人数、关注人数和评论人数。

人气指数分值由融资人数和支持人数加权得出，并根据特殊情况作适当调整。人气指数分值越高，说明平台的活跃度越高，公众参与性越强。

（2）实际总融资额

表示平台实际融资情况的指标。平台的实际总融资额越高，表明平台融资能力越强。

（3）透明度

表示平台信息披露程度的指标。透明度由五部分组成，包括分类明细、动态更新、项目信息、项目表达、平台表达。每个因素都有严格的评分标准，最终得到相对客观公正的分数。由于透明化程度没有明确的上界，故将透明度分值最高设置为 80 分。对于投资人来说，信息透明可以有效降低风险；对于融资人来说，信息透明可以赢得投资人的长久信任和支持；对于平台本身来说，信息透明是增加公信力的主要方式之一。

（4）成功项目数

表示平台内已成功项目数量的指标。成功项目数越多，说明平台融资能力越强。

（5）平台影响力

表示平台知名度的指标。平台影响力根据平台的 Alexa 排名、反向链接、团队背景、媒体报道情况等信息综合评分得出。使用链接工具查询各平台主页的 Alexa 排名和反向链接数，再根据查询得到的结果按照相应的公式进行打分。

3.2.3 评级方法

（1）分组打分法

分组打分法是确定各指标分值的方法。

分组打分法从行业总体情况考虑，采用动态变动组距，根据平台各指标在组中的位置来评分。这不仅显示了每个平台自身的表现情况，便于和其他平台进行比较，还反映了平台对于行业总体的变动情况。

① 对于正指标 X（原始数据越大，分值越高）

设固定值 $X_0 = n$ 为下限，相应分值为 a，指标最大值为 $X_{max} = \max(X_i)$，相应分值为 b，则平台 i 在该指标的分值计算公式为：

$$Y_i = a + (b - a)\frac{\ln(X_i) - \ln(X_0)}{\ln(X_{max}) - \ln(X_0)}$$

② 对于逆指标 X（原始数据越大，分值越低）

设固定值 $X_0 = n$ 为上限，相应分值为 b，指标最小值 $X_{min} = \min(X_i)$ 为下限，相应分值为 a，则平台 i 在该指标的分值计算公式为：

$$Y_i = a + (b - a)\frac{\ln(X_{min}) - \ln(X_0)}{\ln(X_i) - \ln(X_0)}$$

（2）层次分析法

层次分析法是确定各指标权重的方法。具体步骤如下：

① 建立综合实力评价模型的递阶层次结构；

② 各指标两两比较，通过专家打分，构造判断矩阵；

③ 对判断矩阵进行一致性检验；

④ 将满足的构造矩阵归一化得到最后各指标权重。

最终得到的指标权重，如图 3-2 所示。

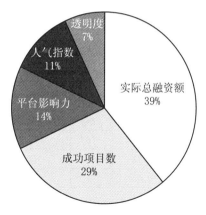

图 3-2 评级模型各指标权重

从图 3-2 可以看出实际总融资额和成功项目数两个指标所占的权重最大。最终的各平台综合实力总分公式如下：

$$综合实力总分 = 人气指数分值×11\% + 透明度分值×7\%$$
$$+ 平台影响力分值×14\% + 成功项目数分值×29\%$$
$$+ 实际总融资额分值×39\%$$

3.2.4 平台单项指标排名

按照评价模型对各个互联网非公开股权融资平台打分，得到平台在各个指标下的单项得分及单项排名，以下是各项指标的前 20 平台。

表 3-1 人气指数前 20 平台

名次	平台	分值	名次	平台	分值
1	人人投	99.09	11	众投天地	80.05
2	资本汇	89.05	12	36 氪股权投资	79.86
3	众投邦	87.18	13	天使客	79.60
4	京东东家	86.05	14	众众投	79.40
5	微投网	84.71	15	原始会	79.08
6	聚募网	84.26	16	大家投	79.07
7	中证众创	83.82	17	牵投	78.58
8	大伙投	83.67	18	聚天下	77.00
9	云筹网	81.89	19	众筹客	76.35
10	筹道股权	80.66	20	爱合投	73.14

表 3-2　实际总融资额前 20 平台

名次	平　台	分　值	名次	平　台	分　值
1	京东东家	100.00	11	中证众创	87.14
2	众投邦	97.60	12	88众筹	86.59
3	人人投	95.83	13	投壶网	86.37
4	爱就投	94.61	14	筹道股权	85.26
5	微投网	94.30	15	资本汇	84.04
6	天使客	92.32	16	聚天下	83.61
7	云筹网	91.62	17	蚂蚁达客	83.58
8	投行圈	90.95	18	智金汇	82.80
9	爱创业	88.68	19	众投天地	82.60
10	36氪股权投资	87.80	20	聚募网	82.38

表 3-3　透明度前 20 平台

名次	平　台	分　值	名次	平　台	分　值
1	京东东家	68.90	11	聚天下	56.24
2	无忧筹	61.44	12	天使客	55.14
3	博纳众投	60.44	13	智金汇	55.14
4	人人合伙	59.42	14	投行圈	54.02
5	大伙投	58.38	15	东之贝	54.02
6	88聚投	58.38	16	人人投	52.88
7	第五创	58.38	17	爱创业	52.88
8	牵投	57.32	18	靠谱投	52.88
9	店股东	57.32	19	投壶网	52.88
10	聚募网	56.24	20	众投社	52.88

表 3-4　成功项目数前 20 平台

名次	平　台	分　值	名次	平　台	分　值
1	人人投	100.00	11	大伙投	70.12
2	京东东家	81.83	12	众众投	70.12
3	聚募网	81.63	13	众投邦	69.08
4	微投网	79.48	14	牛投网	68.52
5	众投天地	77.98	15	众筹客	67.94
6	天使客	76.87	16	资本汇	67.33
7	大家投	75.97	17	爱就投	65.31
8	云筹网	75.33	18	筹道股权	65.31
9	原始会	71.97	19	爱创业	64.55
10	36氪股权投资	71.07	20	中证众创	64.55

表 3-5　平台影响力前 20 平台

名次	平　台	分　值	名次	平　台	分　值
1	京东东家	85.00	11	众众投	61.47
2	36 氪股权投资	79.92	12	众筹界	59.26
3	原始会	71.00	13	资本汇	58.61
4	大家投	70.41	14	天使客	58.22
5	人人投	67.46	15	总裁汇	55.80
6	众投邦	65.77	16	微投网	53.35
7	牛投网	63.86	17	牟投	52.34
8	蚂蚁达客	63.00	18	众筹客	52.21
9	云筹网	62.51	19	众投天地	51.59
10	创投圈	62.03	20	爱合投	51.12

以上 5 个表的数据显示,京东东家在实际总融资额、透明度、成功项目数和平台影响力四个指标中都表现优异,在实际总融资额、透明度和平台影响力中位居第一,在成功项目数上位列第二。京东东家进入股权众筹不到一年时间,可见其发展势头迅猛。

人人投在人气指数和成功项目数两个指标中名列第一,在实际总融资额中位居第三。此外,人人投创建的垂直于实体店铺的众筹模式,因其稳扎稳打的专业化服务,已受到行业的关注和多家平台的效仿。

众投邦在五个指标排名中有两个占据了前三名,分别是实际总融资额第二名,以及人气指数第三名。实际总融资额名列前茅应该与其专注于新三板项目有关。

资本汇在人气指数中获得第二名,可见资本汇非常重视宣传,并具有不错的宣传效果,未来需在成功项目数、实际总融资额以及透明度等方面开疆拓土,使其具有争得综合实力排名榜的更大实力。此外,36 氪股权投资和原始会具有较高的平台影响力,无忧筹在透明度指标中得分靠前,爱就投在实际融资额上也获得了较高的排名。

3.2.5　平台综合实力排名

综合五个指标得到互联网非公开股权融资平台综合实力排名,具体得分和名次见表 3-6:

表 3-6 　互联网非公开股权融资平台综合实力排名

平 　台	人气指数	透明度	平台影响力	成功项目数	实际总融资额	总分
人人投	99.09	52.88	67.46	100.00	95.83	90
京东东家	86.05	68.90	85.00	81.83	100.00	89
众投邦	87.18	49.31	65.77	69.08	97.60	80
微投网	84.71	40.00	53.35	79.48	94.30	79
天使客	79.60	55.14	58.22	76.87	92.32	79
云筹网	81.89	48.07	62.51	75.33	91.62	79
36氪股权投资	79.86	48.07	79.92	71.07	87.80	78
聚募网	84.26	56.24	48.80	81.63	82.38	76
大家投	79.07	51.71	70.41	75.97	81.01	76
众投天地	80.05	44.17	51.59	77.98	82.60	74
资本汇	89.05	51.71	58.61	67.33	84.04	74
原始会	79.08	45.50	71.00	71.97	78.40	73
爱就投	71.93	45.50	38.93	65.31	94.61	72
众众投	79.40	45.50	61.47	70.12	76.76	71
爱创业	67.15	52.88	44.03	64.55	88.68	71
筹道股权	80.66	48.07	43.80	65.31	85.26	71
牛投网	72.04	49.31	63.86	68.52	77.55	70
投行圈	70.03	54.02	38.68	59.88	90.95	70
大伙投	83.67	58.38	30.94	70.12	81.42	70
众筹客	76.35	45.50	52.21	67.94	75.89	68
中证众创	83.82	8.07	39.91	64.55	87.14	68
聚天下	77.00	56.24	35.98	60.97	83.61	68
智金汇	68.24	55.14	42.83	61.97	82.80	68
蚂蚁达客	65.19	48.07	63.00	47.28	83.58	66
88众筹	51.85	51.71	34.79	54.25	86.59	64
牵投	78.58	57.32	52.34	55.92	69.64	63
众筹界	67.97	51.71	59.26	59.88	65.29	62
总裁汇	64.51	38.54	55.80	55.92	72.36	62
创投圈	60.33	51.71	62.03	52.33	70.04	61
投壶网	55.01	52.88	45.90	38.64	86.37	61
京北众筹	60.16	38.54	44.54	50.06	79.01	61

平　　台	人气指数	透明度	平台影响力	成功项目数	实际总融资额	总分
抱团投众筹网	70.00	51.71	29.56	61.97	69.21	60
蜂窝合投	61.51	44.17	20.00	60.97	74.30	59
云投汇	56.05	51.71	28.60	50.06	79.34	59
爱合投	73.14	49.31	51.12	52.33	63.11	58
浙里融	64.27	37.04	28.45	55.92	71.50	58
蚂蚁天使	68.77	32.29	36.95	60.97	64.26	58
无忧筹网	61.02	61.44	20.00	60.97	67.14	58
风投侠	65.83	35.50	32.62	43.69	78.52	58
爱投社	54.49	49.31	45.78	43.69	73.49	57
小蝌蚪	62.38	37.04	28.76	50.06	72.04	56
第五创	58.61	58.38	29.56	47.28	71.04	56
U众投	62.21	49.31	34.79	57.38	60.98	56
黑马岛	58.55	35.50	38.72	47.28	70.22	55
汇梦公社	61.29	32.29	44.16	54.25	61.10	55
人人合伙	58.84	59.42	42.29	54.25	57.33	55
圆桌汇	63.38	44.17	31.09	47.28	63.18	53
投投乐	53.96	45.50	29.60	43.69	66.97	52
财大桔子	46.56	32.29	20.00	43.69	74.60	52
e人筹	64.27	49.31	23.70	43.69	64.69	52
洪七公	63.17	35.50	29.56	55.92	54.75	51
青桐树	54.64	40.00	34.08	38.64	65.98	51
店股东	55.64	57.32	20.00	47.28	58.22	49
豆丁汇	64.85	48.07	20.00	30.00	68.57	49
靠谱投	55.33	52.88	40.19	38.64	56.25	49
91众筹	54.00	49.31	34.91	47.28	52.59	48
众投社	46.06	52.88	44.13	38.64	54.56	47
企e融	55.05	48.07	40.99	30.00	60.31	47
创微网	56.28	45.50	33.25	55.92	42.41	47
博纳众投	48.50	60.44	50.83	38.64	46.15	46

平　　台	人气指数	透明度	平台影响力	成功项目数	实际总融资额	总分
聚合赢	60.38	44.17	36.49	30.00	56.98	46
万元互	53.87	46.80	20.00	43.69	53.00	45
东之贝	52.87	54.02	23.70	38.64	54.28	45
乐耕	36.77	50.52	39.40	30.00	59.10	45
88 聚投	63.49	58.38	20.00	58.70	35.68	45
阿甘筹众	49.04	27.12	32.28	38.64	47.98	42
投哪儿	46.48	37.04	23.70	30.00	56.07	42
智锐创想	41.69	41.42	32.28	38.64	45.67	41
创业 e 家·众虎筹	43.73	48.07	27.52	30.00	47.24	39
爱玖投	43.31	45.50	20.00	30.00	47.80	38
众投客	39.44	45.50	30.34	30.00	28.67	32

注:本节排名以 2015 年 12 月 31 日可正常打开网页的平台为准,可能包含个别长期未更新项目的平台,人创咨询将持续关注其运营情况。排名仅供参考,不构成投资建议。

从图 3-3 可以看出各平台得分分布,80 分以上平台有 3 个;70—80 分有 16 个;60—70 分有 13 个;50—60 平台数最多,为 20 个;40—50 分 16 个;40 分以下的平台分别为 3 个,具有"中间高、两头低"的特征。

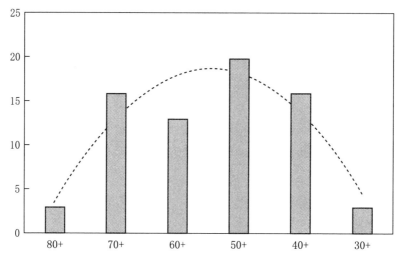

图 3-3　互联网非公开股权融资平台的得分区间分布

3.3 综合实力前 20 名平台及特色

综合实力前 20 名的平台上线时间以 2014 年居多,所在地以北京和广东居多,平台各有专长,各具特色,详情见表 3-7。

表 3-7 综合实力前 20 名平台及特色

平 台	上线时间	所在地	平 台 特 色
人人投	2014 年 2 月	北京	专注于为实体店铺融资开分店的互联网非公开股权融资平台。
京东东家	2015 年 3 月	北京	京东金融旗下的私募股权平台。京东将在智能领域打造一个开放的生态链,京东拥有供应商、物流以及 B2C 销售平台的优势,这为其众筹生态圈的实现提供了基础。
众投邦	2014 年 1 月	广东	新三板互联网股权投融资平台,主要通过领投(GP) + 跟投(LP)的模式帮助拟挂牌或已挂牌新三板的成长期企业进行股权融资,在帮助企业获得资金的同时,努力从平台、资源、人才等多个方面支持企业后续发展,实现企业价值最大化。
微投网	2014 年 4 月	广东	专注于 TMT 领域,采取领投 + 跟投的模式撮合投资,匹配最佳资源,并提供专业的投前、投中、投后系列综合服务,通过线上线下活动,为创业者对接优质投资人,为天使和VC 挖掘潜力项目,协助创投双方进行深入沟通,实现快速众筹。
天使客	2014 年 5 月	广东	天使客股权融资平台主打精品路线,所有上线项目,均经过天使客专业投资团队的风险把控,包括对创业团队的调研和创业方向的梳理。
云筹网	2014 年 5 月	广东	集私募股权融资、创业孵化、筹后管理于一体,立志打造一个"帮创业者融资、帮项目成长、帮投资增值"的服务型私募股权融资平台。
36 氪股权投资	2015 年 6 月	北京	36 氪股权投资平台除了采用业内普通的"领投 + 跟投"方式,首推老股发行产品。并推出行业首个退出机制"下轮氪退",给股权投资提供更多的退出机会和自主退出权利。同时,还将利用 36 氪媒体、NEXT、氪空间及 36 氪融资等板块的各自优势打造闭环的创业生态圈,为股权投资平台提供"造血功能"。
聚募网	2014 年 10 月	浙江	为创业者和天使投资人提供的快速对接众筹服务平台,是一家开放的以发起和支持创业梦想为主的股权类众筹服务平台;是国内首个以创业、金融、互联网社群交互驱动为发展模式的众筹服务平台。

平　台	上线时间	所在地	平　台　特　色
大家投	2012 年 12 月	广东	大家投为深圳市大家投互联网金融股份有限公司旗下私募股权融资平台,是国内早期开展私募股权融资业务的平台之一,本着"优质项目,大家投资"的经营宗旨,致力于为天使投资人和创业者之间提供专业、高效的投融资对接服务。平台分创投板、影视板、演艺板和高端服务四部分。
众投天地	2014 年 7 月	北京	众投天地是国内一家从事股权众投的金融服务公司。主要从事的是生活消费行业众投,包括:餐饮、儿童娱乐、汽车服务、住宿等包含生活方方面面的众投。众投天地帮助创新企业以股权回报的形式向多种投资人进行融资,同时通过对项目设计创意性的回报来帮助项目进行宣传推广。
资本汇	2014 年 9 月	浙江	资本汇汇聚资本和项目,跨界创投、投行、传媒和互联网,采取 O2O 投行和创投 P2B 创新模式,倾力打造国内最具专业性和影响力的面向股权投资领域的垂直型互联网金融服务平台。为企业提供一站式融资解决方案,通过机构直投、合投和股权众筹的方式,快速有效对接企业和资本,极大的促进投资流程简单化,提高投资效率。
原始会	2013 年 12 月	北京	网信金融旗下,致力于为投资人和创业者提供创新型投融资解决方案,同时,原始会提供创业及融资辅导、路演推广、宣传策划、用户教育沙龙等优质增值服务。
爱就投	2014 年 5 月	上海	专注于健康生活领域,走精品路线,爱就投定位于小微券商＋精品项目,针对中小微企业融资难的问题,首先提出了资本与资源的联合、线上与线下结合的互联网联投模式。从平台、资源、人才等多个方面支持企业后续发展,实现企业价值最大化。
众众投	2014 年 12 月	广东	众众投是一个线上实体连锁股权众筹平台,为中国的连锁品牌提供专业的股权众筹融资服务,帮助 10 个连锁行业在全国 300 个城市建立融资金、融人脉、融资源的拓展渠道,快速在全国开设分店。
爱创业	2014 年 3 月	上海	创始团队主要成员主要来自于飞马旅,飞马旅是中国首家创业项目专业管理支持机构,飞马旅的宗旨是建立中国首屈一指的创新型创业项目服务公司。此外,爱创业的股东中还有唯众传媒、《东方企业家》等,除帮助创业企业融资外,还能帮助项目做好媒体宣传和营销,并在主流媒体完成曝光。同时飞马旅构建的飞马投资联盟,也能帮助创业者与国内主流投资基金保持良好沟通,帮助创业企业更高效率的投资。
筹道股权	2014 年 12 月	上海	筹道股权是专注于 TMT 领域创新企业的股权众筹平台,在全国首创"递进式股权众筹"理念,即通过众筹系统筛选、被市场充分印证的项目才能引进股权众筹平台,此举有利于大幅降低投资风险、引导科学投资。

平 台	上线时间	所在地	平 台 特 色
牛投网	2014 年 10 月	北京	致力于为创业项目提供更加高效和全面的众筹融资服务,在业内率先推出视频路演形式,让路演可以随时随地,帮助创业团队节约融资时间和精力。与此同时,依托强大的行业资源、商业底蕴和投资背景,汇聚中国最具有投资实力和能力的优质商业人群,打造中国最有影响力的众筹服务。
投行圈	2014 年 8 月	广东	是一家以上市公司相关主体为核心、互联网平台技术为基础、投资银行业务为主业的新型互联网金融机构。创业者和企业家可以获得以上市公司为核心的庞大资源支持;同时,投行圈还为创业者和投资者提供财务咨询、法务咨询、投后管理等一站式服务,不仅帮助企业解决资金需求,而且为企业的成长建立长效服务机制。
大伙投	2014 年 8 月	安徽	首设项目评星制度:大伙投特别设立项目评审委员会,根据不同项目的质量及资料完整程度,由资深投资人进行评定星级。首创直投与合伙企业入股的股权模式,充分体现股权众筹精神,展示股权众筹普惠金融特色。
众筹客	2015 年 3 月	北京	专注于吃喝玩乐的同城众筹,为投资人找到身边优质的品牌商家,让投资人获得安全的、稳定的、长期的股权高回报,合伙创业乐享股东特权。为优秀的创业者和商家筹钱、筹顾客、筹资源,让生意发展更快、更火爆。

第四章　权益众筹统计分析

4.1　概述

4.1.1　概念解读

权益型众筹:又称回报众筹、产品众筹、预售众筹、奖励众筹、实物众筹等。指参与众筹的项目或公司以提供产品或服务作为回报的众筹类型。

权益众筹具有"门槛低、多样化、草根性、创新性"的特点。

门槛低指对于项目发起人而言,只要有好的想法或创意的项目均可通过众筹融资方式来实现,几乎没有门槛限制,这极大地解决了项目发起人融资难的痛点。

多样化指对于众筹项目类别而言,国内众筹项目类别涉及科技、游戏、影视、出版、音乐、农业、房产等众多领域,项目多样化非常明显。

草根性指对于支持者而言,权益众筹的支持者通常是普通民众,而不是专业投资人和机构,他们不会在意项目是否完美,不会因为项目发起人的背景、出身或者是否掌握资源而抱以偏见。相反,他们会热衷于他们所支持的项目,并给予鼓励、建议或批评。他们认同并参与在项目中,和项目发起者一起并肩作战。

创新性指对于项目而言,权益众筹项目大多非常具有活力和创新性。众筹项目的成功在于获得大家的认可,得到大家的支持,这样才能从支持者那里筹集到所需资金。而想要获得更多人的支持,需要项目具备创新性。

4.1.2　数据说明

据统计,截至 2015 年 12 月 31 日,我国共出现了 134 家权益型众筹平台。目前处于运营中的有 113 家。其中网站数据有质疑或无法从网站上直接获取数据的有 19 家；专注于房地产项目的有 22 家；没有成功项目的有 18 家；故最终采集了 54 家权益型众筹平台的项目数据（房地产项目与一般权益型项目不同，一般金额巨大，回报方式也不同于一般权益型项目，故将其单独分析，详情见本书第六章第一节），共计 14 059 条。其中包括众筹中、已成功和已失败项目，但不包括预热中项目。

特别注明，项目采集日期截至 2015 年年底，而平台改版时而有之，对于采集完成后平台改版并更新项目的情况，所选项目信息以采集时间阶段内网站上的显示为准。

另外，本章统计的权益型众筹平台不包括既有权益型项目又有股权型或债权型项目的综合型平台，而有少数众筹平台以权益型众筹项目为主，含有少量公益型众筹项目，本章研究将该类平台纳入其中，但为公平起见，其中公益型项目不计入统计样本，此类平台有众筹网、轻松筹、淘宝众筹等。

4.2 权益型众筹平台综合实力评级

4.2.1 评级指标说明

权益型众筹平台综合实力评价模型的指标与互联网非公开股权融资平台综合实力评级模型相似，也是从人气指数、实际总融资额、透明度、成功项目数和平台影响力五个指标（具体指标内容参见第三章）多维度地分析平台的综合实力。需要说明的是，因股权型众筹项目与权益型众筹项目性质不同，导致平台在透明度的评分标准上有些许差别，其他指标标准基本不变。

4.2.2 评级方法

（1）用分组打分法分别对五个指标在 0—100 进行分组打分；
（2）运用层次分析法确定各个指标权重；
（3）综合五个指标及其权重，加权得到最终分值。

4.2.3 平台单项指标排名情况

按照评价模型对各个权益型平台打分，得到平台在不同指标下的得分及单项排名，以下是各单项指标的前 20 平台。

表 4-1　人气指数前 20 平台

名次	平　台	分　值	名次	平　台	分　值
1	淘宝众筹	99.69	11	创客星球	70.12
2	京东众筹	99.20	12	凤凰金融	67.22
3	众筹网	93.67	13	梦立方	65.53
4	苏宁众筹	86.12	14	5SING 众筹	65.23
5	点名时间	83.12	15	优酷众筹	65.15
6	淘梦网	81.84	16	梦想帮	64.07
7	乐童音乐	80.78	17	轻松筹	63.18
8	青橘众筹	78.92	18	开始众筹	62.68
9	摩点网	76.20	19	九九众筹	62.41
10	观众筹	72.19	20	艺窝网	62.28

表 4-2　实际总融资额前 20 平台

名次	平　台	分　值	名次	平　台	分　值
1	京东众筹	100.00	11	摩点网	65.56
2	淘宝众筹	98.21	12	开始众筹	65.10
3	苏宁众筹	90.53	13	观众筹	64.85
4	众筹网	83.22	14	泛丁众筹	64.27
5	百度众筹	79.90	15	乐童音乐	63.37
6	点名时间	76.65	16	博智众筹	63.31
7	青橘众筹	74.83	17	凤凰金融	63.16
8	创客星球	71.47	18	5SING 众筹	60.12
9	众创聚投	67.76	19	淘梦网	58.64
10	领筹网	66.67	20	轻松筹	55.21

表 4-3　透明度前 20 平台

名次	平　台	分　值	名次	平　台	分　值
1	京东众筹	73.92	11	九九众筹	65.29
2	淘宝众筹	73.92	12	优酷众筹	64.35
3	摩点网	73.92	13	大家种	64.35
4	苏宁众筹	72.29	14	得募网	64.35
5	青橘众筹	70.62	15	开始众筹	63.40
6	梦立方	70.62	16	全民创投	63.40
7	领筹网	68.90	17	麻口袋	63.40
8	创翼国际众筹	68.02	18	梦想帮	63.40
9	乐童音乐	67.12	19	点名时间	62.43
10	融尚网	66.21	20	艺窝网	62.43

表 4-4　成功项目数前 20 平台

名次	平 台	分 值	名次	平 台	分 值
1	淘宝众筹	100.00	11	艺窝网	68.37
2	京东众筹	99.63	12	淘梦网	65.33
3	众筹网	99.25	13	梦立方	63.42
4	点名时间	85.77	14	5SING 众筹	62.99
5	苏宁众筹	82.20	15	开始众筹	61.79
6	乐童音乐	81.24	16	有机有利	60.99
7	凤凰金融	73.73	17	筹趣网	60.99
8	摩点网	73.46	18	得募网	60.71
9	青橘众筹	72.43	19	梦想帮	60.42
10	创客星球	71.36	20	众创聚投	58.79

表 4-5　平台影响力前 20 平台

名次	平 台	分 值	名次	平 台	分 值
1	百度众筹	90.00	11	摩点网	58.37
2	优酷众筹	85.00	12	乐童音乐	55.25
3	京东众筹	83.07	13	5SING 众筹	53.90
4	淘宝众筹	79.09	14	青橘众筹	52.04
5	好愿网	78.64	15	梦立方	51.56
6	众筹网	68.94	16	轻松筹	49.22
7	点名时间	64.17	17	全民创投	48.61
8	淘梦网	62.65	18	九九众筹	47.91
9	创客星球	61.27	19	大家种	47.42
10	凤凰金融	61.03	20	苏宁众筹	42.25

　　从以上 5 个表的数据可以看出，京东众筹、淘宝众筹在各个指标中都表现优异。京东众筹在实际总融资额、透明度中位居第一，在人气指数和成功项目数上位居第二。而淘宝众筹正好相反，在人气指数和成功项目数上位居第一，在实际总融资额和透明度中位居第二。京东众筹和淘宝众筹凭借其各自的电商平台背景，在各自平台进行产品预售型的项目众筹，各项指标竞争激烈，综合实力旗鼓相当。

　　众筹网在人气指数和成功项目数两个指标中名列前三，在实际总融资额中位居第四。众筹网凭借其起步早的优势，积累了大量的人气和项目资源。

苏宁众筹实力也不可小觑,在五个指标排名中有两个指标名列第四,分别是人气指数以及透明度,实际总融资额更是取得了第三名的不错成绩。

点名时间在每个指标都有不错的排名。点名时间作为我国最早成立的众筹平台,虽然曾经转型,但这并不妨碍其重新回归众筹领域后的影响力,不但没有下降,反而有上升的趋势。此外,百度众筹在平台影响力中排名最高,可能与百度平台强大的收录和传播功能有关。另外,一些专注于某一领域的平台,如专注于音乐的乐童音乐、5SING众筹和专注于游戏的摩点网等,都具有较靠前的排名。

4.2.4 平台综合实力排名

综合五个指标得到权益型众筹平台综合实力排名,具体得分和名次见表4-6。

表4-6 权益型众筹平台综合实力排名

平　　台	人气指数	透明度	平台影响力	成功项目数	实际总融资额	总分
京东众筹	99.20	73.92	83.07	99.63	100.00	96
淘宝众筹	99.69	73.92	79.09	100.00	98.21	95
众筹网	93.67	59.42	68.94	99.25	83.22	85
苏宁众筹	86.12	72.29	42.25	82.20	90.53	80
点名时间	83.12	62.43	64.17	85.77	76.65	77
青橘众筹	78.92	70.62	52.04	72.43	74.83	71
乐童音乐	80.78	67.12	55.25	81.24	63.37	70
创客星球	70.12	55.14	61.27	71.36	71.47	69
摩点网	76.20	73.92	58.37	73.46	65.56	69
百度众筹	54.78	48.07	90.00	51.44	79.90	68
凤凰金融	67.22	54.02	61.03	73.73	63.16	66
淘梦网	81.84	50.52	62.65	65.33	58.64	63
优酷众筹	65.15	64.35	85.00	57.23	53.75	61
开始众筹	62.68	63.40	41.04	61.79	65.10	60
观众筹	72.19	61.44	37.75	57.64	64.85	60
5SING众筹	65.23	41.42	53.90	62.99	60.12	59
领筹网	56.24	68.90	36.79	54.79	66.67	58

平　　台	人气指数	透明度	平台影响力	成功项目数	实际总融资额	总分
众创聚投	51.23	41.42	36.26	58.79	67.76	57
九九众筹	62.41	65.29	47.91	58.42	53.72	56
泛丁众筹	47.91	60.44	36.14	52.22	64.27	55
梦立方	65.53	70.62	51.56	63.42	42.86	54
博智众筹	54.62	46.80	20.00	54.79	63.31	53
轻松筹	63.18	48.07	49.22	46.02	55.21	52
艺窝网	62.28	62.43	37.75	68.37	39.56	52
大家种	56.87	64.35	47.42	56.79	45.69	52
筹趣网	59.43	50.52	41.11	60.99	44.65	51
众创空间	55.24	50.52	35.84	56.79	48.66	50
融尚网	47.27	66.21	29.99	48.60	53.25	49
华奥众筹	56.86	52.88	35.27	53.60	46.80	49
乐共享众筹	55.43	48.07	23.87	49.65	52.16	48
梦想帮	64.07	63.40	42.10	60.42	31.55	47
海筹啦	44.22	50.52	20.00	48.60	53.89	46
99众筹	48.69	51.71	41.36	42.40	48.33	46
有机有利	52.42	51.71	20.00	60.99	40.92	46
全民创投	35.34	63.40	48.61	36.20	48.47	45
小喇叭众筹	51.95	52.88	23.87	53.60	41.57	45
益筹网	54.64	51.71	33.86	39.82	46.15	44
众筹中原	56.32	50.52	20.00	52.94	39.35	43
山东众筹网	54.44	54.02	20.00	39.82	48.36	43
创翼国际众筹	47.82	68.02	28.81	47.40	37.84	43
权益宝	43.66	61.44	31.48	51.44	35.14	42
得募网	51.48	64.35	20.00	60.71	24.44	40
小树众筹	47.27	45.50	29.19	48.60	33.42	40
百筹网	52.92	55.14	38.92	47.40	24.09	38
好愿网	36.33	40.00	78.64	39.82	18.65	37
众筹科技	43.84	37.04	23.87	36.20	37.96	36

平　　台	人气指数	透明度	平台影响力	成功项目数	实际总融资额	总分
联筹网	50.42	59.42	23.87	49.65	19.84	35
麻口袋	48.13	63.40	29.99	30.00	32.05	35
金果树	47.54	52.88	31.60	42.40	17.65	33
学屌网	47.79	50.52	23.87	42.40	20.43	32
乐诸葛	38.83	48.07	23.87	44.39	21.56	32
越梦众筹	53.89	42.82	20.00	30.00	13.00	25
创1网	60.17	55.14	20.00	30.00	8.06	25
葡萄架	31.73	59.42	20.00	30.00	12.15	24

注1:有少数众筹平台以权益型众筹项目为主,含有少量公益型众筹项目,此次排名将该类平台纳入其中,但为公平起见,其中公益型项目不计入统计样本。

注2:本节排名以2015年12月31日可正常打开网页的平台为准,可能包含个别长期未更新项目的平台,人创咨询将持续关注其运营情况。排名仅供参考,不构成投资建议。

从图 4-1 可以看出所有平台得分分布,80 分以上平台有 4 个,70—80 分有 3 个;60—70 分有 8 个;50—60 分和 40—50 分平台数量较多,分别是 12 个和 16 个;30—40 分 8 个;30 分以下的平台 3 个。平台得分也呈现出较为明显的正态分布,但是与互联网非公开股权融资平台相比,平均值偏低,平台数最多的区间右移。

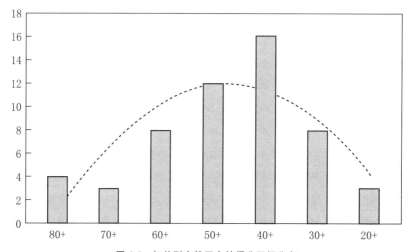

图 4-1　权益型众筹平台的得分区间分布

4.3 综合实力前 20 名平台特色

权益类综合实力前 20 名的平台上线时间也以 2014 年居多,所在地以北京居多,平台各有专长,各具特色,详情见表 4-7。

表 4-7 综合实力前 20 名平台及特色

平　　台	上线时间	所在地	特　　　　色
京东众筹	2014 年 7 月	北京	京东众筹优选聚集好的创意,供支持者找到好玩、有趣的项目,其身份不仅是消费者、投资者,更是参与者。在项目初期,支持者在产品设计、生产、定价等环节,能与项目发起人建立起深层次的互动,并能决定产品未来,这些过程都体现出了真实参与感,满足用户的消费升级需求。
淘宝众筹	2014 年 3 月	浙江	淘宝众筹是一个协助项目发起人发起创意、梦想的平台,不论项目发起人的身份,只要项目发起人有一个想完成的计划(例如:电影、音乐、动漫、设计、公益等),就可以在淘宝众筹发起项目向大家展示计划,并邀请喜欢该计划的人以资金支持,并给予支持者回报。
众筹网	2013 年 2 月	北京	网信金融集团旗下的众筹网站,为项目发起人提供筹资、投资、孵化、运营一站式综合众筹服务。
苏宁众筹	2015 年 4 月	江苏	打破了普通众筹平台的产品预售模式,配合苏宁线下门店,首创 O2O 模式,一些众筹产品可以进入门店进行展示,支持者可以在此切身体验。苏宁众筹还将打造全产业链模式,结合苏宁众包、苏宁易购等自身资源,完成项目从前期筹资、设计、研发、生产、推广、销售、售后服务等一系列产业链的全程服务。
点名时间	2011 年 7 月	北京	一家有中国特色的众筹网站,是一个可以发起和支持创意项目的平台。任何人如果有一个有创意的想法,不管是新颖的产品、独立电影还是创意设计,都可以在点名时间的平台上发起项目,向公众推广,并得到资金的支持。项目发起人享有对项目 100% 自主权,不受支持者控制,完全自主。
青橘众筹	2013 年 10 月	上海	致力于通过互联网众筹模式为中国小微企业及创业团队的发展筹集资金,打通项目创意和天使用户的渠道,提高产品成功率及投资成功率。旨在通过为梦想发起人提供项目设计建议、宣传推广、数据支持、众筹基金支持和用户跟踪等服务,打造属于中国青年创业者的融资梦想家园。
乐童音乐	2012 年 9 月	北京	一个专注于音乐行业的项目发起和支持平台,提供两种筹资模式:一、选择灵活的预售筹资模式,不论最终是否达成筹资目标,发起人都可以获得一定的筹资金额,帮助自己完成音乐创意项目,给予支持者回报;二、选择固定的筹资模式,如果最终未能达到筹资目标,资金将返还给支持者。

平　　台	上线时间	所在地	特　　色
创客星球	2014 年 6 月	上海	创客星球是一个为创意项目和想法提供集资的平台和社区。为创业者、发明家、设计师和所有创造性人群提供实践伟大梦想的机会。同时创客星球也是全国首个原创电视众筹节目。节目中各种新潮酷炫的产品创意大多还属于研发设计，或是新一代产品的开发阶段。所有来到我们平台和节目的创客，都会为自己的项目设定一个筹资目标，如果在规定时间内筹集到足够的资金，他们就能把这笔资金用来完成产品的设计开发，并实现量产。
摩点网	2014 年 6 月	北京	中国首家专注于游戏、动漫、影视、文学等文创领域的众筹平台。摩点网希望汇聚有创意、有诚意并且好玩的文创产品，做一个优质内容的发现和孵化平台。
百度众筹	2015 年 9 月	北京	百度金融中心推出的消费金融平台。项目发布方(商户)提供专享权益，同时提供未消费补偿金；通过该平台，用户可以投钱至自己喜爱的项目，根据投钱金额兑换项目发布方提供的丰富的专享权益，同时未消费部分金额项目到期后可以享受本金返还和未消费部分补偿金。
凤凰金融	2014 年 12 月	北京	系凤凰卫视集团旗下独立的互联网金融和商业信息服务平台。为个人、中小微企业、金融和商业服务企业用户创建高效、安全、高附加值的共赢生态圈，积极推动小微金融与经济的发展，立志成为用户心目中最有价值的金融和商业信息服务平台。
淘梦网	2012 年 2 月	北京	国内领先的新媒体影视平台，拥有专业的影视融资、营销和发行服务，汇聚优秀的新媒体电影、微电影、网络剧创作者，发布各种新媒体影视需求，并得到解决，实时不断分享全球优秀影片。
优酷众筹	2015 年 9 月	北京	一个为草根、自媒体达人和影视制作团队提供圆梦机会的平台，只要符合优酷众筹平台发起项目的内容规范要求，都可以在优酷众筹平台上发起项目(比如拍摄一部自己导演的电影、举办一场音乐会、生产一款自己设计的玩偶等)，发起者需要承诺提供不同形式的回报给支持项目的支持者，公益类众筹项目除外。
开始众筹	2014 年 9 月	浙江	一个倾向于实物和体验回报的众筹平台。偏好选择那种针尖戳破一成不变生活方式的想法来进行服务，吃喝玩乐什么领域都可以。如果不够尖锐有力，没关系，足够好玩有趣也可以。平台会尽自己最大努力，促使这些尚未成熟的想法有机会在现实生活中实施。
观众筹	2014 年 12 月	北京	影视音乐垂直众筹平台，依托观众网线上 500 万观众粉丝用户开展影视音乐众筹，线下 1 000 位粉丝官每人管理 500 人粉丝，500 多位全国粉丝负责人，直接引导粉丝参与、传播。
5SING 众筹	2013 年 8 月	浙江	专注于音乐人的演出、沙龙等项目，通过众筹形式，旨在服务音乐人、帮助音乐人、支持音乐人，为产业的延伸和发展做新的尝试和贡献。

平　　台	上线时间	所在地	特　　色
领筹网	2014年10月	北京	领筹网借鉴和依托国内唯一特许经营权交易所——北京特许经营权交易所,借鉴国际国内监管机构意见,建立完备的制度体系,使众筹更可信、可靠、可持续,将众筹与交易所结合起来,打造交易所信用级别的众筹平台,这在国内甚至全球,都具有领先性和创新性。
众创聚投	2014年12月	上海	国内优质众筹品牌,致力于打造中国具有公信力的泛文化众筹平台。众创聚投在上海文化产权交易所的指导下开展众筹模式的创新,探索"互联网＋"与"泛文化＋"的金融众筹之路,并与姚明基金等知名机构开展慈善文化众筹合作。
九九众筹	2015年3月	山东	国内首家O2O众筹创业融资平台。旨在搭建一个公平、公正的创业众筹平台,与每一个怀揣理想的普通人共同见证梦想的力量。九九众筹致力于以众筹的形式帮助有梦想,并乐意为梦想付出持续行动的人,通过更加丰富新颖的互联网整合金融方法,更加高效便捷的对接创意者和用户,帮助大众筹集资金,实现梦想,传播价值。
泛丁众筹	2015年1月	浙江	一家充满活力的互联网金融新兴公司,主打实物众筹和体验众筹。不论是一架飞机,一个智能硬件,还是一场泳池派对都可以众筹。

第五章　国外众筹发展状况

5.1　全球众筹概况

众筹产业现已经成为一个价值数百亿美元的全球产业。在众筹出现短短不到十年时间里,其市场规模迅速扩大。如今在北美洲、南美洲、欧洲、中东和北非、撒哈拉以南非洲和亚洲都有活跃的众筹平台。

众筹资源网(thecrowdfundingcenter.com)指出,全球众筹融资额从 2012 年的 27 亿美元开始持续增长,2013 年已达到 61 亿美元,2014 年达到 162 亿美元。图 5-1 显示 2014 年全球众筹样本中,全球各地区众筹的融资金额以及融资金额的年度增长率。北美地区仍是融资金额最高的区域,达到 94.6 亿美元,并且 2014 年融资金额相比 2013 年保持较高的增长率(145％)。增长速度最快的当数亚洲,高达 320％。其中,南美洲、非洲及亚洲等发展中国家的众筹投资前景广阔。

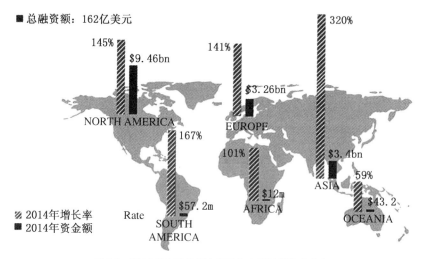

图 5-1　2014 年全球各洲众筹融资金额及增长率分布

从全球平台数量看,最多的是权益型众筹平台,占比 28.96%,其次是公益型众筹平台,占 22.64%,股权型众筹平台和债权型众筹平台分占第三、四位。兴起不久的收益权众筹平台也占到 4%。图 5-2 显示在 2014 年全球众筹样本中,各类众筹的融资金额以及融资金额的年度增长率。其中债权众筹仍是融资金额最高的众筹模式,并且 2014 年融资金额相比 2013 年保持较高的增长率(223%)。增长速度最快的当数收益权众筹,高达 336%。2014 年是收益权众筹快速发展的一年。

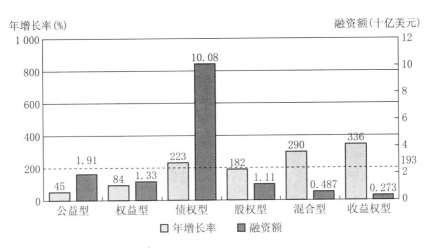

注:图中虚线为平均年增长率。

图 5-2 2014 年全球各众筹类型融资金额及增长率分布

全球范围内众筹发展典型地区的情况如下。

(1) 北美洲:2012 年颁布的"JOBS 法案"促进了众筹行业在整个北美洲大范围开展。目前,加拿大致力于发展众筹相关的立法,墨西哥政府正在征求天使投资和风险投资集团有关的众筹投资监管框架。

(2) 南美洲:哥伦比亚开始将众筹投资作为研究的一个重要领域,以便早期资本扩张。巴西一直是南美众筹发展的领先者。2012 年它已拥有超过 15 个权益型平台。

(3) 欧洲:欧洲众筹网络发起于 2012 年,众筹投资自 2012 年 7 月在荷兰发起,并已有超过 15 个平台在运展。意大利政府于 2012 年通过了众筹投资的修改版本,它允许公司接收指定的"start-up"通过众筹平台筹集资金。

（4）中东和北非：除了公益型众筹，在阿联酋、约旦和黎巴嫩已出现股权众筹平台。

（5）撒哈拉以南非洲地区：该地区已经开始公益型众筹活动，股权型众筹仍处于发展初期，在肯尼亚、加纳和南非已开始有股权众筹活动。

（6）亚洲：目前权益型平台在新加坡稳步发展，此外韩国、文莱和马来西亚等也在发展之中，中国在股权众筹方面发展较快。

5.2　美国众筹市场的增长与构成

众筹起源于美国，并在美国得以快速发展，目前世界上最大的两个互联网众筹平台分别是 Kickstarter 和 IndieGoGo。现在美国的相关法律也比较完善，美国众筹行业的发展水平可以说代表了世界众筹行业的发展水平。本节以美国为例介绍国外众筹发展状况。

众筹资源网（thecrowdfundingcenter.com）提供了 2014 年 1 月至 2015 年 10 月美国众筹发展的地域分布及行业分布数据。其中图 5-3 地图显示，美国目前活跃的 7 984 个众筹项目中，主要集中在东部、东南部及西海岸等人口密集地区，几乎美国所有州都有涉及众筹项目。其中加利福尼亚州作为西海岸的经济中心，其项目发起数及目前项目活跃数位居各州第一，分别为 7 998 和 1 628 个，总筹资金额达到 3.4 亿美元，详见表 5-1。

图 5-3　美国众筹项目分布情况（2014.01—2015.10）

表 5-1 美国众筹项目在各州实施情况(2014.01—2015.10)

地 点	项目发起数	活跃项目数	总筹资金额(万美元)
加利福尼亚州	7 998	1 628	34 458.93
纽 约	5 438	866	11 304.60
得克萨斯州	1 768	498	4 127.83
伊利诺伊州	1 594	281	4 023.36
马萨诸塞州	1 507	211	3 746.25
华盛顿州	1 422	243	3 497.89
佛罗里达州	1 289	497	2 115.17
宾夕法尼亚州	1 224	241	/
乔治亚州	1 175	235	2 773.04

从行业分布来看,科技领域总筹资金额最多,平均每个项目融资金额达到 10 万美元,科技领域共筹集近 2.2 亿美元。其中动漫和游戏领域虽然融资金额不高,但其项目成功率高达 50%。图 5-4 显示了美国自 2014 年至今众筹项目的行业分布情况。

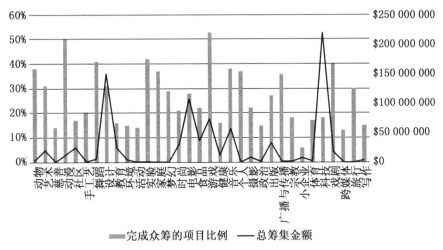

图 5-4 美国众筹项目行业分布情况(2014.01—2015.10)

从项目统计来看,在 65 142 个达到预期融资额的项目中,平均融资额为 19 773 美元;其中达到预期融资额的项目占总项目的 21.9%。图 5-5 显示了达到预期融资额的项目资金分布情况,其中有超过 4.2 万个项目融资额在一万美元以下,占到项目总比例的60%以上。总体来讲,预期融资额越高,项目完成融资的难度越大,数量越少。

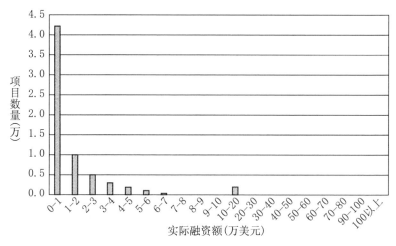

图 5-5　美国众筹项目融资额分布情况(2014.01—2015.10)

5.3　美国众筹平台基本情况

美国作为全球最重要的众筹融资来源国,全球知名的10家众筹平台中,有7家来自美国,其中 Kickstarter 是当今影响力最大的众筹网站,由此可见美国众筹平台在全球的地位。随着美国众筹平台逐步趋向成熟化,平台也逐步趋向垂直化,更加专注于房地产、消费品、科技等行业。表 5-2 列出了美国主要众筹平台的类型、所在地区、成立时间、平台特征及 Alexa 排名(排名反映网站的访问量在全美和全球的排名)。

5.4　众筹在企业资金生命周期中的作用

众筹投资适合不同类型的企业,其中对处于高增长率的初创企业,特别是科技领域、研究机构及传统的小企业非常显著。

当银行贷款给小企业,他们必然寻求州或联邦小企业贷款担保,以降低其风险。其中获得此项担保的重要条件是项目发起人必须"共同投资,共担

表5-2 美国众筹平台概况

平台名称	平台类型	地　区	成立时间	平　台　特　点	美国 Alexa 排名	全球 Alexa 排名
AngelList	股权型	旧金山、加利福尼亚洲	2010	AngelList 主要负责创业初期企业的股权投资和债权投资。除了投资外，AngelList 平台还负责招聘人才。	2 848	2 805
ArtistShare	权益型	纽约、纽约州	2001	ArtistShare 是一个为艺术领域项目服务的平台。专门为独立音乐家们出唱片、拍摄 MV 等筹集资金。	347 620	938 278
Barnraiser	权益型	扬特维尔、加利福尼亚洲	2013	Barnraiser 作为特色众筹网站，主要关注健康食品和绿色农业技术。	141 744	669 932
Bolstr	权益型	芝加哥、伊利诺伊州	2011	Bolstr 作为一个交易平台。新兴消费、零售、制造企业都可以从实际的投资者那里募集资金进行扩张。为了换取资金，投资者有权每月领取营业收入的一个固定百分比，直到已经收回他们的投资预定倍数。	239 911	920 852
Causes	公益型	旧金山、加利福尼亚洲	2007	Causes 是以公益为主的众筹平台，为希望改变世界的人们服务。其业务范围涉及灾后重建和人权保障。	25 799	44 404
CauseVox	公益型	纽约、纽约州	2010	CauseVox 是一个在线筹组应用平台，可以帮助中小型非营利组织募集资金。	59 811	187 292
CircleUp	股权型	旧金山、加利福尼亚洲	2011	CircleUp 是一个帮助小型消费品零售公司（食物、个人护理、服饰和宠物用品公司）筹集资金的网络平台。而且创业公司要在 CircleUp 网站上融资，有一个先决条件，必须在提出申请的前一年公司有至少 100 万美金年收入。	44 567	159 165
Crowdfunder	股权型	洛杉矶、加利福尼亚洲	2011	Crowdfunder 作为股权众筹平台，除了帮助科技创业公司外，还有一些社交平台，小型企业。Crowdfunder 在国内的知名度很大程度来源于姚明曾明在该平台发起的 300 万美元红酒庄园众筹项目。	33 050	66 874

平台名称	平台类型	地　　区	成立时间	平　台　特　点	美国 Alexa 排名	全球 Alexa 排名
CrowdRise	公益型	底特律，密歇根	2010	CrowdRise 是一家专注为慈善项目提供众筹服务的众筹网站，由著名演员爱德华诺顿（EdwardNorton），编剧 RobertWolfe 等创建。	4 353	17 059
DonorsChoose	公益型	纽约，纽约州	2000	DonorsChoose 是一家小型的 P2P 慈善捐助网站，专门为公立学校老师们的教案开发和创新募集资金。	5 183	24 736
DragonInnovation	权益型	剑桥，马萨诸塞州	2009	DragonInnovation 是一家硬件众筹网站，知名的众筹项目有 Pebble 智能手表。	208 889	374 601
DreamFunded	股权型	旧金山，加利福尼亚州	2014	DreamFunded 是一个新型的天使基金投资平台，它允许合格的投资者成为旗下所经营资产的股权持有人。	738 165	1 238 146
Early Shares	股权型	迈阿密，佛罗里达州	2011	Early Shares 是帮助小型企业融资的股权众筹平台，在 2012 年，Early Shares 被《价值杂志》(Wealth Magazine) 评为全球十大众筹网站之一。	320 902	738 761
EquityNet	股权型	费耶特维尔，阿肯色州	2005	EquityNet 是美国唯一一家拥有专利有利的股权众筹平台。在 2005 年，"众筹（Crowdfunding）" 这个词第一次使用时，EuqityNet 就申请了这个词的知识产权专利。	81 458	147 340
Microryza	公益型	旧金山，加利福尼亚州	2012	Microryza 是家位于西雅图的科学研究项目众筹公司。采用类似于 Kickstarter 的众包融资模式，使得研究人员和科学家可以为其创业项目募款，用户可以直接向那些从事自己感兴趣方向的科研人员捐赠。	69 900	221 892

平台名称	平台类型	地　区	成立时间	平　台　特　点	美国Alexa排名	全球Alexa排名
FaithLauncher	公益型	洛杉矶，加州	2012	FaithLauncher是基于信仰的众筹平台，旨在帮助基督教企业家、各部委、电影制片人、音乐及艺术家等。	1 060 869	2 653 981
FirstGiving	公益型	波士顿，马萨诸塞州	2003	FirstGiving是一个在线捐赠平台，它帮助组织计划、执行及评估成功的线上筹款项目及活动。	9 763	66 102
FlashFunders	股权型	圣塔莫尼卡，加利福尼亚州	2012	FlashFunders赋予初创公司筹集资金的自由，并使投资者更加民主化的进入。初创公司能够在线管理自己的整个产品，同时投资者可以发现新的项目，甚至有些投资只需1 000美金。	157 317	464 907
Foodstart	权益型	澳斯汀，得克萨斯州	2012	Foodstart是唯一为餐厅、咖啡馆、食品卡车和其他食品企业提供集资的网站。	811 127	2 068 294
Fundable	股权型	鲍威尔，俄亥俄州	2012	Fundable之前是一个和众筹毫无关系的网站，直到2012年，众筹平台Fundable才算正式成立，是美国《乔布斯法案》颁布后成立的第一个股权众筹平台，是唯一——既提供生物股权众筹，又提供股权众筹的网站。	44 989	88 314
FundAnything	权益型	帕克城，犹他州	2013	FundAnything作为一个免费的网络集资服务平台，允许参与者分享故事或者释解原因。名人富豪唐纳德·特朗普曾为新上线众筹网站FundAnything代言。	68 412	312 259
FunderHut	公益型	芝加哥，伊利诺伊州	2012	FunderHut是一个面向社区的众筹网站，致力于帮助那些寻找资金的人们与这些愿意捐赠的人们建立联系。	/	3 003 270

平台名称	平台类型	地 区	成立时间	平 台 特 点	美国 Alexa 排名	全球 Alexa 排名
FundersClub	股权型	旧金山、加利福尼亚州	2012	FundersClub 通过挑选有潜力的创业公司，供投资者通过网络对它们进行投资，并获得真正的股权作为回报。任何一名年收入超过 20 万美元或者净资产超过 100 万美元的用户（合格投资者）都可以选择适合的项目进行投资，最低投资额度为 1 000 美元。	77 593	173 912
Fundly	公益型	帕洛阿尔托、加利福尼亚	2009	Fundly 是一家专注于公益项目和活动的众筹平台，鼓励人们改变世界。	21 896	82 157
GiveForward	公益型	芝加哥、伊利诺伊州	2008	GiveForward 是一家大众融资平台。然而和 Kickstarter 等其他大众筹资平台不同的是，GiveForward 筹集资金的对象是那些需要筹资帮助的家人或朋友。	14 382	57 985
Givezooks!	公益型	贝塞斯达、马里兰州	2014	Givezooks! 利用社交媒体网络为非营利组织提供社会筹款解决方案。	828 632	3 021 042
GoFundMe	公益型	圣迭戈、加利福尼亚州	2010	GoFundMe 是一个面向个人项目的众集资平台。与其他平台不同的是，在 GoFundMe 筹款的项目没有时间和最低金额限制。	295	1 153
Honeyfund	公益型	旧金山、加利福尼亚州	2006	Honeyfund 是一个蜜月基金捐赠平台，帮助参加婚礼的宾客为新人的蜜月旅行送大件礼品奏钱。	11 862	67 250
Indiegogo	权益型	旧金山、加利福尼亚州	2008	Indiegogo 是一个服务对象更广泛的集资平台，致力于推动众筹事业在全世界范围内蓬勃发展，真正地实现筹款民主化。	846	1 227

平台名称	平台类型	地　区	成立时间	平　台　特　点	美国 Alexa 排名	全球 Alexa 排名
Kickstarter	权益型	布鲁克林，纽约州	2009	Kickstarter 是全球最大的创意项目融资平台，致力于支持和激励创新性、创造性。让有创造力的人可获得他们所需要的资金，以便使他们的梦想有可能实现。	272	474
Kiva	公益型	旧金山，加利福尼亚州	2005	Kiva 作为非营利众筹平台，允许人们通过互联网向企业家和学生借钱，服务覆盖 82 个国家。Kiva 的使命是"通过贷款把人们和减轻贫困困联系起来"。Kiva 本身并没有获得和贷款有关的任何权益。	6 176	14 225
MicroGiving	公益型	博因顿海滩，佛罗里达州	2007	MicroGiving 的目标是为个人慈善捐赠提供服务。	773 928	1 978 183
MicroVentures	股权型	奥斯汀，得克萨斯州	2009	MicroVentures 是股权众筹网站，为处于起步阶段的公司提供早期投资。它把合格的投资者与寻求集资金或参与二级市场机会的创业公司，企业和服务连接起来。	99 761	213 269
Onevest	股权型	纽约，纽约州	2011	Onevest 使初创公司的企业家能够从合格的投资者那里募集资金。同时通过其姊妹网站 CoFoundersLab.com，使其中企业家都能够在项目启动前找到他们的共同创始人。	251 497	354 252
Patreon	公益型	旧金山，加利福尼亚州	2013	Patreon 是专门为艺术家募集发展资金的众筹平台，打开 Patreon 网站页面，看到我的不是像其他艺术家那样推荐的各种项目，而是每个个人项目的展示。	1 230	2 740

平台名称	平台类型	地　区	成立时间	平　台　特　点	美国 Alexa 排名	全球 Alexa 排名
Piggybackr	公益型	旧金山，加利福尼亚州	2012	Piggybackr 是一只为团队服务的在线集资平台，主要为美国学校的学生项目和青年团队筹款。	192 455	802 882
PledgeCents	公益型	休斯顿，得克萨斯州	2013	PledgeCents 旨在帮助老师筹集资金，给为青少年教育服务的草根众筹。	596 693	2 137 169
Plumfund	公益型	旧金山，加利福尼亚州	2013	在 Plumfund 网站上，人们可以通过其他各种各样的形式筹集到资金。	71 099	301 109
Pubslush	权益型	纽约，纽约州	2011	Pubslush 是专注图书出版的众筹平台。它重点定位新兴作家、写手，众筹也开始小众化。	/	4 858 113
Rally.org	公益型	旧金山，加利福尼亚州	2009	Rally.org 是美国的一个社会网络集资平台，被个人和组织广泛使用。它允许用户建立自己的筹款页面，支持者可以找到有关活动的信息，并通过 Rally.org 专有的支付系统捐款。	63 492	416 916
Razoo	公益型	华盛顿特区	2006	Razoo 帮助非营利性组织和慈善机构集资金，以促进社会人参与简单有趣而又筹术的馈赠与服务激励每个用户其中为目标。在该平台之上，用户可以为任何事物进行捐款，资金募集及建立合作。	13 652	60 910
RocketHub	权益型	纽约，纽约州	2010	RocketHub 上的支持者除了投资外也可就项目进行投资，得票最高的项目可以获得由 RocketHub 提供的商业和营销援助，其内容包括与重要公关人员合作的机会等。	68 847	150 636

112

平台名称	平台类型	地 区	成立时间	平 台 特 点	美国 Alexa 排名	全球 Alexa 排名
RockThePost	股权型	纽约，纽约州	2011	RockThePost 把对新型创业项目感兴趣的合格的投资者，与高品质企业家连接起来。这个平台主要集中在北美市场，针对高品质的早期创业公司，包括高科技、移动、电子商务、零售，时尚、消费品、能源和艺术等。RockThePost 的企业需要通过尽职调查，包括身份认证、业务验证，以确保该实体具有法律资格，以及符合政府要求的检查。	/	3 735 360
Seed&Spark	权益型	纽约，纽约州	2012	Seed&Spark 是一家电影相关网站，直接为电影制作者和爱好者提供项目资金筹集，销售和在线观看等服务。	100 706	491 917
SeedInvest	股权型	纽约，纽约州	2011	SeedInvest 是一个创业投资平台。它们为成员供经过严格核实的投资机会，而且不收取投资者费用或附带权益。	43 147	132 546
Start A Cure	公益型	纽约，纽约州	2013	Start A Cure 是世界上第一个为癌症研究提供经费服务的众筹平台。	/	4 532 413
Tilt	权益型	旧金山，加利福尼亚州	2012	Tilt 原名 Crowdtilt，于 2014 年正式更名。Tilt 并非典型的众筹平台。用户的筹资范围仅限于自己的好友圈，而筹资目的则可以多种多样。多数是集体活动或集资购物。作为众筹类初创公司，希望打开"更广阔的视野"，为更多类别项目进行筹资走出第一步。	16 500	53 182

（续表）

平台名称	平台类型	地区	成立时间	平台特点	美国 Alexa 排名	全球 Alexa 排名
Upstart	权益型	帕洛阿尔托，加利福尼亚州	2012	Upstart 有着非常独特的运营模式，资金需求者可以在平台上申请集资金，或当作运用的启动资金。而作为回报，筹资者需要在未来 10 年内，每年拿出收入的 7% 返还给投资人。	12 663	59 250
WeFunder	股权型	旧金山，加利福尼亚州	2011	WeFunder 是一个为创业型公司服务的筹资平台，现在只有合格投资人才能进行投资，并且投资金额不得少于 1 000 美元。Wefunder 平台表示，一旦法律放松监管，它会接受非合格投资人进行投资，并且把最低投资金额降低到 100 美元。	93 781	516 034
YouCaring	公益型	旧金山，加利福尼亚州	2011	YouCaring 是一个免费的众筹网站，它允许个人为医疗开支、学费及志愿者服务项目筹集资金，作为网络众筹实际就是做公益。通过众筹平台筹集善款。	2 994	11 615

注：Alexa 数据排名信息来源于 http://www.alexa.com，数据采集日期 2016 年 2 月 18 日。

风险"。举例来讲，如果一个项目需要筹资 100 万美元，项目发起人在筹资时就必须提供 20 万美元的现金流。但是经验告诉我们，初创公司和处于增长期的公司很少在融资时拿出大量现金，因为他们已经把全部的现金投入到现有的项目中了。而且对小企业来讲，即使接近项目的完成期，拿出大量现金也是个问题。

因此，许多小企业错失了成长、壮大和成熟的机会。不管是美国小企业管理中心还是美国劳工统计局，他们都认为大多数企业失败是因为缺乏足够的资金和完整的规划。没有充足的资金支持，企业很难能负担起这么昂贵的支出。而且，初创公司特别脆弱，有将近 30％的创业型公司在两年内就失败了，仅有 55％的公司能撑过前四年。

众筹模式可以填补这个资金缺口，其在整个企业资金生命周期中的作用非常重要①，如图 5-6 所示。

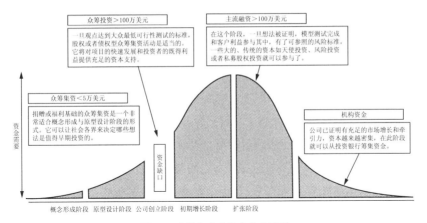

图 5-6　众筹与企业资金生命周期

5.5　国内外典型众筹平台比较

5.5.1　权益类平台比较——Kickstarter 与京东众筹

Kickstarter 是 2009 年创立的美国最大、最知名的权益类众筹平台。

①　Crowdfunding's Potential for the Developing World. 2013. infoDev, Finance and Private Sector Development Department. Washington, DC: World Bank.

Kickstarter网站致力于支持和激励创新性、创造性、创意性的活动。通过网络平台面对公众募集小额资金，让有创造力的人有可能获得他们所需要的资金，以便使他们的梦想实现，是"有创意、有想法，但缺乏资金"与"有资金，也愿意捐款支持好创意"的桥梁。截至2015年10月，Kickstarter网站累计众筹资金突破了20亿美元。仅以2014年全年数据来看，平台发起众筹项目超2万个，全球有330万人曾支持过Kickstarter上的项目，平台各项目筹到的资金总额达5.29亿美元。

京东众筹是2014年创立的权益类众筹平台，主要从京东的优势领域（智能硬件、流行文化）切入。对于融资人而言，京东众筹不仅仅是一个众筹平台，更是一个产品孵化平台。

本案例选取京东众筹与美国Kickstarter进行对比。旨在通过中美两大权益众筹平台的数据对比，发现两国权益众筹平台运作模式、项目内容及运营情况等方面的差异。

1. 众筹模式

Kickstarter平台的运营体系中，包括项目发起者、项目资助者、Kickstarter平台和Amazon公司四个主体。项目发起者是项目的创建者，当有了好的创意和项目就可以向Kickstarter平台发起申请，选择期限和最低资金目标额。项目资助者是为了获得资金的增值或者是相应的服务、产品而在Kickstarter平台对相应的项目投资。Kickstarter平台为项目发起者提供融资平台，在资金需求者和资金提供者之间架起一座桥梁。同时Kickstarter平台会收取募集资金总额的5%作为手续费。若是募集资金没有达到目标金额，平台将会把募集的资金全部返还给资助者，不收取任何费用。Amazon为Kickstarter平台提供资金支付服务，项目成功后收取募集资金总额的3%—5%的手续费。平台融资模式如图5-7所示：

京东众筹的融资模式和Kickstarter大体相同，但是在众筹的实践过程中，京东逐渐发展出了自己的特色。京东众筹的融资模式也分为4个主体：项目发起者、项目资助者、京东平台、第三方支付平台（银联在线）。不同点在于：京东打造了一种"电商＋众筹"的模式。京东众筹不仅是一个筹资平台，还是一个孵化平台。京东众筹借助京东平台打造了一条全生态链服务：（1）流量支持。京东本身有着很庞大的用户量；（2）数据支持。京东拥有大量

C端用户数据;(3)供应链支持。可以为初创企业提供仓储、配送、供应链管理一体化的服务;(4)技术支持。京东JD＋供应链帮助创业团队从硬件原型机跨越到量产阶段。京东的众筹项目发起流程如图5-8所示。

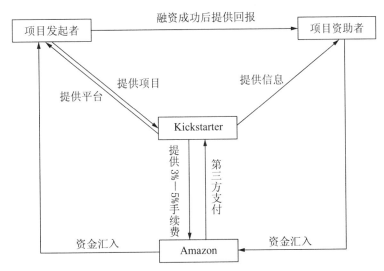

图 5-7　Kickstarter 平台融资情况

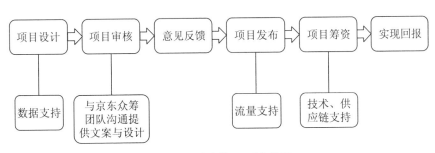

图 5-8　京东众筹项目发起流程

从图5-8可以清晰的看到,京东众筹平台对于项目的掌控度是很高的,基本贯穿于整个项目的始末。京东众筹建立了一条创业孵化产业链提供给用户。其优势主要体现在以下几个方面:

(1)口碑媒体。京东众筹是京东金融第五大业务板块。由于背靠京东大流量平台,使得京东众筹创立初期就具有很高的流量和关注度,能利用京东平台累积的优质用户,快速提高京东众筹的影响力。

(2)深厚底蕴。京东拥有大量的用户数据,据此对用户进行大数据分析,能够捕捉用户的喜好，可以尝试电商领域的 C2B(Consumer to Business，即消费者到企业)模式，而京东众筹将是电商 C2B2C① 的引领者。同时京东平台拥有大量付费习惯和付费场景的良好用户，为京东众筹的发展减少了阻力。

（3）产业链闭环。相比于 Kickstarter 近几年来不断报出的众筹成功但是项目失败的问题，京东提供产业链的做法，能为创业者提供从资金、生产、销售到营销、法律、审计等各种资源，扶持项目快速成长。

京东众筹也同样存在一些制约，首先，京东众筹平台受益于京东电商平台，但同样，京东电商平台也使众筹局限于智能硬件相关的产品，没有 Kickstarter 的众筹项目类型丰富多样。其次，京东众筹的发展受制于国内的创新能力。国内的创业者在思维灵活性和创造力上还没有得到完全的释放，很多项目和产品看上去像是模仿国外。而国外众筹项目的发起人往往有很好的创造性想法，并且有完整的执行方案或者已经有工程版产品，只是缺乏资金。因此 Kickstarter 能够发展与具有较高质量的项目有很大的关系。

2. 项目分类及融资情况

Kickstarter 项目分为 15 类：艺术、漫画、工艺、舞蹈、设计、时尚、电影与影视、食品、游戏、杂志、音乐、摄影、出版、科技、舞台剧。从 2015 年 11 月采集的数据来看，Kickstarter 上电影与影视众筹项目最多，达 799 个；其次是科技类有721 个。虽然科技类项目总数落后于电影与影视项目，但其筹到的资金数额却是最多的，高达 450 万美元，约占筹集资金总额的 50%。京东众筹项目分为 8 类：智能硬件、娱乐、设计、出版、公益、健康、科技、其他。其中智能硬件项目数及融资额最为突出，项目数 1 299 个、融资额 8 亿人民币，约占总融资额的 76%。

表 5-3　Kickstarter 和京东重点项目对比

平台名称	项目数最多	最多项目占总项目比(%)	融资额最多	最多融资额占总融资额比(%)
Kickstarter	电影 & 影视	14	科技类	50
京东众筹	智能硬件	53	智能硬件	76

---

① C2B2C 电子商务模式是顾客通过企业电子商务平台，实现顾客与企业之间、顾客与顾客之间的信息交流，在这个平台里，顾客向企业提供信息，企业根据信息满足顾客需求，公司还对顾客进行顾客价值评估，吸引顾客参与企业服务来创造价值，使他们从一个学习型消费者生产出更多的消费型学习者。

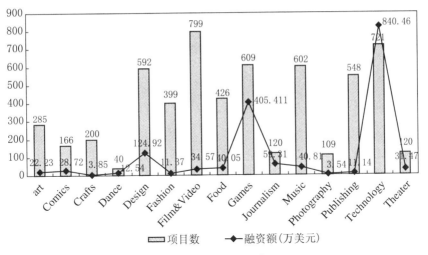

图 5-9　kickstarter 项目分类概况

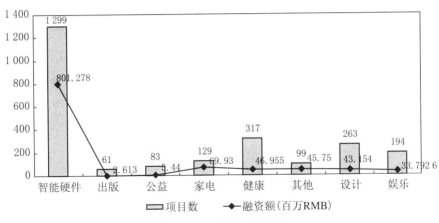

图 5-10　京东项目分类概况

从图 5-9 可以直观地看到,Kickstarter 上电影与影视是最受欢迎的类别,而科技类是筹钱最多的。对比 Kickstarter,京东众筹的分布极不平均,产生这种现象的原因主要有以下几点。

（1）历史基因

Kickstarter 的网站创意来自于其中一位华裔创始人 Perry Chen,他的正式职业是期货交易员,但因为热爱艺术,开办了一家画廊,还时常参与主办一些音乐会。2002 年,他因为资金问题被迫取消了一场筹划中的在新奥尔良爵士音乐节上举办的音乐会,从而开始酝酿建立起一个募集资金的网站。之所以 Kickstarter 上面创意性、艺术性的项目如此之多,是因为网站就是为了有创意、有想法却缺少资金的人而设的。

反观京东众筹上智能硬件类目的一枝独秀,也是由于继承了京东平台的基因。京东平台上,有众多电子产品、数码、手机产品,并具有大量非常有兴趣的科技粉丝,这种影响力使得一些 3C 产品的项目发起人会优先考虑京东众筹。此外京东一直想创建产业链闭环,众筹对京东平台有很大助力,对提升用户对平台的黏性、参与度、活跃度等都将提供极大的帮助,而京东优势在于家电、3C 产品,所以京东众筹要扶持智能硬件项目,以此建立一个以京东众筹为依托的创新公司生态链。

(2) 明星项目

Kickstarter 从成立之初到现在按照融资额高低得出的十大明星项目分别包含了电影、游戏、设计、科技等类目,这些项目都在各自领域获得荣誉。比如从 2011 年开始,奥斯卡已经提名了 8 部由 Kickstarter 支持的电影了。这些明星效应可以提高类目的影响力,产生信任感,从而吸引项目发起人。京东众筹的明星产品如 aiShoes 智能孕妇鞋、三个爸爸空气净化器等项目都属于智能硬件范畴,这使得用户焦点都集中在智能硬件上,从而会降低对于其他类目的关注度。长此以往可能会使网站发展具有局限性。

(3) 分类规则

Kickstarter 上项目数分布相对均衡,与京东不同的原因还在于两者的分类规则不同,Kickstarter 网站上分类目录做得很细化,分成了 15 类,且两两不具有交叉关系。京东众筹分类目录仅为 8 类,且类目之间具有交叉性。

3. 社交平台的应用

美国一些研究表明,众筹的筹集金额很大程度上依赖于项目发起者的社交网络。社交网站(如 Twitter 和 Facebook)是项目发起者与粉丝和朋友联系的重要平台,这些粉丝、朋友可以帮助提供资金和信息支持。作为项目投资者因为没有机会提前体验产品和服务的质量,通过社交网络的联系可以提高信任感。对比于美国众筹平台对社交网络的重视,国内的相关研究鲜有提到社交网络与众筹平台的关系,众筹平台上的项目利用社交网络的情况也不多。这在 Kickstarter 和京东众筹这两个平台上也有所体现。Kickstarter 主要是借助第三方社交平台促进众筹,而京东众筹利用平台内的众筹社区促进交流。

(1) 借助第三方社交平台

Kickstarter是借助第三方社交平台发展社交网络的,在Kickstarter上的项目发起人都可以选择链接至Facebook,并且Kickstarter上会在Facebook链接旁标注出项目发起人的粉丝数。每一个项目都有链接,可以分享到Twitter、Facebook、Tumblr等平台,项目发起人可以通过社交网络联系其众筹项目的目标人群,并呼吁他的朋友前来投资项目。Mollick(2014)认为,通过Facebook粉丝的数量可以帮助预测众筹是否会成功。

(2) 平台嵌入式社区

京东众筹在平台中嵌入了一个众筹社区,该论坛主要具有众筹项目测评、发起活动、宣传营销等功能,从2015年11月采集的数据来看,该社区帖子的平均浏览量是5 450人次,平均回帖人数是25.80,其中主要浏览量和回帖人数都集中在以项目活动为主题的帖子中。从以上数据可以看出整个社区活跃度不高,对于众筹项目的讨论参与度不强。另外京东众筹上有73%的项目发起人在项目介绍最后附上微信地址,但大多数微信都仅仅是个人账号,而非公众号,这也就意味着,此微信仅能作为一种联系工具而不能像公众号一样进行营销推广活动。并且仅有47%的项目发起人在介绍中附上了自己的微博地址,而融资金额前十的项目发起人都附有微博地址,并且无一例外地都拥有上万粉丝数。

由上述比较可以看到,中美两大权益众筹网站的主要差异体现在项目分类、项目质量、社交媒体的应用、商业模式及所处的国情上,从而影响平台的运营及未来的发展。京东众筹的产业链闭环无疑具有显著的优势,但美国的创新意识和参与热情给Kickstarter提供了养料及活力。

5.5.2 股权众筹平台比较——Crowdfunder与众投邦

近两年,互联网非公开股权众筹投资在中国发展势头强劲。据人创咨询数据显示,截至2015年12月底,我国开展股权众筹业务的平台由2011年的2家增至115家,项目成交数量为1 269个,众筹成功项目的交易总额达到66.37亿元。相比美国,我国股权众筹仍处于发展初期,融资功能发挥程度有限。股权众筹平台作为连接融资方和投资方的中介机构,扮演着重要的角色,因此,通过对中美两个股权众筹平台的对比,比较国内外众筹平台的异同。

1. 众筹模式

Crowdfunder 是 2011 年成立的美国平台,也是"JOBS 法案"的主要推行者,也是具有最多的投资者且投资增长速度最快的众筹平台之一。

众投邦是 2013 年在我国深圳成立的平台,是一个专注于新三板企业的投融资平台,通过股权众投的方式完成 VC 阶段的市场资金配置。据 2015年 9 月 15 日财经网报道[①],该平台汇集 11 200 名投资人、3 700 家投资机构、1 000 个新三板创业项目。

众投邦与 Crowdfunder 的商业模式对比如表 5-4 所示。

表 5-4　众投邦与 Crowdfunder 的商业模式对比

平台名称		众投邦	Crowdfunder
模　　式		领投 + 跟投	领投 + 跟投
融资企业性质		主要是新三板企业	高新科技公司
项目融资时限		90 天,允许超募	60—90 天,可申请延时,允许超募
合格投资人要求		公司或个人是符合《私募投资基金监督管理暂行办法》关于"合规投资者"标准的规定。	满足 SEC 定义的投资者资格,如:个人年收入超过 20 万美元;或与配偶共同年收入 30 万美元以上;或净资产达到 100 万美元的自然人。
领投人规则	资格	有成功的股权投资案例和投资经验(两个以上)	有经验的专业人才
	领投额度	20%—50%	/
	激励	项目退出时获得收益的额外分成 10%	/
	费用	无任何费用,投资收益全归自己	无任何费用,投资收益全归自己
跟投人费用		无任何费用,投资收益全归自己	无任何费用,投资收益全归自己
投资款拨付		一次性到账,没有银行托管	一次性到账,没有银行托管
平台收费		项目方 3% 服务费	$399 每六个月

---

① 财经网.互联网股权融资前三甲,众投邦、人人投、爱就投三足鼎立[EB/OL]. http://www. zhongtou8.cn/news/detail/76782. 2015-09-15.

从表5-4中可以看出,众投邦和Crowdfunder的商业模式具有以下区别。

首先,Crowdfunder上的领投人是专业人才,大部分是风险投资基金的合伙人、职业天使投资人或者成功企业的创始人。这比众投邦关于领投人有成功的股权投资案例和投资经验(两个以上)的要求更高。领投人的作用在"领投+跟投"模式中十分关键,领投人的专业素养,会影响到项目的成败。如果领投人缺乏专业素养,在后续项目管理中将无法发挥应有作用。

其次,Crowdfunder是通过SEC规定来验证合格投资人的资质,通过向专门平台提交相关凭证的方式检验投资者资质是否合格。经过验证的合格投资者,参与众筹的资金门槛为5 000美元。而众投邦则是根据《私募投资基金监督管理暂行办法》,要求投资者符合其中关于"合规投资者"标准的规定。

最后,在收费模式上,众投邦主要采取佣金模式,而Crowdfunder采取增值服务费模式,这种模式的收费或许是未来股权众筹平台的主要收入来源和盈利点,现在国内众筹平台都有向这个方向发展的趋势。

2. 项目分类及融资情况

以2015年12月统计的分类数据为基础,对各类项目的项目数、融资金额、投资人数和关注人数进行统计,详情见表5-5。为了便于将众投邦与Crowdfunder进行对比,对Crowdfunder按同样的分类方法进行统计,得到Crowdfunder的项目数、融资金额、投资人数和关注人数,见表5-6。

表5-5 众投邦项目数据

类别名称	项目数	融资金额(万元)	投资人数	关注人数
传统服务	13	29 850	2	7
互联网+	8	31 800	0	8
科 技	69	81 270	655	1 914
设 计	3	3 000	48	102
农 业	1	2 000	14	66
生活用品	10	12 900	240	457
实体场所	1	4 000	0	35
文化传媒	10	13 200	248	425
医 疗	1	500	0	12
总 计	116	178 520	1 207	3 026

表 5-6 Crowdfunder 项目数据

类别名称	项目数	融资金额(万美元)	投资人数	关注人数
传统服务	16	5 740.00	34	678
互联网＋	14	3 580.00	39	410
科 技	28	6 345.25	76	2 054
设 计	5	1 940.00	7	245
农 业	1	1 000.00	0	76
生活用品	7	1 750.00	6	528
实体场所	0	0.00	0	0
文化传媒	6	530.00	17	554
医 疗	7	4 800.00	15	968
总 计	84	25 685.25	194	5 513

比较众投邦及 Crowdfunder 的项目数据,可以发现,两个平台的科技类众筹项目无论在数量、金额还是在支持人数方面都遥遥领先于其他类别。这与两个众筹平台对自我的定位相符合:众投邦是专注于新三板的众筹平台,而 Crowdfunder 的主要特点是关注高新科技公司。两者不同的地方在于,众投邦的项目主要集中在智能家居和智能穿戴,而 Crowdfunder 的项目更多地集中在医疗科技上。

其次,从表 5-6 中可知,Crowdfunder 虽然项目数少于众投邦,但是融资金额却和众投邦不相上下。从项目关注人数可以看出,众投邦项目关注总数是 3 026 人次,Crowdfunder 是 5 513 人次。可见 Crowdfunder 较众投邦吸引更多的人关注。

3. 项目所在地

通过对众投邦采集的数据分析得出,其项目数主要集中在广东、北京和上海地区,其中广东占比达到 56.9%,超过项目总数的一半。究其原因如下:

(1)北上广地区经济相对发达,各种资源较为容易获得,容易促成项目的成功。内陆地区经济较为落后,易造成心有余而力不足的现象。

(2)北上广地区与国际交流密切,容易接受和尝试新兴事物,对于众筹的概念也比内陆的项目方接触得早。

(3)众投邦的主要项目集中在科技类,此项目数的排列与国内科技领域发展的区域分布几乎一致,广东省的科技水平较全国而言是排在领先地位的。

（4）广东省政府对于众筹模式的鼓励可以促进当地众筹的发展。

（5）众投邦的总部在广东省，这也会是当地项目方优先考虑众投邦的因素。

表 5-7　众投邦项目地点概况

所在省市	项目数量	百分比（%）
广东	66	56.90
北京	13	11.21
上海	7	6.03
四川	4	3.45
安徽	3	2.60
湖南	3	2.59
浙江	3	2.59
福建	2	1.72
河北	2	1.72
江苏	2	1.72
内蒙古	2	1.72
广西	1	0.86
河南	1	0.86
江西	1	0.86
辽宁	1	0.86
山东	1	0.86
台湾	1	0.86
天津	1	0.86
香港	1	0.86
新疆	1	0.86

在 Crowdfunder 平台上项目所在地区比较分散，因此无法一一列表显示。通过统计分析，项目数量位居前三的分别是 California（36%）、Florida（11%）和 Arizona（7%）。这与众投邦得出的数据有许多相似之处：同样都是经济发达地区，硅谷地处 California 是科技领先地区，而 Crowdfunder 上的项目是科技项目，并且 Crowdfunder 总部在 California，这也与众投邦的项目数集中在众筹平台所在地相似。

但是,Crowdfunder 与众投邦不同之处在于,Crowdfunder 的项目并非局限于美国,也有涉及印度、法国、新加坡、加拿大、荷兰等地。众投邦项目主要集中在国内,尤其是沿海城市,说明我国众筹的发展虽然快速但是国际化程度很低。

4. 融资情况

从采集的数据中提取了出让比例和项目估值两项指标,进而对众投邦和 Crowdfunder 的融资情况进行对比。

表 5-8　众投邦和 Crowdfunder 出让比例对比

平台名称	平均数(%)	最大值(%)	最小值(%)
众投邦	15.00	50.00	5.00
Crowdfunder	7.28	20.00	2.00

表 5-9　Crowdfunder 的项目估值

项目估值(万美元)	项目数	项目估值(万美元)	项目数
0—500	40	3 000—3 500	1
500—1 000	23	3 500—4 000	1
1 000—1 500	7	4 000—4 500	2
1 500—2 000	5	7 000—7 500	1
2 000—2 500	1	10 000—10 500	1
2 500—3 000	1	49 500—50 000	1

注:等号在右侧,示例 0—500 代表大于 0 小于等于 500。

表 5-10　众投邦的项目估值

项目估值(万元)	项目数	项目估值(万元)	项目数
0—3 000	34	12 000—15 000	3
3 000—6 000	18	15 000—18 000	1
6 000—9 000	4	18 000—21 000	8
9 000—12 000	19	21 000 以上	8

注:等号在右侧,示例 0—500 代表大于 0 小于等于 500。

从表中可发现:

(1)众投邦项目的出让比例平均高于 Crowdfunder,并且最大值与最小值之间的跨度很大,而 Crowdfunder 各项数值皆比较平均。一般认为出让比例在 5%—20% 之间是一个比较安全的数值,如果出入比例过大,可能会对后续融资及管理团队的长远发展不利,中后期创始团队会过早失去控制权。反观众投邦中出让比例超过 20% 的项目有 8 个。产生这种现象的原因一是融资人对于股权出让的作用并不是十分了解,二是认为高股权出让比例可以吸引投资。这种做法的危害在于即使项目众筹成功了,后期运营上也会出现很多隐患。

(2) 在 Crowdfunder 上项目估值主要集中在 0—500 万美元这一范围,有 40 个项目;其次是 500—1 000 万美元,有 23 个项目。这点与众投邦类似,众投邦上的项目估值主要集中在 0—3 000 万元,有 34 个项目;其次是 3 000—6 000 万元,有 18 个项目。估值对创业者很重要,因为它决定了他们在换取投资时需要交给投资者的股权。同时这也反映了公司的增长潜力。

第六章　众筹细分市场发展现状

　　众筹行业自 2014 年迎来井喷式发展后,新的平台不断涌现,同时也有不少平台因经营不善而被迫转型或下线。如何在众多的平台中生存甚至脱颖而出成为众筹行业的佼佼者,是各个平台不得不思考的问题。为此,一些平台开始围绕着自身的优势以及市场的需求,切入到细分市场,专门或重点为某细分市场的项目开展众筹活动。从而众筹市场形成了综合性的众筹平台、垂直众筹平台以及偏向于某领域项目的众筹平台。由此,围绕着这些类型的平台,也自然而然地形成了与之相对应的投资群体。

　　越来越多的人认识到专注于细分市场的重要性,前程无忧首席执行官甄荣辉认为,人们在不同的互联网平台上从事不同的活动,市场不断细分,是提供有针对、有区别的产品和服务方案的时候了;众筹平台大家投联席 CEO 祝佳嘉也表示,从未来发展看,行业细分和创新发展势在必行;上海交通大学互联网金融研究所所长、京北众筹总裁罗明雄建议,股权众筹平台应多向垂直领域发展。具体地说,众筹平台专注于细分市场的项目,具有以下优势。

　　(1)有利于平台实现由点及面的扩张战略

　　市场细分就是将因规模过大导致平台难以服务的总体市场划分成若干具有共同特征的子市场。对于目前大多数刚兴起的实力并不雄厚的众筹平台,可以先选择一个较易于切入的细分领域,尝试性地做好这个领域后,再向其他领域扩张。而对于打算做综合性众筹的平台,也是一种稳健发展的策略。

　　(2)有利于平台品牌的形成和用户的聚集

　　众筹还处于发展的初期阶段,市场集中度较低,任何一个领域都有足够的发展空间,因此,直接定位于细分市场,将会使一般的平台规避大平台的正面竞争,在差异化的市场中占据一席之地。专注于细分市场,有利于平台深入了解行业,了解需求,有利于平台用相对较小的资源,进行更为高效的服务,一旦在行业里形成品牌,将会产生马太效应,聚集更多的投资人、融资项目等资源,从而快速促进平台的发展。

(3) 有利于平台建立更为有效的风控体系

定位在细分市场,平台有更多的精力和能力整合征信资源,建立领域投融资征信系统,开发行业管理或监督软件。在风控的管理上,因为对行业了解深入,有利于建立严密的风控管理体系。

(4) 有利于平台利用新技术进行精准营销等业务

定位在细分领域,用户数据的获取及分析变得更为容易。目前大数据等技术应用还在初级阶段,其效果往往并不理想。当定位到细分市场时,数据更为精准有效,获取成本降低,从而可以更有效地进行用户分析、管理,也更易于建立精准营销策略,由于局限于细分领域,营销成本相应也会降低。

目前,已有大量的平台程度不同地进入细分领域,有些是纯粹的垂直平台,而有些是将其业务渐渐偏向于某细分领域(如大家投开始关注影视领域)。为了揭示众筹在各个细分领域发展的情况,本书分别系统地对房地产、出版、农业、实体场所、游戏、科技、旅游、影视、音乐9个细分市场的众筹数据进行了统计和分析。

6.1　房地产众筹

6.1.1　房地产众筹背景

房地产市场在我国一直备受关注,与民生问题息息相关,是我国的支柱产业之一。其重要的公共属性决定了政府会对其进行一定的宏观调控,其发展必将受到多方关注、监督,以保证房地产行业可以在正确的轨道上健康发展,为国民经济体系以及大众生活保驾护航。

近年来,慢慢渗透入各行各业的"众筹"也开始受到房地产市场的青睐,"互联网＋房地产＋众筹"形成了一种新的商业模式——房地产众筹。房地产众筹是指由房企、理财平台或建房人发起的与房地产有关的众筹项目。众筹标的一般为住房房产和商用房产等。

事实上,房地产众筹在国外已不是什么新鲜事儿,早在 2012 年 12 月 8 日,美国众筹网站 Fundrise 率先将房地产开发与众筹结合起来,诞生了"房地产众筹"模式。Fundrise 的主要目的是让普通人也可以加入到房地产开发行业中,即使仅仅投资几百美元,也可以成为某一片地产开发的投资人。据了解每位投资人平均可以得到 12%—14% 的收益回报。随后 Realty Mogul、Realty Shares 等平台也加入其中,现今国外已有不少优质的房地产众筹平台。而房地产众筹正式进入我国是在 2014 年 9 月,万科苏州公司携手搜房网推出了国内首个房地产众筹项目,称只要投资 1 000 元,就可以获得不低于 40% 的预期年化收益率。此次众筹标的是一套全装房,达到目标金额即众筹成功,随后万科将此房拍卖,溢价部分即为投资人的收益回报。这是万科对房地产众筹的试水,很显然效果不错,项目一推出便在全国引起了强烈反响,紧接着就有众多众筹平台及房企开始涉足房地产众筹。

房地产众筹发展至今热度不减,国内已有多家专注于此垂直领域的众筹平台,同时一些成立较早或发展较好的大型平台也推行了不少房地产众筹项目。另外,2015 年 5 月 29 日,"首届中国房地产众筹高峰论坛暨中国房地产众筹联盟成立仪式"在上海成功举办。这是国内首个房地产众筹组织,吹响了房地产拥抱互联网金融的集结号,任志强、潘石屹、郁亮、张玉良、杨国强、冯仑等纷纷响应,绿地集团、万科集团、平安集团、万通地产、前海众筹、平安好房等多家行业巨头共同缔约,旨在以众筹模式改造房地产行业。房地产与众筹的结合,定能促进双方行业的共同发展。

6.1.2 房地产众筹类型

众筹一般可分为四个类型:股权型、权益型、债权型和公益型。观察各房地产众筹项目发现,有的项目属于权益型,有的属于债权型,还有少数属于股权型。但这种分类方法不能体现各个房地产项目的本质,故而从另一个角度出发,采用专门适用于房地产众筹的分类方法。

(1) 融资开发型

此类房地产众筹的特点是先寻找购房群体,然后根据客户的购房需求由专业开发商代建直至最终交付使用。开发商以获得开发建设资金为目的,投资人主要以获得房屋产权为目的。根据客户类型又可以细分为定向类和非定向类。

定向类众筹面向的是特定合作投资者,通常是在立项或者拿地之前进行。为减少拿地及后期销售的不确定性,开发商对合作单位一般有较为苛刻的筛选条件,要求合作单位对定向拿地具有一定影响力,且有一定数量的员工有购房需求。一般以较大的房价折扣作为投资者的收益保障,但要求投资者需在拿地前支付基本全部购房款,开发商在这一过程中仅获得管理收益。这种众筹方式的优势在于提前锁定了购房人群,同时在拿地前便完成认筹且众筹金额大,大幅降低了开发商在开发建设过程中自有资金的投入,另一方面投资人的需求也能得到满足。但开发商的专业能力、成本把控能力、资金实力等,都存在不确定性。如果开发商投入过低,高度依赖众筹投资,则风险控制意识难以保证,风险最终就会全部转嫁给投资人。

非定向类众筹面向的是公众投资者,通常在项目拿地后建设前进行,为项目建设阶段提供低成本资金,达到降低项目负债率的目的,同时也有利于提前锁定一批购房意向人群。通常适用于区域房价上涨预期与资金成本不匹配,项目利润不足以覆盖银行贷款、信托等传统融资方式的资金成本的情况。参与门槛一般较高,且需要投资者在预售前支付所有房款。投资者的收益主要体现在前期众筹的标的价格将远低于楼盘的销售价格,房价折扣一般基本保持在年化收益率 10% 左右,价差成为其主要获利渠道。开发商虽然在销售价格上有所让利,但通过众筹降低融资、销售等环节的成本,从而获得收益,并实现了对购房客户的提前锁定。

（2）营销推广型

这类房地产众筹将众筹的概念应用在营销活动中,特点是开发商以项目去化为目的,投资者主要以获得房屋产权为目的。一般在项目建设期进行,募集金额用于项目建设。但相对于整个项目建设成本及后期价值,营销推广型房地产众筹的募集资金额度通常不算太高,对融资环节的支持作用不明显。但由于众筹发起时间在建设期,有利于项目的前期宣传,并能为项目提前锁定一批有购房意向的客户。因此,这类众筹的营销推广意义远大于融资意义。具体又有多个细分。

抽奖式,此类众筹是以蓄客为目的、在项目获得预售证后进行的营销活动。参与门槛一般较低,通过抽奖可能产生的高收益回报,鼓励尽量多的投资者参与,从而达到扩大活动影响、炒热楼盘的目的。周期通常较短。未中奖的参与者既无损失也无收益。

彩票式,同样以蓄客为目的、在项目获得预售证后进行的营销活动。参与门槛较低,通过类似彩票方式可能获得高收益回报,吸引众多参与者从而扩大影响。未中奖的参与者可能付出一定的沉没成本,这相当于彩票的费用。

拍卖式,众筹参与门槛一般较低,众筹成功后通过投资者竞价的方式将众筹标的拍卖,探寻市场对项目定价的接受程度。参与门槛一般较低,通过拍卖、高收益率等形式吸引投资人,参与者可获得的收益回报为优惠购房折让或拍卖溢价分成。

预先团购式,一般在项目预售前进行。投资人筹得的只是享受优惠购房资格的期权,只有等到项目符合房屋预售条件时,才有权行使期权,缴足房款,以优惠的价格获得房屋产权。参与门槛较高,开发商一般会承诺"基本收益率 + 购房优惠价格"的收益回报,众筹期间一般会设置一定时间的锁定期,锁定期内参与者不得申请退出。

团购式,此类众筹项目涉及的房产均为现房,因而与一般的商品促销和消费团购没有太大区别。

(3) 投资理财型

以房价上涨概念吸引投资者并募集资金投资房地产项目。若项目增值则投资者获利,贬值则亏损。具体又可分为以下两类:

开发理财,此类房地产众筹的特点是开发商主要以获得开发建设资金为目的,投资者主要以获得投资理财收益为目的。这种模式实际上与 REITs(房地产信托投资基金)很类似,只不过用众筹的名义来发售,降低单个投资者的投资额度,并达到拓宽开发建设资金来源的目的,有助于实现开发商的轻资产运营。此类众筹要求开发商的项目从前期规划到开发建设到招商运营的一整套商业模式得到投资者的高度认可,通常门槛较高,持有期较长。但租金、税收等制度上的缺陷从根本上决定了此类众筹模式目前在国内尚无法大规模铺开。现有案例必须依靠开发商的价格折让来实现众筹的高收益,依靠开发商的回购保证来降低投资风险。

运营理财,特点是开发商主要以项目去化为目的,投资者主要以获得投资理财收益为目的。此类众筹实质上是准 REITs 产品,通过众筹实现多人持有一个物业产品,降低单个投资者的投资额度,达到促进销售去化、改善项目现金流的目的。此类众筹一般的模式是,在众筹成功后,所有投资者将组建成立资产管理公司,由资管公司整体购买物业,并委托物业管理公司等进行管理运营;投资者通过金融产品持有物业相应权益,获得租金收益以及持有期内的物业增值价值;开发商以较高的销售价格获得现金,同时收取长期的资产管理费用。此类众筹通常门槛较高,持有期较长。选择优质基础资产是此类众筹成功的关键。

6.1.3 国内外典型房地产众筹平台

房地产众筹在国外已经取得相对稳定的发展,表 6-2 列出了 Crowd-FundBeat(世界众融领域领先的新闻媒体平台)总结的十大房地产众筹平台。而房产众筹进入我国仅一年多,现正常运营的垂直型平台有 20 余家,表 6-1 列出了具体平台、平台所在地及平台简介。需要指出的是,这些都是专注于房地产众筹或将房地产众筹作为其业务重心的平台,其他的平台如京东众筹,虽然也有房地产众筹项目,但并非其核心,故表中不予罗列。

表 6-1　国内房地产众筹平台

平台名称	所在地	特　　色
中筹网金	上　海	国内首家专业房地产众筹平台,以发起世界第三高楼的"中国第一筹"一炮而响,也是国内第一家获得 A 轮融资的房地产众筹平台。通过众筹+"百元即可投资房地产"的低门槛,为用户提供房产投资服务。
搜房网天下贷	北　京	由纽交所上市公司搜房网倾力打造的互联网房地产金融服务网站,于 2014 年 4 月正式上线。为用户打造一个安全、诚信、专业、高效的房产信贷投融资交易平台。房产众筹作为一个单独的频道在其网站显示。
无忧我房	北　京	成立于 2014 年,是一家房地产全流程众筹平台。2015 年 7 月 8 日,无忧我房正式对外宣布完成由光速安振领投,途家与当代置业跟投的 A 轮 500 万美元融资。平台引入 VR(虚拟现实技术)实现传统样板间在建造时间、成本及用户体验感上的飞跃,并通过"众筹+VR"的方式使客户能够一站式享受"低房价,可理财,能定制"。
平安好房	上　海	平安好房网是平安好房(上海)电子商务有限公司创建的房地产电子商务网站。作为中国平安集团旗下重要成员之一,依托于中国平安强大的保险、银行、投资等综合金融业务支柱,平安好房网致力于将金融与互联网融入房地产全产业链之中,推出全新的互联网金融房产营销模式。

平台名称	所在地	特　色
一米好地	上　海	于2014年上线,是一家专做房地产众筹的平台。投资门槛低,短短数月已为投资人呈现多个众筹项目,项目涉及青年公寓、联合办公、新商业等。
北斗云筹	广　东	于2015年3月上线运营。致力于打造立足广州、覆盖全国的互联网金融"众筹超市"。为投资者筛选优质众筹项目,为项目发起者提供一系列的线上宣传、募资、投资等众筹相关服务。有专门的房产众筹频道,与房企巨头绿地集团为合作伙伴。
派金融	北　京	成立于2014年12月,平台主营项目为股权众筹和债权转让。在线房地产众筹项目较少。
房盈宝	广　东	于2015年8月正式上线。依托社会刚需,综合考虑投资灵活度、保障性及收益空间,发挥自身在金融领域的专业化优势,激活房产行业的巨大资源。平台愿景:打造全国一流的房地产众筹平台,为投资者创造全新安全高回报的投资项目。
房宝宝	北　京	国内首家"社交房产"众筹平台。由团贷网、优米网、分众传媒强强联手合资创办。
房筹网	广　东	深圳前海房筹互联网金融服务股份有限公司创立的大众房地产投资平台。运用"房地产、互联网、金融"三位一体的众筹模式,打造一个让普通人也能投资大宗物业、享受高收益的平台。
渤海众筹	天　津	渤海众筹是渤海银行旗下互联网金融服务平台。先期上线的房地产众筹项目是"房地产＋金融＋互联网"跨界融合的产物,在一定程度上代表了房地产行业的转型发展新趋势。
合众筹	重　庆	是一家专注于金融产品交易和智能财富定制的平台,股东由来自于著名商会、互联网和金融三个领域的专业机构组成。有单列的众筹系列。
海众网	北　京	是一家海外房产众筹平台,通过众筹模式,以更低的门槛将海外优质房地产项目带给投资者。主要投资位于美国、英国等,类型主要包括学生住宅与零售类商业地产。
众筹房	浙　江	众筹购房平台,提供有保障、定制化、多元化且性价比高的房地产项目。
商投所	广　东	一家主打商业地产的互联网金融平台,目前主要包括众筹和大宗物业两大板块。
91投房	北　京	一家房地产证券化平台,房产众筹为其重要业务。
人人有房	上　海	通过互联网与地产众筹的优势嫁接,降低老百姓置业和房地产开发的成本,引导80后、90后投资理财观念,解决刚需一族置业难的问题。
房少爷	北　京	O2O房产众筹平台,打造集线下资源、渠道、线上投资、交易、服务为一体化的众筹模式。
麦布丁	四　川	由成都麦布丁科技有限公司自主开发的一个房地产众筹平台。
中房乐投	天　津	专业的房地产众筹平台,致力于通过互联网金融的创新推动传统房地产投融资模式的变革和创新。

表 6-2 国外典型房地产众筹平台

平台名称	所在地	特色
Prodigy Network	美国	跨国公司,专注于城市发展项目,包括高层住宅、商场和购物中心。主要与成熟的赞助商和开发商合作。
Fundrise	美国	由职业投资人变身项目整合者。专注于商用地产,以现金流为主。以贷款发放费为主要收益来源。
IFunding	美国	C&I财产优先股权投资,以及单户开发项目的联合者。通常支持有经验的赞助商/开发商。
Realty Mogul	美国	现金流资本的在线经营者,涵盖领域包括公寓、办公楼以及零售商城,交易可通过债务或股权两种方式达成。收益来自参与费用与附带收益。
Propellr	美国	抵押贷款证券交易商变身众筹投资商,主要获益于C&I类投资。
Patch of Land	美国	以贷款发放费为利润来源,为单个或者多个家庭和小型商业项目提供高收益短期贷款。
Primarq	美国	为单个家庭住宅提供结构化被动股权,数据驱动分析,优化上限结构。目标涵盖一级和二级市场,以发放贷款和数据为主要利润来源。
CrowdStreet	美国	支持项目类别特殊,以学生宿舍和辅助生活社区为主。一般采用夹层资本的方法可以获得当前收益率并且有一定的上涨空间。
Groundbreaker	美国	赞助项目参股的联合者。以贷款发放费为盈利来源,发展定制建筑、住宅区和酒店。
RealCrowd	美国	提供小额投资参与机会,市场涉及家用、混合使用和商用。征收贷款发放费用,并获取附带利益收益。

6.1.4 经典案例

（1）石家庄众美城

河北开发商众美集团的合作建房经验已有 10 年之久,有河北电网、裕华区政府、河北师范大学等诸多案例。此次众美集团石家庄众美城项目属于房地产众筹中的定向类融资开发型。在 110 万平方米建筑面积中,有 33 万平方米属于定制项目,且项目总额 6.33 亿元的土地款全部来自定制项目部分。众美在拿地前便与多家单位确定合作关系,并约定 2 300 元/m² 的销售价格,当时周边房价为 3 200 元/m²,众美集团后期项目价格有大幅提升,但仍然比市场价格低 20% 左右。投资者在拿地前即缴纳全部购房款,众美将这笔资金用于拿地、开发建设等各个阶段。此过程中,众美组织投资者对项目承建方进行考察、参与原材料采购、清查资金流向、参加工程办公例会、现场勘查项目进度、参与配套设施建设等。这使得参与众美集团项目的买房人几乎可以参与到地产项目开发的全部环节。

（2）碧桂园平安众筹建房

2015年4月29日,广东房企碧桂园集团以6.08亿元竞得上海市嘉定区徐行镇02—05地块,这也是平安好房首个非定向类融资开发型众筹项目。项目以"一平方米"作为众筹单位,由平安好房将众筹项目包装,向其注册用户进行认筹,通过金融产品设计,避免投资者与开发商直接接触,规避了集资建房的法律风险。融资完成后项目开工,在开发建设过程中,投资者将以微开发商的身份,对项目提出建议,参与到项目的设计、社区配套等过程中,一定程度上实现产品"定制化"。在楼盘完成后,投资者即拥有了某一套楼房整体或者部分的权益,此后,投资者可以选择众筹权利转为产权、直接拥有该套住房,或者是委托开发商卖房后转成收益权。投资者的收益主要体现在前期众筹的标的价格将远低于楼盘的销售价格,价差将成为其主要获利渠道;开发商虽然在销售价格上有所让利,但通过众筹降低融资、销售等环节的成本,从而获得收益,并实现了对购房客户的提前锁定;而平安好房在整个众筹过程中只做平台建设,并不参与具体投资,收益来源于向开发商收取的平台管理费用。

（3）京东—远洋1.1折购房

2014年11月11日,京东联手远洋地产推出了众筹项目——"凑份子得房子 1.1折购房",远洋拿出了包含北京在内的7大城市的11套房源作为众筹标的。京东金融的"小金库"或"白条"用户只需支付11元即可参与众筹,其他用户则需支付1 111元,众筹于11日零点持续至23点59分结束。幸运的中奖人以11月16日的双色球开奖号码为准,保证了活动的公平公开公正,没有中奖的则返还其众筹金额。

（4）京东—远洋11元筹首付

在1.1折购房众筹取得成功后,京东—远洋趁热打铁,紧接着于11月18日发起第二波房产众筹——11元筹首付。远洋从9个城市中拿出9套房源参与众筹,用户支持11元,即可获得三成首付款的抽取资格,当众筹金额达到预期融资后即停止众筹,从所有支持者中抽出一名,获得大家为他筹集的首付款。但与抽奖式不同的是,未中奖支持者的众筹资金不再返还,而是获得京东商城全品类满 200 元减 20 元的回报。遗憾的是，这次众筹活动没能取得成功，以网站退款告终。

（5）苏州万科城 100 m² 全装三房

2014 年 9 月 23 日 9 时，苏州万科携手搜房网发起了国内首个房地产众筹项目，项目一经推出，便在全国引起巨大反响。众筹标的为苏州万科城一套全装 100 m²、市值约 90 万元的三房，众筹的目标金额为 54 万元（市值 6 折）。根据规则，投资者只要投资 1 000 元以上，在众筹成功后，便可参与接下来的竞拍；至当日 17 时众筹通道暂时关闭，首日参与众筹人数达 329 人。24 日早 10 点，通道再度开放 1 小时，211 名投资人蜂拥抢筹。前后 9 小时，540 人众筹万科城顺利完成，筹足目标金额 54 万元。27 日万科通过搜房网作为众筹平台在投资者中进行拍卖，标的起拍价 54 万元，拍卖时间为两小时。所有认筹的投资者都可以竞买，最终只有一位投资者买下该套房产。中标者将获得折扣购房权，即可以按拍卖成交价购买该套标的；而成交金额超出 54 万元的溢价部分，将作为投资收益分给未能拍得房屋的其他人。

（6）当代北辰 COCO MOMA 众筹

2015 年 1 月，北京北辰当代置业先后在无忧我房平台上发布了两期"COCO MOMA 工银瑞信"众筹项目，标的为当代北辰顺义 COCO MOMA 384 套公寓商品房，两期项目共筹得 2 450 万元。众筹资金将用于项目建设，最终认购或委托报销的投资者将获得 5% 的工银瑞信产品现金收益，以及 COCO MOMA 项目的优先选房权和优惠购房权；而对在认筹期结束后选择退出的投资者，可获得按活期存款利率计算的投资收益。

（7）京东—远洋 5 000 元筹折扣房

与"京东—远洋 11 元筹首付"同时上线的还有另一档众筹项目"5 000 元筹独家折扣房"。注册成为京东用户后，支持 5 000 元便可获得远洋全国 12 个城市 25 个项目最大优惠力度的折扣房购房资格，项目称在北京地区，一套房最高可帮用户省 60 万元，而且在项目结束，无论用户是否购房，其支持的 5 000 元将被全部返还。项目受到了客户的普遍欢迎，最终取得圆满成功。

（8）万达"稳赚一号"

2015 年 6 月 12 日，号称"最低只要 1 000 元，就能成为万达广场股东"的商业地产众筹项目——"稳赚 1 号"正式上线。支持者每年将获得来自定投的万达广场租金的6%年化利率,若3年后REITs或其他方式上市,预期年化收益率可达14%。如至第7期期末仍未上市,万达将以不低于实际投资资金1.5倍的价格收购自有租赁物业或相应权益,预期年化收益率为6%,因此"稳赚1号"号称年化收益为12%起。项目三天内就被一抢而光,顺利完成50亿元(其中5亿元面向个人投资者,45亿元面向机构投资者)的发行计划。

(9) 中信台达国际酒店式公寓

2014年12月16日,中信地产与众筹网的众筹筑屋,联合上线了中信台达国际酒店式公寓众筹项目,该项目属于投资理财型,以"度假地产合伙人"的形式,推出5套位于海南的酒店式公寓参与房产众筹,筹资目标388万元。根据要求,投资者支付5—20万元,即可获得以下四项收益:以原房价的8.8折购入相应比例的房产产权;两年内每年年化7%的房产租金收益;旺季3天或淡季10天免费入住酒店等权益;投资者退出项目变卖房产时的房产增值收益。项目设置了两年封锁期,项目发起方将每年召开一次支持者会议,协商决策是否退出项目等问题,且封锁期后租金金额将根据酒店实际经营的情况决定。

6.1.5 国内房地产众筹发展现状

(1) 平台所在地分布情况

本书采集的数据中,共有33家众筹平台涉足房地产众筹,包括垂直型房地产众筹平台和一些非垂直型但上线过房地产众筹项目的平台。对这33家平台的所在地进行了统计,其中北京共有13家,上海共6家,广东6家,天津、四川各2家,浙江、江苏、重庆、河南各1家。北上广三地平台总数共计25家,占到所有平台的75.76%,和其他领域一样,北上广在房地产众筹行业中也有着绝对优势。见图6-1。

(2) 项目融资情况

截至2015年12月31日,共有在线房地产众筹项目387个。其中,已成功项目为324个,占比83.72%;众筹中项目为32个,占比8.27%;已失败项目为31个,占比8.01%。已成功项目的预期融资金额合计88 188.91万元,实际融资金额合计88 906.50万元,融资成功率为100.81%;众筹中项目的预期融资金额合计19 272.46万元,实际融资金额合计2 110.45万元;已失败项

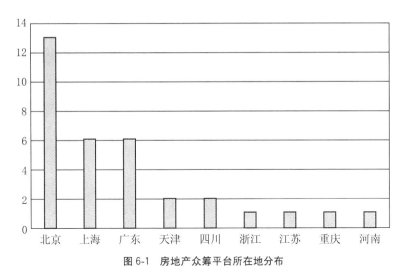

图 6-1　房地产众筹平台所在地分布

目预期融资金额合计 13 099.06 万元,实际融资金额仅 605.96 万元。

　　从成功项目数的占比率及其融资总额来看,房地产众筹已经取得了不错的成绩,但融资成功率不是很高。

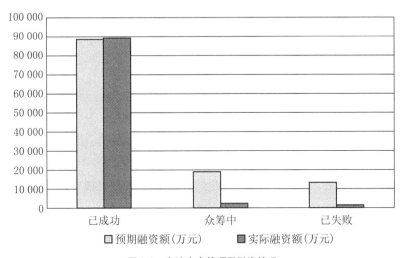

图 6-2　房地产众筹项目融资情况

　　(3) 项目类别分布情况

　　房地产众筹项目按其众筹标的的类别可分为住宅型、商业型和旅游地产型。在收集到的 387 个项目中,住宅型项目为 275 个,占比 71.06%;商业型项目为 95 个,占比 24.55%;旅游地产型项目为 17 个,占比 4.39%。

可以看出,房地产众筹主要以住宅型为主,说明与民生相关的"住"仍是大家比较关注的领域。商业型和旅游地产型项目主要针对有投资理财意向的投资人,其中旅游地产型项目的数量较少。

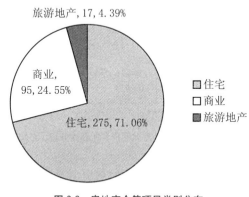

图 6-3　房地产众筹项目类别分布

（4）项目所在地分布情况

房地产众筹项目的所在地即为众筹标的所在地。387 个项目中,除去无法确定其所在地的 4 个项目,共有 365 个国内项目和 18 个国外项目。国外项目的分布情况为:美国 6 个,英国 4 个,加拿大、新西兰和泰国各 2 个,澳大利亚和法国各 1 个,以移民国家为主。

国内项目的分布如图 6-4 所示,其中较为突出的为广东、北京、江苏及上海,项目数分别为 73、61、49、44,共计 227 个项目,占到国内房地产众筹项目数(不包含无法确定所在地的项目)的 62.19%,领先优势明显,这与其强劲的市场需求有关。房地产众筹项目虽然分布不均,但覆盖极广,全国 34 个省级行政区中,已有 27 个拥有房地产众筹项目。

（5）项目起投金额分布情况

众筹项目的起投金额是投资人投资项目的最低门槛。在 387 个房地产众筹项目中,除去无法采集或不设起投金额的项目,共采集到 359 个项目的起投金额。其中,起投金额在 0—100 元(包含 100 元)的项目共 166 个,占比 46.24%;100—1 000 元的项目共 84 个,占比 23.40%;1 000—10 000 元的项目共 62 个,占比 17.27%;10 000—50 000 元的项目共 31 个,占比 8.64%;

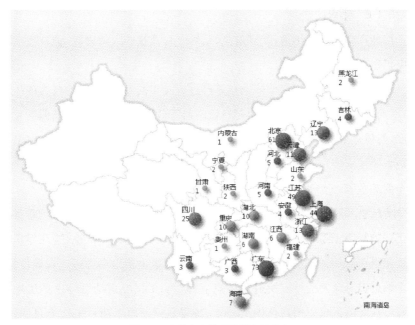

图 6-4　房地产众筹项目所在地分布

50 000 元以上的项目共 16 个,占比 4.46%。

　　由图 6-5 可以看出,随着起投金额数额区间的右移,项目数逐渐减少。起投金额在 10 000 元及以下的项目共占比 86.91%,说明房地产众筹项目的投资门槛普遍较低。

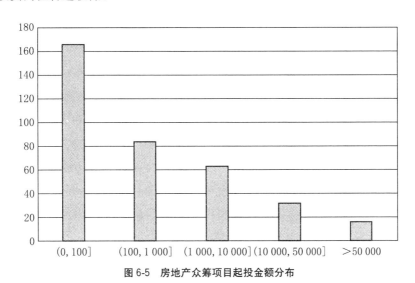

图 6-5　房地产众筹项目起投金额分布

6.1.6 注意问题

房地产众筹发展迅速,受到房企、众筹平台及投资人的青睐,但在发展过程中仍然存在着不少问题。

缺乏相关法律法规作保障。众筹经过近几年的发展,显示出极大的生命力,然而期待已久的监管层对众筹行业的监管政策却明显落后于众筹的发展速度,使得众筹项目的合法性缺乏保障,许多房产项目处于法律的空白期,极大地阻碍了房产众筹的健康、持续发展,使得房产众筹这一新的模式处于停滞不前的状态。

房产众筹沦为营销推广工具。众筹模式是互联时代下的产物,具有很强的互联网基因。随着互联网思维在地产界越来越多地受到重视,这几年房地产企业也在以各种方式运用众筹模式。目前市场上所出现的房产众筹项目,大多数是披着众筹的外衣所进行的以营销为目的的众筹活动。这类房地产众筹将众筹的概念应用在营销活动中,特点是开发商以项目去化为目的,投资者主要以获得房屋产权为目的。相对于整个项目建设成本及后期价值,营销推广型房地产众筹的募集资金额度通常不算太高,对融资环节的支持作用不明显。但由于众筹发起时间在建设期,有利于项目的前期宣传,并能为项目提前锁定一批有购房意向的客户。因此,这类众筹的营销推广意义远大于融资意义。

投资者承担较大风险。房地产行业对资金的要求较高,众筹模式的植入可以很好地为房地产行业发展募集所需要的资金,但同时面临着极大的风险。首先,参加众筹的投资者对房地产行业的认识程度参差不齐,对于所投的项目、平台缺乏全方位的深度了解;其次,房产众筹项目的投资周期一般比较长,由于众筹缺乏完善的退出机制,使得投资人的收益难以得到安全保障;第三,投资者的风险还来源于政策监管风险、管理风险、成交风险等。对于投资型众筹,管理人对自有物业的错误决策也会使投资者无法获得正常收益;失去正常收益的投资产品,势必造成成交困难的风险。

这些存在的问题,多数是投资者无法调控的,相信在未来发展中会一一解决,使行业步入健康完善的轨道。那投资者如何有效地甄选优质房地产项目呢?在项目进行过程中要仔细辨别投入项目的资金,最后是否真正用于房产投资而不是流入其他领域,注意避免非法集资;其次要确认项目标的真实合法,最重要的就是房产证是否真实有效,另外对于房产的估值,要认真考察其真实性。在房地产投资方面没有经验的人一定要多做功课,投资中的各个环节都要有很好的把控,一个环节出现差错都可能会导致投资的失败以及亏损。在涉及房产的项目中,对于产权的所有人要明确知晓,过程公开、透明也是检验众筹项目真实性的重要依据;最后,还要注意到众筹资金的隔离与专用,房产众筹目前还不能算是一个稳健型的理财方式,投资者要根据自己的承受能力来谨慎抉择。收益往往与风险相随,投资者在选择项目时一定要擦亮眼睛,细心甄别。

相信随着互联网精神和众筹行业的不断渗透,无论是房企、平台或是投资人对房地产众筹都会有更加深入的理解。

6.2 出版众筹

6.2.1 出版众筹背景

在互联网日益普及的今天,越来越多的传统行业希望通过互联网＋实现自我突破,传统出版业也是如此。传统图书出版受出版社定位、市场需求、出版资源以及图书编辑喜好等多方限制,加之出版流程颇高的资金与时间门槛,一方面限制了普通人出书的可能性,另一方面使得对读者小众化、个性化内容需求的满足缺失。继动漫、电影产业之后,图书出版业也开始发展众筹模式。出版众筹是一种通过"团购＋预购"的形式向网友募集项目资金,利用互联网的优势从根本上改变了传统出版产业的生产和消费模式,满足了大众的个性化需求,实现了长尾效应。

众筹模式源于 2009 年在美国建立的网站 Kickstarter,它也是目前具备最为成功的商业运作模式的综合性众筹网站,其最初的 13 个大类项目中包括出版、艺术、摄影、游戏等。出版众筹在 Kickstarter 网站上成功募资的项目应接不暇,募资金额也屡创新高,如《Veronica Mars》在 Kickstarter 上 30 天的募资期内,共筹集到资金超过 570 万美元,投资人数达到 91 585 人,创下出版众筹最新纪录。2010 年后,法国、荷兰、英国等很多国家相继引入众筹模式。同时,以出版为主要业务的专业出版众筹网站也应运而生,例如Unbound、Beacon Reader 和 Wattpad 等,这些网站灵活运用众筹模式,在出版业务方面进行了很多创新,也成功完成了多项出版类众筹项目。众筹模式在中国更多的是一种媒体人的实验性活动。众筹在 2011 年进入中国,2013年进入兴盛期,2013 年 11 月,众筹网正式发布"新闻众筹"平台(包含出版内容),成为国内第一家专业进行新闻与出版众筹的网站(现已改版,出版单独成为分类类目)。

6.2.2 出版众筹的运作方式及角色定位

出版众筹所展现的是作者、读者、出版社和众筹平台四方的相互作用关系。作为项目发起人的作者和作为出资人的读者通过众筹平台建立了涉及经济层面和内容生产层面上的直接交互。公众承担读者和投资人的双重角色,通过群体智慧、市场逻辑和个人喜好决定哪些书籍能够被出版,其角色也从内容的消费者变成资源的控制者与内容的把关人。作者也不是孤立地创作,作者可以把公众的智慧和需求纳入自己的创作中去。而连接读者和作者桥梁的众筹平台可以被看作二者的中介,并且对众筹项目进行筛选和监督,也就是说,在众筹过程中部分承担把关人的职能。众筹平台不具备出版发行

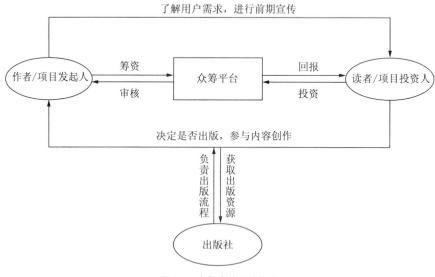

图 6-6 出版众筹运作方式

的能力,但众筹平台可以为出版社提供出版资源,由于出版内容在众筹平台上经历了市场考验,不仅降低了出版社的出版风险,还对目标读者进行精准营销。四者的相互作用见图6-6。

6.2.3 出版众筹的回报方式

众筹的投资人往往是对出版内容感兴趣的群体,相对于其他众筹项目,这些投资人期待的经济效益比较低。甚至有一部分投资者无条件地支持作者出版。投资人可以从众筹出版项目中获得以下回报。

(1)公众取得一定的出版话语权

以前的出版话语权掌握在出版社手中,而出版众筹更多的是把出版决策权交给了公众。公众可以根据自己的兴趣偏好选择自己喜欢的内容出版,这样一来,对于偏小众的内容可以在具有符合出版内容垂直平台或者名气较大会员较多的众筹平台上吸引大众,寻找出小众群体来支持出版。投资的受众多,筹措的资金就多。筹资额达到了预设的目标,说明该出版内容接受了市场和大众检验,可以运作;否则,该内容就应淘汰出局。通过投资或不投资,公众行使了对出版物选题的决策权。这与传统出版模式明显不同,传统出版模式下,选题决策权一般由出版企业相关负责人或选题论证委员会行使,公众只是出版物内容的被动接受者。

(2)获得出版物的优先阅读权和相应的物质上的回报

采用众筹模式运作的出版物,作者和出版企业须向投资人定期或不定期公布创作进程或生产进度,作为投资人的读者在出版物出版前即可优先阅读部分甚至全部内容,出版后可以优先购买或者是以优惠价格购买。

出版众筹大致可以分为四类,即资助众筹、预售众筹、债权众筹和股权众筹。资助众筹是在未出版之前公众为作者提供的资助,以帮助作者完成出版。预售众筹是指作者出版之后在众筹平台上预销售,以观测市场对出版内容的反应。国外有债权众筹和股权众筹模式的出版,而目前我国众筹平台上还没有,大多众筹平台上的出版众筹采取的是预销模式众筹。预售众筹向受众提供的经济回报,主要是出版物、购货折扣、入场券或其他实物等。我国众筹平台的预售众筹向受众提供的经济利益会按受众投资额的不同,划分为不同的档次。

（3）获得精神上的满足

作为投资人的读者通过众筹出版项目的回报满足其精神需求，主要是社交的需求和尊重的需求。比如，参加新书首发研讨会让受众有一种归属感，实现自我的价值体现。对于有追求的投资者，较之物质需求，精神需求的满足对他们的吸引力更大，更能激发他们的投资热情。

6.2.4　中美出版众筹的差异

出版众筹是传统出版行业和互联网结合的有效方式，但在国内的发展比较缓慢。首先国内公众对众筹的认识不足，对于出版众筹更是不甚了解。这就造成出版众筹的群众基础较低，没有广泛的粉丝效应就支撑不起出版众筹的发展。另外，出版众筹在国内的发展形式单一，基本采用的是预售众筹。这点是和美国的出版众筹完全相反，在 Kickstarter 出版分类里的项目，基本都是一本书或者漫画的雏形，作者把自己的经历和想法写成策划方案供读者参考，真正的把出版决策权给了读者。而国内的预售众筹模式则是出版内容已经由出版社决定好，读者大众还是像以前买书一样去选择哪本是自己喜欢的书，这样从根本上失去了出版众筹的真正价值。读者即投资人也获取不了出版的话语权，更不用说集大众智慧参与创作。相比较，后者"筹"的味道更浓些，读者参与感更强些。众筹不等于在线销售，众筹的价值更多地体现在"创"和"筹"两个方面。将出版众筹从时间上提前，增强作者与众筹者的互动，发挥大众的力量，可能是未来我国出版众筹需要调整的方向。出版众筹应该是作者圆梦的舞台，但在国内，出版众筹实际上是图书宣传营销的工具。众筹平台要建立良好的信用机制，完善各种运作模式，不断探索新的盈利方式，才能成为"可持续出版众筹"。

6.2.5　出版众筹的风险

（1）众筹融资的法律风险

2012 年 4 月，美国总统奥巴马签署了《工商初创企业推动法》，允许小企业在众筹融资平台上进行股权融资，且不再局限于实物回报。而对于我国股权众筹，证监会在《场外证券业务备案管理办法》第二条第（十）项"私募股权众筹"修改为"互联网非公开股权融资"，证监会对于"股权众筹"做出明确界定,并明确表明已在研究制定股权众筹融资的相关监管规则。所以,就现行的法律法规来看,出版众筹中的资助众筹和预售众筹是法律允许的,而众筹平台如果要采用债权众筹和股权众筹方式融资,则要注意防范非法集资或非法证券活动的法律风险。目前我国的出版众筹实践基本上都是采用预售众筹方式,这束缚了我国众筹出版的发展。

(2) 著作权被侵害风险

为了吸引投资者众筹出版,作者往往会在众筹平台公布出版物选题及其创意、创作提纲、部分甚至全部内容。其著作权有可能被他人侵犯,甚至是在众筹项目出版之前,其他作者或出版社已抢先出版了类似出版物。为防范此类风险,需要著作权监管机构、作者和出版企业共同作出努力。著作权监管机构应加强侵权行为的打击力度;作者和出版企业也要有防范意识,尽量缩短众筹期限、创作和出版周期,不给盗版者"充分的"剽窃时间。

(3) 投资人的风险

出版众筹中作为读者的投资人主要承担的是信用风险。主要包括以下几个方面:一是出版社、作者和众筹平台提供的关于出版项目的信息不真实或不充分,导致投资人作出错误的投资风险评估和不当的投资决策;二是欺诈,即出版社、作者或众筹平台提供虚假的众筹项目,筹得资金后,卷款潜逃;三是违约,即出版企业或作者,未按约定兑现承诺。在用户评论中有投资人反映,他们没有在规定的时间收到出版物,并且有些书和光盘也存在质量问题。售后服务缺失是整个出版众筹中的很大弊端。

6.2.6 出版众筹国内平台发展概况

(1) 出版众筹项目概况

据数据统计,目前国内 301 家正在运营的众筹平台中 23 个平台有出版类目,其中出版众筹的项目数为 625 个,占到总项目数的 2.15%。而在 625 个出版众筹项目中成功的项目数为 456 个,失败项目 80 个,众筹中项目 89 个,项目成功率为 85.07%。出版众筹的 625 个项目的预期融资额为 2 846.98 万元,实际融资额为 2 762.78 万元,融资完成率为 97.04%。从融资完成率可以看出出版众筹的市场需求很大,前景一片光明。

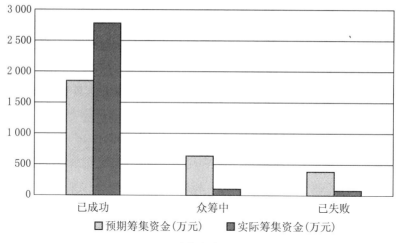

　预期筹集资金(万元)　　实际筹集资金(万元)

图6-7　出版众筹项目概况

（2）出版众筹成功项目预期融资区间概况

在625个出版众筹项目里统计出成功项目的数量为456个。成功项目的预期融资区间为(0，1]（单位：万元）的出版众筹项目为195个，占比42.76％;(1，10]的项目数为236个,占比51.75％;(10，50]的项目数为22个,占比4.82％;融资区间为(50，100]的出版众筹项目数量仅为3个。预期融资100万元以上的项目数为0。由此看来,成功融资的出版众筹项目预期融资为1—10万元的成功率较大。

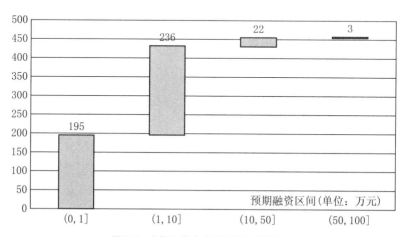

预期融资区间(单位：万元)

图6-8　出版众筹成功项目融资区间概况

6.2.7 出版众筹特色平台介绍

表 6-3 国内出版众筹特色平台

平台名称	所在地	特色
众筹网	北京	众筹网作为一站式综合众筹服务平台,出版众筹也强调以服务为主。提供选题、出版、营销和策划等一系列服务。主要独特服务包括:提供媒体资源及宣传服务、专业化视频拍摄及后期制作、代为设计项目相关图片、代发项目汇报省去快递烦恼、为出版机构发起人介绍优秀的个人发起项目、专业化视频拍摄及后期制作,合适的出版项目将有机会与影视界跨界。
京东众筹	北京	京东众筹是京东金融的一个重要分支,京东金融是将传统金融业务和互联网技术相结合,探索全新的互联网模式。京东金融致力于为个人和企业提供安全、高收益、定制化的金融服务。京东众筹里的出版包括图书绘画出版和书画收藏,其中图书的出版在京东图书平台上都有卖,而书画收藏更侧重于投资,符合京东金融的理念。
淘宝众筹	浙江	淘宝众筹里出版众筹放在书籍的类目里。淘宝众筹最大的特点是,凡是在淘宝众筹中的项目方必须在淘宝上开店并且经营,这样就为淘宝带来了直接效益。
青橘众筹	上海	青橘众筹是专业的创意众筹平台,青橘众筹的项目中有很多天才的设计、聪明的思路、匪夷所思的产品。青橘众筹的理念是让每个人都可以用自己的梦想激励自己的人生,获得成就和人生经验。其出版众筹也不例外,令很多人梦想成真。
文筹网	北京	文筹网是中国文化创意企业众筹平台,是为文化创意企业提供投融资服务的互联网平台。文筹网定位于文化创意产业领域,目前接受以下行业项目:文化艺术、新闻出版、广播、电视、电影、软件、网络及计算机服务、广告会展、艺术品交易、设计服务、旅游、休闲娱乐、文化商务服务、文化用品、设备及相关文化产品的生产、销售等。其出版众筹只做垂直细分市场的新闻出版。
凤凰金融	北京	凤凰金融是凤凰卫视集团旗下成员之一,是凤凰卫视集团专为主流华人打造的安全高效的互联网金融交易信息服务平台。凤凰金融中有一栏爱众筹,爱众筹中的出版项目只有一个关于推理的杂志在众筹。
追梦网	上海	追梦网是一个专注于年轻人新生活的众筹平台,目前追梦网已经关闭网页版,开始做 App 众筹。追梦网的出版内容更加侧重于年轻化、时尚化。
乐童音乐	北京	乐童音乐是专注于音乐行业的众筹服务平台。乐童音乐中的项目包括专辑发售、演出门票预售、音乐硬件、明星 T 恤以及音乐周边产品的众筹。而乐童只做垂直细分市场的音乐出版。
摩点网	北京	摩点网是首家专注于游戏、动漫、影视、文学等文创领域的众筹平台。致力于为有诚意的作品和认真的用户说话。摩点网中的出版众筹更加侧重于游戏和网红小说的出版。
领筹网	北京	领筹网致力于打造中国经营权众筹交易第一平台,出版类目下只有一本《解放众筹》正在筹资。

6.2.8 众筹专家在众筹网筹书概况

众筹专家是如何众筹自己写的关于众筹行业书籍的？表中为众筹网上10本众筹图书的众筹情况，从中可以窥其一斑。

表6-4　众筹网有关"众筹"的出版众筹概况

书　　名	作　者	认筹状态	预期融资（万元）	已筹集（万元）	投资人数	关注人数	评论次数
《实战众筹》	张栋伟	已成功	10.00	14.96	129	110	28
《智慧众筹》	霍学文	已成功	8.00	13.31	292	246	172
《众筹》——国内首本社交众筹著作	盛　佳	已成功	8.00	8.27	111	144	58
《众筹p2p投资手册》	徐红伟	已成功	6.00	6.07	251	112	80
《十二个梦想》	李玉民	已成功	2.00	5.34	278	133	52
《众筹：探索融资新模式开启互动新时代》	莫　格	已成功	1.00	1.43	246	42	86
《玩转众筹》	张栋伟	已成功	0.10	1.08	108	129	24
《解密房地产众筹》	李　洋	已失败	2.00	0.57	31	13	17
《众筹＋，众筹改变世界》	张迅诚	已失败	2.00	0.13	5	7	1
《全民众筹》	刘家玮	已失败	5.00	0.09	14	7	5

众筹图书的众筹呈现以下五个方面的特点。

（1）众筹图书向专业化方向发展

本书中有三本是论述细分领域的众筹书籍，《十二个梦想》是专门论述农业众筹的图书，《解密房地产众筹》和《众筹p2p投资手册》分别是论述房地产和债权众筹P2P的图书。三本书的众筹结束时间分别是2015年的1月、9月和11月，也就是说，众筹类图书正在从过去综合性众筹图书向专业细分领域方向发展，这从一个侧面反映了我国众筹行业正在向纵深方向拓展。

（2）标准化回报模式已基本形成

众筹图书采取的都是产品众筹模式，是以产品或服务作为回报的。但在具体设置回报产品时，与一般的图书还是有些不同的，具有一定的行业特征。由于众筹目前在我国发展还属于初级阶段，因此众筹的参与者基数并不大，能批量购书的支持者只能是众筹平台，因此，成为编委会成员、书上加上企业的案例、品牌或产品标志就成为常见的一种回报，此外，获得参加活动或组织的资格也是另一种常用的回报模式。

（3）社群共同创作和分享显成效

《智慧众筹》一书以"与互联网金融千人会共享互联网金融的精神早餐"为口号,发起了该书的众筹。在短短 12 天时间创下了 13.3 万元的融资金额,达到预期融资金额的 166%。这本书具有两大特点:第一,互联网金融千人会俱乐部集中 73 篇文章而成,体现的是俱乐部成员集体的智慧,由于该组织的实体早餐会早在 2013 年 6 月就成立,后又建立了微信交流群,因此,本书也是早餐会和微信群交流的结晶;第二,回报方式中除了一般众筹图书具有的回报模式上,它强调了以"互联网金融早餐会读者微信群、参加实体早餐会的资格、互联网金融千人会主办的大会参会资格"作为回报方式。由于俱乐部具有长期积累,因此活动具有一定的吸引力,无论是支持者、关注人数还是评论人数都创下此类图书之最。

（4）众筹实现融资与营销两功能

在 10 本书中,《玩转众筹》、《实战众筹》、《众筹:探索融资新模式开启互动新时代》和《众筹》四本书融入了众筹网的影子,这四本书除了都是在众筹网平台上众筹的这一特点外,另一个特点是众筹网又是这四本书潜在的创作者。《玩转众筹》和《实战众筹》的作者张栋伟,系原网信金融集团的高级合伙人,而众筹网正是网信金融集团旗下的众筹网站;《众筹》的作者盛佳,系网信金融集团首席执行官;《众筹:探索融资新模式开启互动新时代》虽现还看不到作者信息,但众筹活动是由华文天下、众筹网、图书译者共同主办的,书中18 个众筹案例都是众筹网提供的,且该书的专家团里有众筹网的副总裁路佳瑄等人。

众筹网可谓众筹者善众筹,四本书众筹得都很成功,且各具特色,《玩转众筹》是我国第一本众筹出版的众筹图书,虽然融资额仅为 1.1 万元,但是一次有意义的试水;几年后,作者张栋伟再携新书《实战众筹》众筹,创下了众筹网上众筹类图书的最大融资额 15 万元;《众筹》在不到一个月时间融资 8.3万元,而《众筹:探索融资新模式开启互动新时代》,则打着"资本寒冬来临,投资人、创业者如何应对?"的口号,拉开了又一轮众筹大幕。

众筹网既达成了融资的目标,又做足了营销,配合四本书的众筹,多次在其平台上举办签名售书、培训等活动,甚至同一本书掀起两轮众筹。书中既有众筹网的高级管理者又有众筹网案例。对众筹网来说，其营销价值远胜过图书本身众筹的价值。

（5）图书众筹筹后服务弱在配送

众筹网上每个众筹产品都有用户对产品的评价信息，从 10 本书的评价看，有多人报怨图书未按期到货或寄到不知何处，据称在众筹网上众筹的作者是无需出寄费的，由众筹网负责免费寄给众筹的支持者，这本是众筹网做的一件好事，但在配送环节还是没有服务到位。此外，图书未按期出版可能也是没有按期到货的一个原因，因此，在众筹时，图书的众筹者务必给出版时间打足提前量。

6.3　农业众筹

6.3.1　农业众筹背景

我国是农业大国，农业是我国的第一产业，是我国农民收入的主要来源，是实现我国共同富裕的基础。农业是关系国计民生的大事，一直以来都备受关注。长期以来，农业经营的分散性，农业发展的单一性和封闭性，农业产业化的滞后性，严重制约着农业发展。然而伴随着我国经济的快速发展以及互联网的日益普及，在新的时代背景下，解决农业难题，实现农业多样化发展，势在必行。由此，寻找农业发展的新形式得到关注，在此条件下，依托互联网金融而兴起的农业众筹，得到快速发展。

农业众筹最初起源于美国，其目的为实现互联网金融与农业发展的有效对接，从而革新原有的农业生产流程，目前，较有代表性的有 Agfunder 和 Fquare 平台。

Agfunder 是世界上第一家股权型农业众筹平台，主要为农业及农业相关技术提供融资，为投资者提供好的融资项目。其中一个例子是，On Farm 是加利福尼亚的一家农场管理系统公司，其已经成功在 Agfunder 上募集到89 万美金，用于农业数据软件的开发。而 Fquare 的运行模式是建立一个垂直的土地流转平台，投资者通过认购某区域上某块土地的股票而间接拥有了这片土地，然后由 Peoples Realty Company LLC 代持并管理。PRC 将土地出租给农户，并收取一定的租金以分发给投资者作为回报。此外，投资者可在二级市场上出售股票,并有权选择是否继续投资或是出售给房产经纪人。

2013 年 9 月 6 日,大伙投发起的农业项目"鱼菜共生有机生态农场",众筹成功,融资金额达 30 万元,是早期国内农业众筹典型项目。

2014 年为我国的众筹元年,农业众筹也如此。多家众筹平台频繁发起农业众筹项目,农业众筹发展迅猛。

2014 年与 2015 年农业众筹快速发展,这与国家出台一系列农业政策,解决农业项目众筹所关注的电商、融资、物流、配送等问题紧密相关。

2014 年与 2015 年出台的农业政策包括:

(1) 2014 年中央一号文件

鼓励有条件的农户流转承包土地的经营权,加快健全土地经营权流转市场,完善县乡村三级服务和管理网络。鼓励发展专业合作、股份合作等多种形式的农民合作社,引导规范运行,着力加强能力建设。

(2) 2014 年 2 月,农业部下发《关于促进家庭农场发展的指导意见》

从工作指导、土地流转、落实支农惠农政策、强化社会化服务、人才支撑等方面提出了促进家庭农场发展的具体扶持措施。

(3) 2015 年中央一号文件

加快研究出台推进农垦改革发展的政策措施,深化农场企业化、垦区集团化、股权多元化改革,创新行业指导管理体制、企业市场化经营体制、农场经营管理体制。

(4) 2015 年 5 月,商务部制定发布《"互联网 + 流通"行动计划》

推动电子商务进农村,培育农村电商环境;支持电子商务企业开展面向农村地区的电子商务综合服务平台、网络及渠道建设。

(5) 2015 年 8 月 31 日,商务部、发改委、工信部等 19 部门联合出台《关于加快发展农村电子商务的意见》

提高农村物流配送能力;搭建多层次发展平台;加大金融支持力度;加强农村电商人才的培养;规范农村电子商务市场秩序。

(6) 2015 年 10 月十八届五中全会

实施网络强国战略,"互联网 +"行动计划,大力推进农业现代化,加快转变农业发展方式。

(7) 2015 年 10 月 13 日,中央会议通过《关于进一步推进农垦改革发展

的意见》

会议指出,我国农垦是在特定历史条件下为承担国家使命而建立的。推进农垦改革发展,要坚持社会主义市场经济改革方向,坚持政企分开、社企分开,以保障国家粮食安全和重要农产品有效供给为核心,以推进垦区集团化、农场企业化改革为主线,依靠创新驱动,加快转变经济发展方式,推进资源资产整合、产业优化升级,建设现代农业的大基地、大企业、大产业,全面增强内生动力、发展活力、整体实力,发挥现代农业建设的骨干引领作用。要加强党对农垦工作的组织领导,加强农垦资产管理,防止国有资产流失。要按照统筹兼顾、标本兼治、上下联动、点面结合的原则稳步推进。

农业众筹快速发展不但与农业政策密切相关,更有其自身的发展优势。

(1)农业众筹解决农产品安全问题,消除农产品信任危机

农业众筹类型多样,其中较为典型的是投资者参与型,农业众筹投资人可参与到农产品种植中去,对农产品的生长环节全方位了解。农户也可以定期向投资人汇报农产品生长状况,双向互动不仅可解决农产品安全问题,也可消除农产品信任危机。

(2)农业众筹满足农业生产流通融资的需求

通过众筹募集农业经营资金,改善农户因资金不足而疏于管理的状况。同时更多资金投入,可大大增加农户生产积极性。

(3)农业众筹缩短农产品流通链

在现行的农产品市场流通中,农产品从农户到消费者手中需要经过多重环节。农产品首先由农户在产地的批发市场中卖给批发商,然后通过运输商运到销地批发市场的批发商,再通过零售商、超市、农贸市场等最终到达消费者手中。因此,农业众筹可以去掉一些中间流通环节,把最优质的农产品直接从农产地送到消费者手中。可见,农业众筹既可打通农产品销售渠道,为消费者提供优质的产品,也为农户提供增加收入的机会,对消费者与农户来讲,都大有益处。

国家对农业发展的重视,以及农业众筹自身的优势,使得国内众筹平台充分看到了农业发展的美好前景,纷纷参与到农业项目众筹中,由此,国内农业众筹蓬勃兴起,迎来发展机遇。

6.3.2 农业众筹项目分类概况

（1）农业项目众筹类型分类

农业项目多发布在综合型和权益型众筹平台上，但根据农业项目自身的众筹类型可分为股权型、权益型和公益型三种，表6-5统计了2 250个农业项目的众筹类型，从而得出不同众筹类型下的项目概况，其中，因公益型农业项目仅有一个，且目前还处于众筹中，表中不予罗列。

表6-5 农业项目众筹类型分布

项目类型	项目数量	成功项目数	失败项目数	项目成功率（%）	预期融资额（万元）	实际融资额（万元）	融资成功率（%）
股权型	55	21	17	55.26	10 650.00	13 557.80	127.30
权益型	2 194	1 371	156	89.78	11 872.39	17 376.21	146.36

注：预期与实际融资额均根据成功项目统计。

从表6-5中可看出：

① 农业项目多以权益型为主，权益型农业项目有2 194个，约为股权型农业项目的40倍。

② 股权型农业项目成功率和融资成功率都低于权益型农业项目。

③ 股权型农业项目数虽少，但21个成功项目的实际融资总额达到13 557.80万元，而1 371个权益型农业项目的实际融资总额为17 376.21万元。

④ 股权型农业项目平均预期融资额远远高于权益型农业项目平均预期融资额。

（2）农业项目所在地分布

统计了能采集到项目所在地的1 213个农业项目，分别来自31个不同省份。根据不同省份农业项目数从多到少的排序得到表6-6。

表6-6 各地农业项目数量与占比

项目所在地	项目数	项目占比（%）
山 东	127	10.47
北 京	108	8.90
广 东	105	8.66
湖 北	94	7.75

项目所在地	项目数	项目占比(%)
陕 西	64	5.28
福 建	62	5.11
云 南	57	4.70
浙 江	51	4.20
四 川	51	4.20
江 西	48	3.96
广 西	45	3.71
河 北	43	3.54
江 苏	36	2.97
河 南	36	2.97
湖 南	32	2.64
上 海	29	2.39
黑龙江	29	2.39
新 疆	27	2.23
山 西	22	1.81
甘 肃	22	1.81
内蒙古	20	1.65
其 他	105	8.66
总 计	**1 213**	**100.00**

注:将项目数少于 20 的省份合并为其他。

表 6-6 列出了 21 个省份的农业项目数,可从中得出:

① 6 个省份的农业项目占比超过 5%,其中,山东农业项目数最多,占到 10.47%,超过北京。山东农业历史悠久,生产条件优越,劳动力资源丰富,为农业项目的发展创造了得天独厚的条件。

② 不同省份的农业项目相对比较分散,大多数农业项目占比集中在 1%—5% 之间。

6.3.3 农业众筹项目的平台分布

统计了各个农业众筹项目的发布平台,根据平台发布的农业项目数从多到少的排序得到表 6-7。从中可以看到共有 2 250 个农业项目,出现在 88 家众筹平台上,其中有60家平台农业项目数小于6个,表中不予罗列。

表6-7 农业项目的主要发布平台

平台名称	平台所在地	农业项目数	成功项目数	失败项目数	项目成功率(%)	平台类型	是否为农业专业平台
众筹网	北京	834	478	2	99.58	综合型	否
淘宝众筹	浙江	741	559	0	100.00	权益型	否
苏宁众筹	江苏	83	64	0	100.00	权益型	否
点筹金融	广东	79	79	0	100.00	权益型	否
轻松筹	北京	65	0	0	0.00	权益型	否
大家种	北京	51	20	31	39.22	权益型	是
有机有利	山东	32	32	0	100.00	权益型	是
九九众筹	山东	28	11	12	47.83	权益型	否
人人天使	北京	18	16	1	94.12	综合型	否
贷帮众筹	广东	17	5	9	35.71	综合型	否
梦立方	上海	16	2	14	12.50	权益型	否
梦创众筹	广西	15	0	12	0.00	综合型	否
梦想帮	四川	15	7	8	46.67	权益型	否
融e邦	广东	13	7	5	58.33	综合型	否
大伙投	安徽	12	3	9	25.00	股权型	否
凤凰金融	北京	12	10	0	100.00	权益型	否
青橘众筹	上海	12	5	7	41.67	权益型	否
咱们众筹	湖北	11	11	0	100.00	综合型	否
百筹网	上海	10	2	4	33.33	权益型	否
蜂巢众筹	北京	9	0	9	0.00	权益型	是
众筹中原	河南	9	2	4	33.33	权益型	否
点名时间	北京	7	1	6	14.29	权益型	否
66众筹	北京	6	3	0	100.00	综合型	否
博智众筹	云南	6	4	0	80.00	综合型	否
欣生活	北京	6	3	1	75.00	综合型	否
益筹网	重庆	6	1	4	20.00	综合型	否
众创空间	北京	6	6	0	100.00	权益型	否
资本汇	浙江	6	0	0	0.00	股权型	否

表 6-7 中列出了 28 家众筹平台发起的 2 125 个农业项目,从中可看出:

(1) 众筹网和淘宝众筹两个平台的农业项目占到总数的 70.00%(合计 1 575 个),是农业众筹的核心平台。其中排在第一的众筹网上的农业项目占总数的 37.07%,其龙头地位显而易见。

(2) 农业项目多发布在权益型和综合型平台而非股权型平台,在 28 家众筹平台中,综合型平台有 12 个,权益型平台有 14 个,股权型平台有 2 个。从中可看出,农业众筹更热衷于权益型和综合型平台。

(3) 项目成功率定义为"平台上所有成功的项目数除以成功项目数与失败项目数之和",该指标反映了平台的众筹能力。其中有 8 个平台的项目成功率达到了 100%,反映出这 8 个平台具有较强的农业众筹能力,而蜂巢众筹发起的 9 个农业项目都以众筹失败告终,说明蜂巢众筹的农业众筹能力相对较弱。

(4) 农业专业平台发展缓慢,表中农业专业平台仅有 3 个,其中作为农业专业平台的大家种和蜂巢众筹大多数项目已失败。

(5) 有机有利是农业专业平台中发展较好的,到目前为止,项目成功率为 100%,属于权益型众筹平台,平台所在地是山东,而山东是农业大省,农产品多样,为有机有利发展农业众筹提供了诸多便利。

(6) 众筹网农业项目数超过淘宝众筹,至 2015 年 6 月,众筹网发布农业项目总数位居第二,淘宝众筹第一,而 12 月统计数据显示,众筹网已发布 834 个农业项目,而淘宝众筹发布 741 个农业项目,众筹网已领先于淘宝众筹。可见,在 2015 年下半年,众筹网农业众筹发展迅猛。

(7) 2015 年 6 月的数据显示,仅有 20 家众筹平台发起农业项目,而 2015 年下半年,发起农业项目的众筹平台达到 88 家,可见,2015 年多家众筹平台开始进入农业这一细分市场。

(8) 部分项目受到投资人的热捧,如淘宝众筹发布的农业项目"挪威冰鲜三文鱼 500 g/份 挪威驻上海商务领事推荐",众筹 5 天就已大大超额完成预期筹集资金,已筹比例高达 10 034.00%,支持者达 5 017 人,此项目众筹周期短,筹集金额完成率高,说明该项目受到支持者的强烈拥护。

6.3.4 农业众筹项目融资情况

本研究中将融资成功率定义为"成功项目的实际融资额与预期融资额的

比值"。该指标用来衡量众筹平台项目的实际融资能力。在采集到的61家众筹平台的1383个农业成功项目中,对众筹平台成功项目的预期融资额和实际融资额进行统计,从而得到各众筹平台的融资成功率,如表6-8所示。

表 6-8　农业众筹平台融资分布

平台名称	预期融资额(万元)	实际融资额(万元)	融资成功率(%)
淘宝众筹	2 818.81	6 628.07	235.14
环杉众筹	5 216.70	5 516.48	105.75
投行圈	2 375.00	4 150.00	174.74
众筹网	1 191.22	2 327.46	195.38
众投邦	2 000.00	2 200.00	110.00
点筹金融	2 031.85	2 031.85	100.00
总裁汇	1 300.00	1 618.00	124.46
原始会	1 438.00	1 438.00	100.00
小蝌蚪	1 000.00	1 000.00	100.00
爱就投	450.00	777.00	172.67
大伙投	680.00	768.60	113.03
中证众创	550.00	640.50	116.45
苏宁众筹	170.90	431.65	252.57
浙里融	300.00	374.00	124.67
蜂窝合投	200.00	200.00	100.00
牛投网	200.00	200.00	100.00
九九众筹	38.00	118.06	310.68
爱创业	96.00	96.00	100.00
聚募网	60.00	94.70	157.83
大家种	39.27	60.91	155.11
咖啡时刻	6.00	32.58	543.00
有机有利	27.17	31.19	114.80
平安众＋	25.00	25.00	100.00
易筹网	19.80	20.59	103.99
领筹网	20.18	20.18	100.00
众筹天下	15.00	15.30	102.00
青橘众筹	11.80	12.26	103.90
小喇叭众筹	11.96	12.22	102.17
博智众筹	11.24	11.41	101.51
凤凰金融	1.00	6.41	641.00

平台名称	预期融资额（万元）	实际融资额（万元）	融资成功率（%）
乐共享众筹	5.08	5.18	101.97
开始众筹	5.00	5.05	101.00
贷帮众筹	3.30	4.26	129.09
众创空间	3.40	4.06	119.41
京东众筹	2.50	3.95	158.00
天下众筹	1.30	3.45	265.38
融 e 邦	3.00	3.03	101.00
洲际联合	3.00	3.00	100.00
中易云筹	0.80	2.02	252.50
人人天使	1.26	1.87	148.41
木兰创投	1.70	1.75	102.94
小树众筹	1.30	1.70	130.77
互利网巨人众筹	1.40	1.66	118.57
咱们众筹	1.00	1.61	161.00
梦想帮	1.14	1.31	114.91
益筹网	1.00	1.17	117.00
点名时间	0.30	1.10	366.67
88 聚投	1.00	1.00	100.00
贝咖网	0.50	0.97	194.00
66 众筹	0.60	0.84	140.00
陕众筹	0.70	0.80	114.29
百筹网	0.40	0.79	197.50
梦立方	0.50	0.65	130.00
欣生活	0.50	0.58	116.00
欢聚时光	0.30	0.40	133.33
金果树	0.30	0.38	126.67
红牛金服	0.30	0.30	100.00
筹趣网	0.25	0.28	112.00
众筹中原	0.032	0.034	106.25
58 众筹网	0.030	0.031	103.33
希望筹	0.000 04	0.000 04	100.00

注：以实际融资额排名。

从表6-8中可看出：

（1）不同众筹平台的融资效果差异较大。如凤凰金融农业成功项目中，预期融资总额是1.00万元，而实际融资总额是6.41万元，实际融资额是预期融资额的641.00%。但大多数平台成功项目的实际融资额与预期融资额之比，即融资成功率在100%—200%之间。

（2）多数众筹平台实际融资金额较小。实际融资额大于或等于1 000万元的众筹平台仅有9个，而实际融资额小于100万元的众筹平台有44个，占平台总数的72.13%。

（3）不同众筹平台的实际融资金额差异较大。淘宝众筹的实际融资额达6 628.07万元，而希望筹的实际融资额仅有0.4元。

（4）大多数众筹平台农业项目的实际融资能力较弱。农业众筹融资成功率大于200%的平台仅有8个，而融资成功率小于200%的占86.89%。

6.3.5 农业众筹项目的类目分布

将可分类的1 345个农业众筹成功项目分为六类，具体类目如下：绿色食品、农业养殖、生态农场、休闲旅游、农业科技、绿色植被。其中绿色食品类目主要包括绿色、有机、无公害农产品，新鲜水果，有机无公害蔬菜以及肉类乳类产品等；而农业养殖类包含肉类产品养殖、鱼类产品养殖等项目；生态农场与休闲旅游类目是指以生产绿色食品为前提的，消费者自我耕种或采摘的体验型农业项目；农业科技类是为种植绿色食品服务的项目；绿色植被类是指花卉种植、盆栽认领、植树造林等农业项目。六个类目下的成功项目数、融资总额及典型成功项目见表6-9。

表6-9　农业众筹项目类目分布

项目分类	成功项目数	融资额（万元）	典型成功项目（发布平台）
绿色食品	1 205	20 325.87	项目名称：中国最香大米——黑土地五常稻花香大米（众筹网） 项目特色：它以大米含有微量元素，有益健康为特色，根据投资金额多少决定投资人所拥有的大米量。此项目在众筹网已发起两期众筹，都取得成功。
农业养殖	82	5 685.47	项目名称：跟随舌尖上的中国寻找正宗农家烟熏腊香肠土腊肉（淘宝众筹） 项目特色：以山林放养，无饲料添加，保证土猪食物的安全性为特色，土腊肉回报给投资人的方式，深受投资人青睐。

项目分类	成功项目数	融资额(万元)	典型成功项目(发布平台)
生态农场	35	946.01	项目名称:众筹你与宝贝的小确幸,打造孩子的专属菜园(众筹网) 项目特色:以孩子为出发点,打造宝贝的专属菜园作为项目特色,因家庭共同参与,有益家庭和睦与团结;宝贝享受田园乐趣,感受劳动艰辛为主推方向,吸引了大量投资人。
绿色植被	14	1 056.35	项目名称:水域山沙棘汁——为草原荒漠化治理出力,收获健康美丽(众筹网) 项目特色:种沙棘树还大草原白云蓝天。这是一个权益与公益相结合的农业众筹项目,为内蒙古蓝天白云绿草众筹,通过沙棘产品的研发、生产与销售,将所得的一部分收益用于扩大沙棘林的种植,从而使企业发展实现经济利益与社会利益的统一。
农业科技	5	1 138.00	项目名称:杭州宅耕农业科技有限公司(蜂窝合投) 项目特色:宅耕科技拥有多项发明专利,其中iGrow全自动植物生长机是全球范围内种植效果最好、植物生长速度最快、适配植物品种最广泛的室内智能种植机。同时,宅耕公司在利用智能科技的基础上,提升用户体验,开启家庭微农业时代。该公司受到投资人的信赖,已实际融资200万元,是农业众筹高融资额项目之一。
休闲旅游	4	52.43	项目名称:山东沂南林海花田圆您乡村田园梦(众筹网) 项目特色:以打造体验式乡村田园项目为特色,让更多都市人享受快意休闲田园生活为目的,将乡村发展为休闲旅游场所的农业众筹项目,既增加农民收入,又使都市人得到放松。

注:以成功项目数排名。

从表6-9可以看出:

(1)绿色食品类目下,成功项目数遥遥领先,有1 205个成功项目,占总成功项目数的89.59%。

(2)农业科技类目下,仅有5个成功项目,但融资总额却有1 138.00万元,六个类目中,成功项目平均融资额最高。

(3)从成功项目数量上可看出农业类目发展的不平衡性,绿色食品类目发展迅猛,而农业科技和休闲旅游两个农业类目,发展水平相对较低。

6.3.6 不同融资金额区间的项目数分布

统计了 1 383 个农业众筹成功项目,然后提取了预期融资额与实际融资额这两项指标,对它们所含的项目数进行统计,如表 6-10 所示。

表 6-10 农业众筹预期融资额项目分布

预期融资额(万元)	≤0.1	0.1—0.5	0.5—1	1—5	5—10	10—20	20—100	>100
项目数	123	314	280	383	142	48	72	21

注:等号在右侧,示例 1—5 代表大于 1 且小于等于 5。

表 6-11 农业众筹实际融资额项目分布

实际融资额(万元)	≤0.1	0.1—0.5	0.5—1	1—5	5—10	10—20	20—100	>100
项目数	25	246	128	415	236	187	113	33

注:等号在右侧,示例 1—5 代表大于 1 且小于等于 5。

从两表中可发现:

(1) 众筹平台发布项目的预期融资额反映了众筹的规模。对不同预期融资额进行区间统计,发现多数项目的预期融资额在 5 万元及以下,89.80% 的项目预期融资额在 10 万元及以下。这反映了目前农业众筹仍处于发展的初级阶段,众筹规模相对较小。

(2) 对不同实际融资额进行区间统计,发现已筹集金额在 1—10 万元(包括 10 万元)的项目数较多,有 651 个,1 万元以下的项目数次之,有 399 个,在 10—100 万元(包括 100 万元)的项目数相对较少,有 300 个,大于 100 万元的项目数更少,仅有 33 个。目前,我国农业众筹虽然在项目总数上发展迅猛,但从项目实际融资额分布可看出,我国农业众筹仍处于发展的初级阶段,与预期融资额区间分布所得结论一致。

(3) 比较成功项目预期融资额区间分布和实际融资额区间分布,两者表现出类似的特征,即大多数项目的融资额较低,只是前者在 0—1 万元之间的项目数量较多,而后者是 1—10 万元的项目数量较多。

(4) 12 个农业众筹项目的实际融资额达到 500 万元以上,最高的实际融资额为 4551.8 万元,此项目是由综合型众筹平台环杉众筹发起的,项目名称为"祁门红茶 2 期—中国红茶皇后",主打养生,可生津解热,养胃护胃,延缓衰老。此项目支持者达2 069人,深受广大支持者的信赖。

6.3.7 小结

通过数据统计与分析发现,从农业项目数量上看,众筹网和淘宝众筹是农业众筹的主要平台;从融资额角度看,淘宝众筹的实际融资额遥遥领先于其他农业众筹平台;从融资成功率上看,凤凰金融融资成功率最高,达到600%以上,但其实际融资额并不高;从农业众筹项目的类目分布来看,绿色食品是农业项目的核心类目,农业科技类目下项目数虽少,但平均融资额最高。

国内农业众筹的发展离不开国家农业政策的支持,离不开消费者对食品安全的关注,更离不开投资人的大力支持。随着越来越多的众筹平台进入农业这一细分市场,加强对众筹后续工作的监管,建立有效的监督机制,对农业众筹的长远发展至关重要。

目前,众筹平台发布的农业项目数量增长迅速,但在发展过程中不容忽视的是广大农民的利益。农民位于农业众筹项目发展链的最底端,但却是依靠农业收入为生的主要人群。因此在农业众筹项目中充分考虑保障农民利益,缩小城乡差距非常重要。既可以满足投资者权益,又可以为农民谋福利,这才是农业众筹长远发展之计。

6.4 实体场所

6.4.1 实体场所众筹的涵义

实体店铺是当下备受关注的众筹细分市场之一,店铺形态一般包括:餐厅、咖啡馆、酒吧、酒店等。而实体场所众筹是指众筹平台上发布的为店铺、工作室、创意空间、休闲中心等实体场所的创建、扩建或开分店而进行的众筹项目,概念范围更广,更能体现众筹项目的特征,因此用实体场所来表示。互联网金融+实体店是实体场所众筹的核心模式,这种模式不仅帮助众多的中小微企业缓解了融资难等问题,而且推动了实体经济的发展。随着Internet的发展和电子商务的出现,越来越多的人选择在网上开店铺或者进行购物,这对传统实体店铺来说是一种新的挑战。但是对于传统服务的项目还是需要实体场所来完成,而越来越多的实体场所项目不再拘泥于传统,一些创意手工工坊、艺术客栈众筹和特色美食的实体场所也会得到消费者和投资者的青睐。实体场所众筹让我们看到的更多的是众筹开店梦想,它吸引一些热血沸腾的创业股东完成他们的开店梦。速途网曾发表"屌丝也能当老板,实体众筹初现江湖"的报道,该文介绍了实体消费行业内成立最早的众筹平台人人投,它于2014年年初上线,截至2015年年底,成功众筹近300个项目,拥有270万登记投资者,98亿元预约众筹金额。短短14个月,项目总计完成7亿元众筹金额,人人投的市场估值已突破20亿元人民币。

6.4.2 实体场所项目的众筹平台

仅仅一年的时间,已有多家众筹平台将自己的细分市场定在实体场所,还有些平台正在调研进入该市场的可行性。以下数据反映了实体场所众筹发展的基本情况。

通过工具采集了241家众筹平台上发布的项目,提取其中实体场所项目,发现截至2015年12月31日共有98家众筹平台有实体场所项目,统计得到各个平台实体场所项目数量为822个,表6-12展示了实体场所数量前10家众筹平台的概况。其项目数量占到总数的67.64%(合计556个),是实体场所众筹项目的核心融资平台。其中排在第一的人人投的项目占总数的33.82%,其龙头地位显而易见。

表6-12　发布实体场所项目的平台排名

排名	平台名称	平台类型	实体场所项目数量
1	人人投	股权型	278
2	众筹网	综合型	89
3	众投天地	股权型	51
4	点名时间	权益型	30
5	众筹客	股权型	27
6	众众投	股权型	25
7	聚天下	股权型	17
8	洪七公	股权型	16
9	抱团投众筹网	股权型	12
10	大伙投	股权型	11

6.4.3 实体店铺项目的专业平台

表 6-12 中给出了有实体场所项目的众筹平台及其排名,其实许多网站并非专业的实体店铺投资平台。822 个实体场所项目类型中既有股权型也有权益型的(以股权型为主),而点名时间和众筹网等网站中的实体场所项目几乎都是权益型的。调研发现,股权型的实体场所众筹需求旺盛,因此,2015年多家平台开始进入这一细分市场,虽然多个平台上仅有几个项目,但这些平台上,都明确地表明自己:"专注于实体商业股权众筹专业平台"、"首批实体商业股权众筹专业平台"、"连锁店众筹专家"、"投资中国好店铺"。汇梦公社和多彩投则是切入到更加细分的领域:"餐饮业的股权众筹平台"和"旅游客栈的股权众筹"。为此,表 6-13 列出了这类实体商业股权众筹专业平台,同时也列出了平台发布的项目数及当前发展的状况。

表 6-13 实体商业股权众筹专业平台发展现状

实体商业股权众筹专业平台	实体场所项目数	发 展 现 状
人人投	278	2014 年 2 月 15 日上线,所有项目均为实体店铺。人人投是一家私募股权众筹平台,在国内实体大消费行业内,成立最早,用户最多,增长最快,规模最大。
众筹客	27	众筹客承诺为投资人找到身边可信的品牌商家,让投资人获得安全的、稳定的、长期的股权高回报,合伙创业乐享股东特权。平台于 2015 年 3 月上线,平台成功项目 21 个,众筹中项目 6 个。
众众投	25	2014 年 12 月 31 日审核通过的平台,口号是连锁店众筹专家,众众投愿景是成为全球连锁众筹第一品牌。从 2015 年 3 月开始众众投团队开始筹备组建,布局连锁实体店股权投资。
汇梦公社	8	汇梦公社专注于餐饮众筹行业的 O2O 化,每一个餐饮项目的股东,都会定期获得自己投资店铺内的消费券(每月返还投资金额的 1%),消费券可用于店内消费,可以转让,股东可以使用消费券带自己的亲朋好友到店消费,既保证了股东的权益,也给自己投资的店铺带来客流量和知名度。目前只有 8 个项目成功,4 个在预热中。
人人合伙	8	人人合伙是专注于实体店铺及优质项目股权融资的网络平台,于 2015 年 4 月上线,成功 7 个项目,融资项目 1 个,预热 24 个项目。现已在全国建立了 15 家分支机构,并计划在 2015 年发展到近百家分支机构,业务范围覆盖国内主要省市。
多彩投	6	多彩投专注于新型空间众筹的线上平台产品,涵盖青年公寓、联合办公、民宿客栈三种业态,从居家到工作,再到休闲度假,为有情怀、爱自由的人众筹理想空间。目前成功 4 个项目,2 个项目在筹集中。
上亿投	5	上亿投是专注于实体店铺的股权融资平台,主要融资领域包括餐饮、休闲娱乐、生活服务、教育培训等,为中小型实体企业、实体店铺融资开分店,是为草根天使投资人寻找优质实体项目的价值平台。于 2015 年 6 月上线,口号是:投资中国好店铺。

表 6-13 显示,除了人人投是较早上线的专业平台以外,其他平台上线的时间还很短,人人投已成为实体商业股权众筹第一专业平台,其业绩远远超过其他平台。此外,众众投和众筹客平台发展势头很好,而其他平台多是2015 年刚上线的平台,平台上项目少,成功的项目也少。尽管如此,我们仍看好这个市场,因为这个相对庞大的市场,众筹平台还很少。目前,人人投已有 124 个城市分站上线,通过在全国各地设立分站寻找项目,也说明这一市场的潜力。另外,实体店铺扩张具有共性,有利于平台进行标准化服务,该领域平台的竞争很大程度取决于服务的质量。众筹平台蓬勃发展,发展的过程也是试错的过程。从实体商业股权众筹专业平台的发展我们可以看到,一些平台开始专注于细分市场,专注意味着专业化,专业化意味着标准化,标准化则意味着效率,在投后管理缺失成为众筹发展瓶颈的今天,专业化就是平台的核心竞争力。

6.4.4 从数据上看实体场所

(1) 项目融资情况

截至 2015 年 12 月 31 日,共有在线实体场所众筹项目 822 个。其中,已成功项目为 590 个,占比 71.78%;众筹中项目为 149 个,占比 18.13%;已败项目为 83 个,占比 10.10%。已成功项目的预期融资金额合计 87 545.67万元,实际融资金额合计 93 083.17 万元,融资成功率为 106.33%;众筹中项

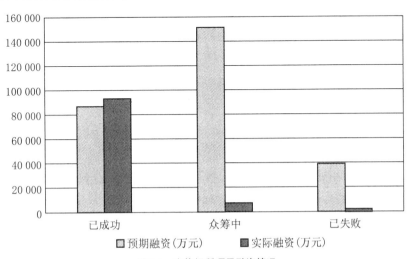

图 6-9　实体场所项目融资情况

目的预期融资金额合计151 207.46万元,实际融资金额合计7 275.24万元;已失败项目预期融资金额合计39 223.28万元,实际融资金额为1 553.59万元。

从成功项目数的占比率及其融资总额来看,实体场所众筹已经取得了不错的成绩,从成功的项目来看餐厅和酒店是成功项目的主流方向。

(2)项目所在地分布情况

除去未标明实体场所项目所在地的75个项目之外,统计出有所在地数据的实体场所项目数为747个。实体场所不同于其他项目,具有空间限制。从项目所在地来看,北京、山东、广东、上海和河南领先于其他省份,项目数分别为96、55、50、28、26,共计255个项目,占总项目数的34.14%。由此看来,消费水平高和人口密度大的城市往往是项目所在地集中的城市。由图6-10看出,虽然实体场所项目所在地分布不均匀,但是覆盖范围极广。即使是虚拟店铺盛行也无法阻挡消费者对实体场所的需求。

图6-10 实体场所项目所在地分布情况

(3)成功项目预期融资区间概况

在822个实体场所众筹项目里统计出成功项目的数量为590个,成功项目的预期融资区间在(0，50]（单位为万元）的实体场所众筹项目为 231 个，占比 39.15％；(50，500]的项目数为 333 个，占比 56.44％；(500，1 000]项目数为 18，占比 3.05％；而预期融资大于 1 000 万元的实体场所众筹项目数量仅为 8 个。由此看来，实体场所项目预期融资为(50，500]的项目数最多，集中了一半以上的项目。而实体场所项目一般是初创型企业，没有形成一定的品牌效应，投资者会考虑到投资风险问题，谨慎选择预期融资额较大的项目。而那些有自己差异化特色以及预期融资在(50，500]的项目往往是他们的首选。

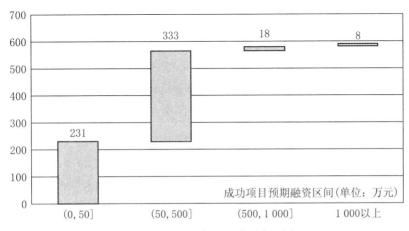

图 6-11　实体场所成功项目预期融资区间概况

6.4.5　小结

自 2014 年 2 月，国内首家提出实体场所股权众筹的平台人人投正式上线以后，实体场所股权众筹这种模式迅速被广大的中小实体企业、创业者及大众草根投资人所认可。而如今，除人人投实体场所股权众筹平台外，已有数十家实体场所运营模式的众筹平台相继出现，并且不断地有平台参与其中。看来，在未来很长一段时间内，实体场所股权众筹模式将会继续保持火热局面。

6.5　游戏众筹

6.5.1　游戏众筹背景

2014 年我国游戏市场年销售收入已经突破千亿元，2015 年全球游戏市场总值达到915亿美元,其中中国游戏市场达到222亿美元(折合人民币1 376亿元),成为全球最大的游戏市场,中国的游戏产业正以出乎意料的发展速度迈向国际一线。2015年上半年,单移动游戏用户数量就高达3.66亿,对比6.49亿的网民规模,占有率已经过半。再加上游戏新兴细分市场的火爆,游戏市场具有巨大的潜力,游戏行业也越来越被投资人所青睐。

一方面行业的高速发展带动了一大批相关的从业人员,除了游戏行业的巨头,还有数以万计的中小游戏工作室,其中有一部分创业者很有创意然而却缺乏资金支持和合适的融资渠道,他们希望能有一种好的融资方式筹集资金以完成创作。在传统游戏产业中,一般由发行方提供游戏的制作费用,工作室相当于替发行商打工,玩家为游戏支付的费用中,开发者只能获得不足10%的分成,大部分被发行商和零售商拿走,其他则用于支付分销费用、平台权利金等。这种模式对游戏开发者的创作积极性造成了不好的影响;另一方面市场规模越做越大,也引起了一系列的问题:产业发展不平衡、不追求产品的独特性、抄袭山寨等,这些更进一步的使我国游戏产业出现产品单一、产品同质化现象严重、缺乏自主研究和创新能力,这背后和游戏行业单一的融资方式不无关系,而以往的游戏厂商往往依赖于大公司的资金支持,其融资门槛相对较高,使得很大一部分中小厂商竞争压力大、缺乏发展机会。

如今众筹被各行各业所重视起来,房地产、电影、出版等行业纷纷开始在众筹网站上发布项目,试图通过众筹完成行业转型。游戏行业也紧跟步伐,开启了游戏众筹的模式。游戏众筹即游戏开发者在众筹网站上发起项目,通过展示游戏计划和设定相应回报向大众筹集资金,如果在设定的时间内,资助款达到预期数额,这笔资金将用于工作室研发游戏,而投资人通过投资项目获得相应回报。

目前国内的游戏众筹主要有两种回报方式:

权益众筹:游戏项目在平台发布后,支持人可以选择相应的支持金额来支持自己喜欢的项目,项目方在众筹完成后给予支持人具有一定价值的纪念品、私人定制、游戏内回报或游戏道具预售优先权等。游戏产品的权益众筹类似预售,在产品正式推出前,让玩家先花钱购买。考虑到玩家经济状况和对项目支持程度的不同,通常一个众筹项目都会设置几个不同的"投资档位",随着档位的递增,获得的回报也越加丰厚。

股权众筹:此模式即投资人对自己喜欢的游戏项目进行股权投资,其中有一位领投人和多位跟投人,根据自己投资的金额数目和项目方出让股权的比例进行股份分配,并在线下办理投资协议签订、有限合伙企业成立、工商变更等手续,众筹完成后投资人占有该游戏项目的股权正式生效,并根据相关法律法规享有相应的股东权利和义务。游戏众筹让游戏开发者直接与投资者实现对接,最大程度地维护了游戏开发者的利益。

6.5.2 国内游戏众筹发展概况

(1) 主要发布平台

目前国内主要的游戏众筹平台有摩点网、游戏筹、筹趣网。其中摩点网是国内首个游戏动漫众筹平台,其平台上游戏众筹项目数量最多,主要众筹类型是权益型众筹;筹趣网是专注于游戏众筹的网站,包含权益型众筹和股权型众筹;游戏筹专注于做游戏领域的股权众筹,截至 2015 年 12 月 31 日已上线项目 123 个。

通过工具采集了 241 家众筹平台上发布的项目,提取其中的游戏众筹项目共计 458 个,主要的平台分布情况如图 6-12 所示。其中摩点网、游戏筹、筹趣网三大平台的项目就占到总数的 75.98%(合计 348 个)。排在第一的摩点网上的项目数占总数的 40.39%,毫无疑问是游戏众筹领域的龙头。

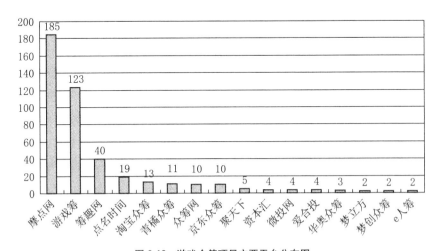

图 6-12 游戏众筹项目主要平台分布图

（2）主要平台项目完成情况

目前国内的游戏众筹项目主要集中在摩点网、游戏筹、筹趣网、点名时间、淘宝众筹、青橘众筹等平台上，截至 2015 年 12 月 31 日，以上主要发布平台的项目完成情况如图 6-13 所示，从图中可以看出摩点网项目总数最多，但其成功项目数低于失败项目数，项目成功率仅为 44.83%；筹趣网和淘宝众筹的项目总数虽然不及摩点网，但项目成功率较高，分别为 64.10% 和 100%；而游戏筹上发布的 123 个股权众筹项目均处于众筹中。

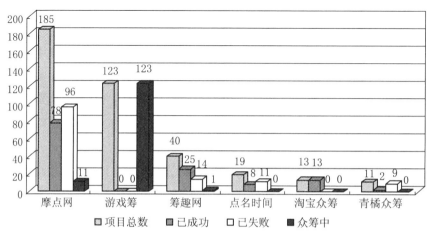

图 6-13　游戏众筹主要平台项目完成情况

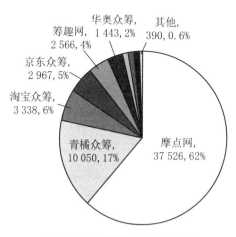

图 6-14　平台活跃投资人数分布图

（3）平台投资人数分布

统计游戏众筹项目主要发布平台项目的投资总人数，经汇总得到平台活跃投资人数分布图（图 6-14）。根据众筹平台活跃人数图可以看出，摩点网活跃人数远远高于其他平台，其次有青橘众筹、淘宝众筹、京东众筹和筹趣网，这 5 家众筹平台游戏众筹项目的总投资人次都在 2 000 以上。

（4）游戏众筹项目情况

截至 2015 年 12 月 31 日，我国游戏众筹项目共有 458 个，其中 147 个项目尚在众筹中，已成功项目 169 个，已失败项目 142 个，项目成功率为 54.34％。据数据显示，游戏众筹项目中权益类项目 305 个，已成功筹集资金 1 119.40 万元，股权类项目 153 个，已成功筹集资金 7 799.15 万元。从图 6-15 和图 6-16 可以看出，权益型众筹的项目数量高于股权型众筹的项目数量，但前者预期融资额却远远低于后者，这也是由于权益众筹项目大部分融资金额较低，平均每个项目的预期融资额只有 4 万元左右，而股权型众筹每个项目的预期融资额却达到了 357 万元。虽然权益型众筹预期融资额低于股权，但其融资完成率却达到了 97.61％，远远高于股权型众筹的 14.26％。目前我国游戏类项目众筹资金数额最高的是微投网的云游科技项目，共筹得 1 350 万元。

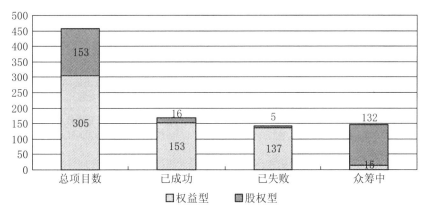

图 6-15　游戏众筹项目完成情况

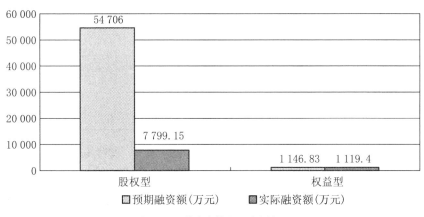

图 6-16　游戏众筹项目融资情况

6.5.3　游戏众筹项目类型

游戏分为电子游戏和非电子游戏,电子游戏根据媒介的不同多分为五种:电脑游戏、主机游戏(或称家用机游戏、电视游戏)、掌机游戏、街机游戏和移动游戏(主要是手机游戏);非电子游戏是指诸如棋类、桌游、运动以及密室逃脱这类给予现实的游戏。现如今游戏产业是一个庞大的产业,拥有一整套的产业链,所以游戏众筹不仅仅包括电子及非电子游戏,也包括游戏产业生态圈中的增值产业,如电竞联赛、游戏周边产品、游戏平台、针对游戏的新媒体及服务等。对采集的游戏众筹项目数据进行处理、分析后将游戏众筹的项目归纳为 7 大类,如表 6-14 所示。

表 6-14　游戏众筹项目类型表

项目类型	项目举例(发起平台)
电脑游戏、主机游戏、掌机游戏、街机游戏和移动游戏	20 天的生死决断——《魔族纪元 Online》(摩点网) 什么什么大冒险(2 服萌宠计划)开放众筹(众筹网)
桌游、卡牌游戏	北美超火桌面角色扮演游戏《祸不单行(Fiasco)》授权出版(摩点网) 有爱又有策略的原创桌游《MIAO! 决战旺星》(淘宝众筹)
电竞联赛	《I联赛》ImbaTV 出品——国内首个众筹模式 DOTA2 电竞联赛(摩点网) 第二届 I 联赛—ImbaTV 出品——国内首个众筹模式 DOTA2 电竞联赛(摩点网) 第三届 I 联赛—ImbaTV 出品——国内首个众筹模式 DOTA2 电竞联赛(摩点网) 魔兽世界第五届竞时代杯战神赛(摩点网)
游戏周边产品	金庸迷的庆典"神雕侠侣"手游周年庆纪念礼包限量感恩回馈(摩点网) TIMEBOX 电视游戏机(京东众筹) 新游无线游戏手柄(京东众筹) 游戏手办——[私人定制]《DOTA2》屠夫手办尺寸史无前例(淘宝众筹)
户外游戏	ER 跑男召唤你撕名牌!(梦立方)
针对游戏的新媒体及服务	苏州政府扶持传媒项目"游戏版光线传媒"(天使基金网) 电子竞技网(爱就投)
游戏平台	电玩中国游戏平台(爱合投) 白金岛——最受欢迎的文化游戏互动平台(众投邦)

游戏类众筹里面,最火爆的当属电竞比赛奖金类。近两年我国的电子竞技事业高速发展,每年要进行很多场电竞比赛,电竞联赛众筹应运而生,I 联赛、DOTA2 电竞联赛第二届 I 联赛及第三届 I 联赛在摩点网发起众筹并且大获成功。例如"DOTA2"自从 2014 年 TI4 采用了众筹模式向粉丝征集赛

会奖金之后，一举超过 1 000 万美元，仅冠军 Newbee 战队获得的奖金就超过500 万美元，几乎是 TI3 奖金总额的两倍，2015 年 TI5 更是通过众筹使奖金数额超过 1 500 万美元，创下历史新纪录。而这样的模式很快被引入国内，几届 I 联赛通过众筹获得的奖金数额接连创下国内游戏类众筹项目的新高。其中 I 联赛预期融资 100 万元，实际融资 169 万元，融资成功率达到了169％，支持者达 3 896 人，显示出了电竞联赛对游戏玩家的强大吸引力，其众筹回报方式通常根据投资人投资金额的不同分为入场门票、入场门票＋游戏套装、入场门票＋游戏套装＋纪念品、入场门票＋游戏套装＋纪念品＋线下互动等几个等级。众筹打破了电竞比赛奖金由主办方全权负责的赛事惯例，有效调动起庞大粉丝群的参与度和消费能力，既能扩大电竞比赛的影响力，又能为众筹平台本身提供流量支持，可以说是一举多得。

　　游戏产业的高速发展自然带动了游戏媒体的发展，天使基金网上由苏州政府扶持的传媒项目"游戏版光线传媒"与爱就投的"电子竞技网"项目，就是专门为游戏服务的媒体项目。目前游戏市场的主流是网游与手游，随着智能手机的普及，手游近几年呈蓬勃发展之势。数据显示，53.50％的手机网民会关注手游市场的行业动态、产品发布和公司、名人等资讯，手游作为重要的娱乐元素受到手机网民的关注。游戏众筹项目中，手游众筹与网游众筹各占了很大一部分比重。

6.5.4　游戏众筹模式

（1）游戏尚未开发或是"重制游戏"

这种模式的游戏众筹项目发起者往往是中小工作室，也就是我们常说的草根创业者。他们发起的众筹项目分为两种：一种是完全尚未开发，即只有一个创意和设计，通过在平台上展示项目筹集资金，以一定的股权或是游戏内道具、游戏内奖励等作为回报；另一种就是"重制游戏"，这是由于当初制作团队鉴于经验、技术等原因，发现达不到预期效果，无奈之下放弃制作，但时隔多年，随着技术的进步和成熟，制作团队有能力还原剧本效果，遂在众筹平台上发起众筹，以期得到大家的支持。

（2）游戏已经开发完成，出售游戏道具、游戏内宣传

这类众筹项目的发起者一般是有实力的游戏公司，他们在众筹网站上发

布项目往往是出于以下两个原因:第一,通过预先的游戏内物品及特权预售是对游戏做宣传;第二是为了让玩家参与游戏的制作从而让其有更多的参与感,玩家的选择也会让制作方更好的了解其需求,以玩家需求为导向补充游戏的内容。

（3）众筹引进国外游戏

这类项目的发起者将国外优秀的、可玩性高的、有吸引力的游戏引入国内并发布在众筹平台上,通过展示游戏部分内容并设定相应的回报筹集资金,资金用于对卡牌游戏的汉化及内容补充。例如游人码头休闲娱乐公司,就是一家从事欧美桌面游戏引进的公司。

（4）游戏后期的维护

这类众筹模式是针对此款游戏的现有玩家,项目方通过向这部分玩家筹集资金用于对游戏进行优化并对游戏内容进行补充。这类游戏项目拥有一定的玩家数量,所以在其发起众筹后往往很快就会完成资金的筹集。

6.5.5 存在问题

（1）众筹成功后未实现承诺的回报

对众筹平台中众筹成功的游戏进行跟踪分析,发现很多游戏在众筹成功后,没有按照原先的承诺进行回报,引起了很多投资人的不满。例如游戏众筹项目《冒险与挖矿》在摩点网成功众筹 16 万元,然而后来很多投资人反映他们的回报没有按时发放或者是回报"缺斤少两",有的投资人甚至完全没有得到回报。还有一部分项目在众筹成功一段时间以后完全停止研发,让投资者的投资完全打了水漂,这也反映出游戏众筹后期监管方面的问题。

（2）众筹中的预售现象

由于国内没有合适的游戏销售平台,很多开发者希望以众筹的形式来宣传和销售游戏。游戏众筹原先的本质是设计团队想出创意并设计好方案然后通过众筹的方式筹集资金和建议,接着对游戏进行正式的开发。而国内的很大一部分项目都是游戏已经开发完成了,只是通过众筹平台进行一下宣传,这违背了众筹的初衷、背离其核心宗旨——集众人之力,为小型研发团队提供资金,使其大胆创新,做出好的游戏产品。游戏众筹作为新兴的游戏开发模式,很大程度拯救了业界的创新精神,提供了更加开放和多元的环境给开发者进行创作,并且这一模式未来极有可能成为支撑游戏开发最为重要的方式。但是其风险与一些项目背后带着的不纯活动机,又将是阻碍其顺利发展的因素。

(3)游戏众筹中权益众筹与股权众筹发展不均衡

据数据显示,目前国内的游戏众筹大多是权益众筹,股权众筹只占了很小一部分。权益众筹依赖于投资人的兴趣,在传统的项目投资中,一般投资者都能根据项目今后的前景以及收益获得相应的回报,而在众筹网站里对游戏项目进行投资的投资者完全是没有现金回报的,取而代之的是一些实物或者游戏中虚拟物品的奖励。这种融资方式更依赖于广大网站投资者的个人兴趣。股权众筹更好的弥补了这一点,两者均衡发展更有利于游戏众筹的发展。但是截至 2015 年 12 月底,国内众筹平台发布的 458 个游戏众筹项目中,股权众筹项目仅 153 个,其中成功项目只有 16 个;权益众筹项目有 305 个,成功项目有 153 个。股权型与权益型游戏众筹发展不均衡,主要原因有以下 3 点:①国内目前游戏众筹的股权型项目大多是小制作、小成本的游戏,融资额小、收益少决定了其对投资人的吸引力有限;②游戏的受众大多是学生和白领,这一部分人收入不高,投资意识不够,他们大部分会根据自己的兴趣参加权益类游戏众筹获得相应的礼品、纪念品、私人定制、游戏内回报或游戏道具而很少去投资游戏;③《证券法》与《私募股权众筹融资管理办法(试行)(征求意见稿)》的出台使得投资人的准入门槛变高,很多游戏爱好者因条件不足无法通过审核。

(4)国内专利保护不足

在我国,国家对知识产权的保护力度不够,盗版泛滥,使得企业很难创收,而在众筹的过程中,项目发起人需要在众筹平台上展示自己的项目,需要部分透露自己的创意,这也是最让开发者担忧的地方,担心自己的创意被快速山寨,从而使自己的游戏产品失去竞争优势。所以健全的专利保护制度对游戏众筹的发展有很重要的意义。

(5)国内游戏众筹缺乏包装

目前国内游戏市场很大的一个缺陷就是很多游戏厂商没有意识到个人品牌效应的重要性从而缺乏对制作人的包装,导致出来众筹的工作室缺乏相应的名气,反观国外的游戏众筹项目,其游戏制作团队的名号早已在游戏界名震江湖,比如"莎木3"就是由世嘉(SEGA)的游戏制作人木裕亲自操刀。名人的影响力及众筹号召力也是游戏品质的保证,而国内参与众筹的游戏大多都是名不见经传的小公司或工作室,从统计数据上发现游戏众筹中很多项目的制作团队不仅本身没有强大的背景而且游戏质量也不过关,例如很多项目众筹期间只放出一些简单的概念宣传片,而连最起码的演示视频都没有,这就让玩家更难辨别游戏的可玩性和真实性。

6.6 科技众筹

6.6.1 科技众筹背景

(1)中国科技众筹背景

近年来,随着互联网经济的快速发展,"互联网金融"创新发展模式也有了飞快的进展,尤其是中国的"众筹市场",发展势如破竹。而在这其中,和互联网领域密切相关的科技类众筹产品更是与时俱进、创新连连。从智能穿戴设备,到虚拟现实技术,再到最近非常火爆的智能硬件,科技界的众筹活动已经成为了创业者和投资者们确保启动资金、实现产品生产、推动产品走向市场的新手段。

(2)中国特色的科技众筹

2011年,中国出现了第一批众筹网站。之后,在众筹与中国市场互相交流、改变、融合的过程中,形成了如今中国"电商化"特色的众筹市场。一方面,中国式众筹平台的电商化将众筹的概念引入大众;另一方面,也给中国的创业者们提供了一个流量丰富的预售平台。电商平台入局众筹,把众筹变成了"团购+预售"的模式,却也避免了众筹平台的草莽式发展,从而把众筹变得更加规范。当然,与国外的众筹市场相比来看,创业者们较难找到那些自由出售创意的集资平台了。

无论是京东众筹平台在去年推出的智能硬件创新加速器JD+计划,还是淘宝科技众筹的一站式服务,都可以看出,中国式的众筹平台已从单纯的集资走向创业孵化模式。按照淘宝的介绍,淘宝众筹不只是卖商品,也不只是提供平台众筹融资,商家可以获得一整套的持续性服务,从产品的生产加工、定位包装,到营销,到介入到所有电商平台,到产品的物流解决,到众筹后期的持续运营,再到产品的迭代升级。对于创业者来说,创业的初衷或许只是一个新奇的想法,而对于如何和代工厂谈判,如何营销推广,如何利用高效的电商资源,以及团队的管理和运营,了解甚少;即使通过众筹平台获得了足够的资金,最终也可能因为各种缘由导致项目的失败(全球最大众筹网站Kickstarter的失败项目占比高达50%),而中国一些众筹平台的孵化模式则可以在一定程度上扶持创业者的新项目、新想法,尽可能地规避创新路途中可能遇到的风险与阻碍。

6.6.2 科技众筹项目分类概况

科技类项目产品大多以股权和权益的回报方式进行众筹,而债权和公益类型的众筹项目数量几乎为零。不难理解,科技产品众筹之所以能火热起来,一方面是得益于大众近年来对科技领域的高关注度;另一方面则是因为科技产品大多新奇好玩,符合大众求新求趣的心理,同时科技单品众筹资金适中,还能得到一个真正的实物,对于那些喜欢科技的人来说,众筹无疑是参与到科技创新过程中的好办法。这也是随着时代发展,发起众筹的创业家们抓住了投资者对于科技创新发展的好奇和支持心态而进行的一项互惠互利的投资活动。

表 6-15　科技类股权与权益众筹项目分析

众筹类型	项目数量	项目占比(%)
股权型	836	25.16
权益型	2 487	74.84
总　计	**3 323**	**100.00**

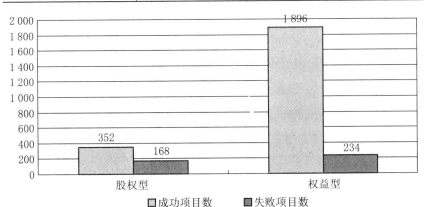

图 6-17　股权型与权益型项目比较

截至 2015 年 12 月 31 日，数据显示在科技类产品众筹市场上，股权型众筹项目仅占 25.16%，余下 74.84% 的项目全部都属于权益型众筹。投资者在对科技类众筹产品进行甄选投资时，产品本身的创意不仅是一大亮点，产品成型的效果也是投资成败的关键，可以说，权益型众筹市场在科技领域的成功也是理所应当的。

6.6.3 科技众筹项目的平台分布

（1）国内科技项目投放平台

在任何一个项目决定进行众筹之前，除了要进行项目的自我定位，了解各个众筹平台的特点与优势也是至关重要的，因此还需要对不同的众筹平台进行甄选，找到适合自己项目、并能够使项目招揽更多融资的平台。尤其是科技类产品众筹，投资人也应该有一个针对性的选择。

从平台采集数据来看，在科技领域，发起人将三千多个科技类众筹项目投放于 124 个众筹平台中，其中有科技类专业众筹平台，自然也有综合型众筹平台。京东以其电商方面的科技影响力，吸引了众多创新创业者和投资者的目光，京东众筹平台下共有 662 个科技类众筹项目，在众多众筹平台中遥遥领先。也就是说，在所有科技类的众筹项目中，有近 20% 的项目在京东众筹平台上进行投融资活动，紧随其后的是以淘宝访问量浏览量为坚实基础的淘宝众筹。

表 6-16　各众筹平台科技类项目统计

平台名称	科技类项目数	项目占比（%）	项目成功率（%）
京东众筹	662	19.92	100.00
淘宝众筹	622	18.72	100.00
众筹网	521	15.68	100.00
点名时间	245	7.37	74.59
资本汇	182	5.48	100.00
青橘众筹	89	2.68	21.84
创客星球	76	2.29	82.61
众投邦	69	2.08	15.15
苏宁众筹	57	1.72	100.00

平台名称	科技类项目数	项目占比（%）	项目成功率（%）
聚天下	38	1.14	100.00
微投网	33	0.99	100.00
大家投	32	0.96	100.00
京东东家	31	0.93	100.00
爱合投	28	0.84	10.71
天使客	28	0.84	89.29
中证众创	26	0.78	36.36
36氪股权投资	24	0.72	100.00
大伙投	24	0.72	54.55
聚募网	23	0.69	100.00
筹道股权	21	0.63	50.00
凤凰金融	21	0.63	100.00
创1网	18	0.54	0.00
融e邦	17	0.51	91.67
梦创众筹	16	0.48	9.09
人人天使	14	0.42	75.00
投行圈	13	0.39	100.00
创业中国	12	0.36	0.00
同筹荟	12	0.36	44.44
智金汇	12	0.36	100.00
海鳖众筹	11	0.33	100.00
默霖国际	11	0.33	0.00
云筹网	11	0.33	100.00
九九众筹	10	0.30	55.56
聚投众筹	10	0.30	20.00
蚂蚁天使	10	0.30	100.00
原始会	10	0.30	100.00
其他88家平台	284	8.55	/
总　　计	3 323	100.00	/

当然,在进行平台的选择决策时,仅仅考虑该平台上科技类项目的数量是远远不够的,因为项目数量多,可能带来一定的竞争风险。因此,在表6-16的最后一列中,还有一个项目成功率的概念(科技类众筹项目的成功项目数,除以成功项目数与失败项目数之和),这一列数据可以反映众筹平台在科技领域的众筹能力。

另外,部分众筹平台的项目占比和项目成功率没有直接的相关性,项目占比的多少并不能说明其项目成功率的高低,因此项目在平台上是否能够众筹成功,需要综合考量平台的各个方面。但总体来说,京东众筹、淘宝众筹和众筹网这三家平台,无论是从科技类项目数量占比,还是从项目成功率来看,都是令创业者、投资人心动的选择。

(2)国外科技项目投放平台

Kickstarter,2009年在美国纽约成立,是一个专为具有创意方案的企业筹资的众筹平台。Kickstarter相信,一个好的创意,通过适当的沟通,是可以快速地广为流传的;同时,集结众人的力量来集结资金与精神上的鼓励,可以让创意家更实际也更有勇气地实践自己的好点子。目前,Kickstarter只在美国、加拿大和英国开放,项目成功率达44%,采用"All or Nothing"的刚性计划,在规定时间未达到预计目标则必须把钱退还给支持者。用户不能以Kickstarter为投资项目来赚钱,只能通过返还实物或者独一无二的经验的方式奖励资助者。

Indiegogo,项目集体融资平台,成立于2008年,总部位于加州旧金山。允许人们在网站上进行创意、慈善和创业公司的众筹,通过汇聚来自世界各地的人们慷慨的资金,提供给中意的艺术事业,或者自己心仪的初创小公司。Indiegogo不希望限定他们的客户类型,没有特定的服务对象,目前已经吸引和聚集了超过196个国家的140 000个项目。与Kickstarter相比,Indiegogo要求比较宽松,客户可以在网站上实施一些Kickstarter上无法启动的项目,但Indiegogo会向达不到目标的项目收取更多的手续费。因此,有人把相对封闭、挑剔和只做精品的Kickstarter比作众筹领域的苹果,而Indiegogo则是来者不拒的安卓。

6.6.4 科技众筹项目融资情况

（1）优质项目

融资成功率为成功项目的实际融资金额与预期融资金额的比值，可以用来衡量众筹平台项目的完成情况及超募程度。将各个平台的众筹数据进行整合，得到平台的融资成功率，前20名平台如下。之后的优质项目分析，将主要在这20个平台中展开。

表6-17　优质项目来源与依据

平台名称	融资成功率（%）	平台名称	融资成功率（%）
点名时间	894.58	众筹网	219.59
京东众筹	724.74	88众筹	211.11
淘宝众筹	574.45	众创空间	198.20
凤凰金融	529.09	陕众筹	186.31
聚投众筹	326.83	创客星球	185.01
益筹网	319.00	创投圈	178.40
苏宁众筹	299.09	去筹网	168.72
九九众筹	280.00	蚂蚁达客	168.30
青橘众筹	278.60	浙里融	152.53
同筹荟	239.36	京东东家	142.92

（2）特征分析

由全国正常运营的两百多家众筹平台上得到的信息，结合之前分析得出的融资成功率等数据，分别整理出热门众筹项目与众筹失败项目，在项目名称、内容和特色三个方面的大致特征。

表6-18　项目特征分析

	热门项目	失败项目
项目名称	简洁易懂，能让投资人看一眼就明白产品的功能和定位	浮夸抽象，描述太形象化，难以知晓项目特征
项目内容	改善生活环境 维护身体健康 智能车载服务 计算机相关硬件	社交软件服务 小型企业股权融资
项目特色	与生活关联较紧密，实用性高 注重品质和质量 符合大众审美，有文艺气息	高端项目定位，实用性低 低端项目定位，没有新意

这是在我国众筹市场上，由已完成的科技类众筹项目归纳出的大致特征，当然也有一些项目可能在细节上有一定的出入，或者随着各类商品的生命周期的改变，热门程度也会有所变动。但整体来说，从"众筹"这一互联网金融发展模式出现以来，所有的众筹活动都以利用互联网促进大众创新、企业发展、带动经济流通、改善生活质量为目的。任何一个众筹项目从一开始的设计，到后来众筹方案的实施，都应牢记这一目标。

（3）国外众筹平台 Indiegogo 经验分享

Indiegogo 分析了超过 29 000 场科技产品的众筹项目，探索在科技界的众筹活动中哪些因素是制胜的关键。下面一共总结出了 8 条经验，供所有参与众筹的人分享。

① 合理安排众筹周期

所有成功募集资金的众筹项目，包括那些进入 InDemand 状态（允许消费者在众筹成功后继续购买该产品）的项目，32.9% 的众筹周期超过 60 天。很自然地，留给项目的时间越长，在活动期间会有更多的人注意到项目，理论上来说会获得更多的资金。不过，作为融资人，应该合理安排自己的众筹周期，事先分析好自己所能分配的资源以及与社区的互动。30 天以下的项目对于筹集资金通常是比较有利的，因为这些时间足够完成项目的运营和维护，并且会给参与者一种"时间有限，先到先得"的感觉。举办一场 30 天以下的活动，在活动进行到一半的时候将时间延长到 60 天，不仅能够有更多的时间来筹资，还不会失去在组织活动中的紧迫节奏感。

② 时常更新活动状态

成功的科技项目融资人会积极与他们的观众进行沟通，以同步更新状态的方式来与大家分享关于产品的新闻、科技报道、提供新功能的介绍、幕后花絮和其他重要信息等。平均来说，成功的科技众筹项目在活动期间至少进行过 12 次的状态更新。让产品投资人能够持续获得产品的最新信息，在众筹的过程中是非常重要的。另外，一个圆满的众筹活动意味着即使在融资成功之后，还会在社区中及时上传关于产品加工、分配和物流等方面的信息。

③ 切忌虎头蛇尾

在参与调研的 29 000 多个科技众筹项目里，不管最终是否成功实现目标，我们发现 39.75% 的资金是在项目开始的前 3 天和最后 3 天筹集的。切记在活动最开始的时候你能够确保在短期内实现30％的融资目标。想要确保众筹成功地完成，一个非常强有力的手段就是为你社区中感兴趣的用户提供"早鸟价"。限量推出"早鸟价"套餐能够刺激支持者们尽早参与投资。最后，切记不要虎头蛇尾，活动的收场也要漂漂亮亮的。建议在众筹进入 InDemand 阶段之后，适当提高产品的预定价格；这样一来之前就已经下手的"早鸟们"通常会觉得自己做了一笔划算的买卖。

④ 提供多样化个性选择

那些比较成功的项目，在最开始的时候向大众推荐的首先是他们的核心产品，等活动进行一段时间之后，再陆续推出新的拓展零配件。最初首先推出主要产品，可以避免出现选择障碍并且了解客户对于主打产品的反应。在活动中期相继推出新的零配件，也是对这些配件的市场接纳度的考核。平均来说，众筹发起者会在发布活动之后陆续添加 9 种新的服务：产品物流方式选择、颜色选择、新的配件等。

⑤ 切忌价格虚高

毫无疑问，众筹活动中的核心科技产品价格应是相对较高的，如果后续推出了新的服务或者配件，在价格方面一定要仔细斟酌。对买家来说，10—30 美金的额外配件价格是他们普遍能接受的。在这样的基础上可以打造非常多不同的特色套餐，吸引更多的买家和用户。

⑥ 重视团队合作

在科技众筹项目中，团队合作的效率比单打独斗高得多。运作一个科技众筹项目就好比是运营你自己的初创公司：你需要有技术员和市场推广人员共同确保产品的成功。在团队中，不同的成员能够提供不同的观点、创意和技术。由于每个成员都有自己的圈子，人脉更加广阔有利于产品推出之后获得成功。

⑦ 精彩视频作用大

产品介绍视频不仅能够让用户更了解产品特点，并且能够让他们更加清楚地了解为什么要参与投资。在视频里你可以展示产品所有的功能和特性，告诉用户如何使用自己的产品，并且向大家介绍产品背后的团队。在制作视频的过程中，你还可以天马行空，用别开生面或者令人印象深刻的方法增加用户的参与度。

⑧ 放眼全球市场

在 Indiegogo 的众筹活动中参与度最高的用户主要来自五个国家：美国、加拿大、澳大利亚、英国和德国。很显然，Indiegogo 在全球范围内都有用户，这也就意味着当你推出一项产品的时候你的市场定位和目标不应该只局限在自己的国家。

在中国现有的众筹市场上，境外用户数量还相当少。当下各平台需要尽早地计划好未来的发展方向：是继续巩固本土化众筹市场，还是拓宽市场进军国际众筹。但无论是平台方、投资者还是融资人，都需要了解：未来几年，中国众筹市场向国际扩张乃是大势所趋。科技类众筹项目，以创新作为明显优势，需要尤其关注国际众筹，不仅为了开拓眼界、激发灵感，也为更好地抢占国际市场先机、在国际众筹市场立足。

6.6.5 科技众筹项目的类目分布

科技类的众筹产品，从硬件到软件，大件到各式智能家居，小件到热门的可穿戴设备，产品内容广泛、五花八门。对采集到的项目数据进行综合整理，将可明确分类的科技类项目以内容分成：软件系统、智能家居、车载用品、电脑硬件、娱乐设备、科技健康、生活用品、环保能源、亲子教育等九个类别。

表 6-19　科技类众筹项目类目分布

类别名称	项目数	成功数	失败数	众筹中	典型示例	来自平台
软件系统	560	230	112	218	i 人事—基于云端和移动端的 HRM 系统	筹道股权
智能家居	277	202	32	43	科沃斯窗宝，告别手工，全自动擦窗机器人来了！	淘宝众筹
车载用品	270	192	33	45	极豆智能车载导航	京东众筹
电脑硬件	229	183	16	30	魔豆路由器 Pro256M 超大内存顶级触屏智能路由	淘宝众筹
娱乐设备	280	185	34	61	葡萄游戏厅智能游戏手柄	京东众筹
科技健康	330	259	23	48	灸大夫家用智能艾灸仪	京东众筹
生活用品	431	315	42	74	55°杯摇一摇变 55 度的魔法水杯	众筹网
环保能源	185	115	30	40	环保型纳米木塑复合材料装饰板材	浙里融
亲子教育	203	142	21	40	漫士博（Meicebo）儿童启智早教机	淘宝众筹

表 6-20　类目数据分析

类别名称	项目成功率(%)	融资成功率(%)
生活用品	88.24	427.61
科技健康	91.84	331.56
智能家居	86.32	297.40
娱乐设备	84.47	270.34
电脑硬件	91.96	266.31
车载用品	85.33	260.34
亲子教育	87.12	189.04
软件系统	67.25	142.63
环保能源	79.31	121.25

　　将项目所属类目与众筹模式进行交叉对比发现,股权型众筹项目大部分都属于软件系统项目,即以软件、平台开发、App、企业项目为主要众筹内容。而在硬件科技产品方面,项目大多数仍是以权益众筹活动展开。这两种项目分类维度截然不同,但二者之间的关系是显而易见的。

　　另外,在上面的项目分类中,电脑硬件的项目成功率高达 91.96%,位居第一;最低的是软件系统类,因多以股权融资形式展开,故而项目成功率不及其他类目。再比较成功项目的融资成功率,生活用品类项目融资效果较好,远超其他类目,这与人们的日常生活密切相关。

6.6.6　科技类众筹项目所在地

　　对能采集到项目所在地的科技类项目进行分析,通过对比发现,科技类众筹项目的所在地分布情况,与科技领域发展的分布几乎一致。广东省在科学信息技术方面的能力,较中国其他省市而言是最强的,其技术领先于全国,科技类众筹项目数量也以 34.33% 的比重遥遥领先。其次是北京 17.76%,作为首都,其科技发展水平必然名列前茅;江浙沪三地合计 23.49%——沿海省市在国际交流中与国外的先进科学技术相互学习。而中西部地区,由于科技能力和水平的限制,参与众筹的项目数量必然也受影响。

表 6-21 各地众筹项目数量与占比

项目所在地	项目数	项目占比（％）
广　东	516	34.33
北　京	267	17.76
上　海	142	9.45
浙　江	139	9.25
江　苏	72	4.79
四　川	62	4.13
山　东	50	3.33
福　建	29	1.93
陕　西	24	1.60
重　庆	24	1.60
湖　北	22	1.46
河　南	19	1.26
天　津	18	1.20
湖　南	15	1.00
辽　宁	13	0.86
广　西	12	0.80
河　北	11	0.73
安　徽	10	0.67
其　他	58	3.86
总　计	**1 503**	**100.00**

6.6.7　科技类众筹趋势

（1）从权益型众筹到股权型众筹

由于权益型众筹被很多平台做成了预售，大众对"众筹"的概念很片面地理解成了团购，而对股权众筹的理解，就是"握着股权的一种团购"而已。相比权益型众筹，股权众筹因为较高的门槛导致参与热情没那么高。

然而，在监管细则频频出台的背景下，股权众筹迎来了发展良机，阿里巴巴、京东、36 氪等互联网公司相继试水。如今,股权众筹的发展已经成为热议的话题。股权众筹的兴起是一种市场机遇,有人也叫它"新五板",是通过互联网形式进行公开小额股权融资活动,是创新创业者或者小微企业进行的融资行为,比私募的资金强度小了很多,更适合大众参与。

2015 年 3 月 31 日,京东股权众筹平台东家正式上线。截至 4 月 29 日,东家各类股权融资项目融资额已经达到 1.19 亿元,按照 30 天计算,平均每天超 400 万元。2015 年 11 月,蚂蚁金服旗下的股权众筹平台蚂蚁达客上线,蚂蚁达客的出现也被外界解读为剑指东家。根据世界银行的报告,到 2025年,中国的众筹投资有望达到 460—500 亿美元。其中,70%—80% 的融资额将来自股权众筹。

(2) 创意孵化模式

许多项目在众筹平台达到或者超过了他们的融资目标,从那里运送产品并建立新的生意。但是对于一些人来说,众筹活动的结束,才意味着真正融资过程的开始。因此,众筹平台现在有了多重功能,最简单的就是互联网撮合平台,投资双方见面会,你可以想象它是一种交易所的模式;第二种就是孵化的模式,平台帮他们把项目直接推到交易平台上去交易。

2015 年 4 月,淘宝众筹宣布启动"C+孵化计划",面向全球征集最具爆点的科技与设计产品。淘宝众筹将连通阿里一切生态资源,将一个个创意孵化成落地的产品或项目,为创业者提供"个性化"的市场销售渠道。通过 C+孵化计划,淘宝众筹未来将打造 100 个百万级的众筹项目。

众筹平台的功能已经不单单是融资,还有融资后生产、销售等一系列的经营活动。众筹平台扶持这些前途可观的项目,不仅可以给平台自身建立良好口碑、打造明星产品,还可以给众筹市场上以及所有有志创业、创新的年轻人更多的鼓励,有助于促进中国科技领域更快发展。同时也给大众更多机会,能接触、并切身享受到科技给生活带来的便利与美好体验。

6.7 旅游众筹

6.7.1 旅游众筹背景

根据国家旅游局发布的消息,2015 年,中国国内旅游突破 40 亿人次,旅游收入过 4 万亿元人民币,旅游产业对 GDP 综合贡献超 10％。自 2011 年旅游业井喷式发展过后,国内旅游消费稳步上升。从公开的数据表可以看出,国内旅游业消费现已形成巨额规模。从央行降准降息等经济政策导向看,刺激庞大的国内消费市场已然箭在弦上。

这巨大的旅游消费需求随着国民人均收入的提高而提高,在目前旅游设施、景点容量有限的情况下,人数和资金都急剧囤积。它迫切地寻求一个"泄洪口",于是旅游跨界与互联网、金融相结合,"旅游众筹"这一新兴形态应运而生。

（1）旅游众筹的平台发展背景

2013 年 12 月,国外首个旅游众筹平台 Trevolta 正式上线,成为首个专业化的旅游众筹社交性平台,专门为旅游爱好者提供众筹融资服务。国内首个专注于旅游众筹的平台是 2014 年 10 月上线的主营乡村旅游众筹的乡筹网。在此之前,国内涉及旅游众筹的项目主要在综合型众筹平台上发起。现今,综合型众筹平台仍是旅游众筹项目的主要发起平台。

（2）旅游众筹快速发展背后的政策

从 2014 年下半年至今,旅游众筹的项目数量呈现指数型增长。

这与国家出台的一系列旅游政策息息相关,其为旅游自身的完善、与互联网金融的融合提供了政策支持。

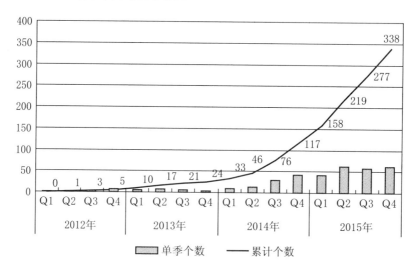

图 6-18 2012—2015 年旅游众筹项目个数统计图

2014 年 7 月 2 日,李克强总理在国务院常务会议上的讲话中提出,要"确定促进旅游业改革发展的政策措施"。8 月 21 日,国务院发布《关于促进旅游业改革发展的若干意见(国发〔2014〕31 号)》,对我国旅游产业改革提出了详尽的政策措施。这是国务院继 2009 年发布《国务院关于加快发展旅游业的意见》与 2013 年颁布《国民旅游休闲纲要》以来,五年之内第三次从国家层面为旅游业制定战略性政策。这一政策,充分体现了我国长期以来对旅游政策的继承、发展与推进,是我国旅游产业政策体系走向完善的重要一步。

2015 年与旅游众筹相关的利好政策更是层出不穷,具体如表 6-22 所示。

表 6-22　2015 年主要旅游政策

发布单位	时　间	文件名	主　要　内　容
国务院	2015-03-05	《政府工作报告》	加快培育消费增长点,提升旅游休闲消费,推动绿色消费,稳定住房消费。
国家旅游局和甘肃省旅游局	2015-03-11	"一带一路"	加快建设大景区,稳步推进景区管理体制改革,着力抓好旅游厕所、自驾游基地等重点工程。
国家旅游局	2015-03-16	《长江国际黄金旅游带发展规划纲要》	对长江地区沿海城市加大力度投资建设和区域规划。
国家旅游局	2015-05-08	《国家旅游局关于促进旅游业与信息化融合发展的若干意见》	到 2030 年,实现让旅游业融入互联网时代、用信息技术武装中国旅游全行业的目标。到 2050 年,实现中国旅游业的现代化、信息化、国际化。
中国旅游产业促进座谈会	2015-05-15	《2014 年中国旅游业投资报告》、《2014 年中国旅游上市企业发展报告》	公布中国旅游投资和旅游上市公司经营发展情况,并公布国开行、工行、建行、农行、平安银行、兴业银行等 6 家金融机构将为旅游业提供 1.6 万亿元的信用额度以缓解旅游业发展的融资之困。
国家旅游局、公安部、工商总局	2015-06-11	《国家旅游局　公安局工商总局关于治理规范旅游市场秩序的通知》	治理旅游市场不合理低价。
国家旅游局、联合国世界旅游组织	2015-06-18	《丝绸之路旅游部长会议西安倡议》	"跨界"发展模式,一是合纵之路,即内部"跨界",包括机构、地域、行业跨界整合;二是连横之路,即外部"跨界",拉近与世界距离。

发布单位	时间	文件名	主 要 内 容
福建自贸试验区旅游情况通气会	2015-05-08	"七项新政"	一是扩大旅行社业务开放；二是放宽旅游从业人员限制；三是支持平潭建设国际旅游岛；四是促进整体开放带动旅游发展；五是推动实施旅游便利化措施；六是探索实现区内区外联动；七是鼓励旅游金融创新。
国家旅游局	2015-07-20	《关于进一步推进旅游援疆工作的指导意见》	从规划援疆、基础设施建设、打造精品旅游区、打造特色产品、"游客送疆"工程、旅游企业"双百结对"、特色旅游购物等10个方面提出了旅游援疆的任务和目标。
国家旅游局	2015-07-31	《旅游经营服务不良信息管理办法(试行)》	旅行社、景区以及为旅游者提供交通、住宿、餐饮、购物、娱乐等服务的经营者及其从业人员的经营服务过程中产生的不良信息公示办法。
国务院	2015-08-11	《关于进一步促进旅游投资和消费的若干意见》	提出6方面，26条具体措施，部署改革创新，促进了旅游投资和消费工作。
国务院	2015-09-28	《环渤海地区合作发展纲要》	《纲要》提出了6方面的重要任务：一是加快跨区域重大基础建设。二是加强生态环境保护联防联治。三是推进产业对接合作。四是构建开发型经济新格局。五是完善统一市场体系。六是统筹城乡区域协调发展。

正是国家和地方对旅游的高度重视和积极扶持,给旅游行业带来了前所未有的发展契机。作为利益嗅觉最敏锐的金融行业,借助互联网平台和利好政策,也加入到挖掘旅游大众市场潜能的大军中来。

（3）旅游众筹自身的发展优势

旅游众筹的发展离不开上层建筑,离不开经济基础,其形态自身的发展方式就是最大的优势。

① 旅游度假众筹,满足游客更高层次的精神度假需求

根据后期的马斯洛补充的需求理论,观光旅游是处于第四层次尊重需要与第五层次自我实现需求之间的一种需求——求知需要和审美需要。随着国民人均收入的提高,旅游从大众旅游时代(20世纪中期—20世纪晚期)转型为度假旅游时代(21世纪初),这也意味着它成功迈入第五层次需求的队列。近年互联网金融的高度发展,推动着旅游的再次转型升级,旅游众筹的

兴起,标志着旅游行业进入了"旅游+"的时代。

旅游众筹给投资者带来了前所未有的深度体验:是身份的转变,从顾客变为股东;是观点的改变,从消费到投资;是理念的升华,从一人出力到合众之力。

② 旅游地产众筹,沿袭分时度假优点,更上一层楼

目前较为流行的连锁民宿、客栈众筹项目中,不少是以每年固定次数的免费入住作为回报方式,这与"分时度假"的回报模式有极大的相似之处。分时度假,就是把酒店、度假村的一间客房或一套公寓,将其使用权分成若干个周次,按 10 至 40 年甚至更长的期限,以会员制的方式一次性出售给客户,会员获得每年到店住宿 7 天的一种休闲度假方式。但是与其相比,众筹以其发起性、草根性,提高了前期的参与程度,拓宽了大众的参与途径,受到广大投资人青睐。同时,对于地产的投资开发商而言,"按需生产保证销量,众筹款项保证资金",这两点就足以让他们投身到旅游众筹的大潮中来。

6.7.2 旅游众筹的类型分布

(1) 按项目众筹类型分类

旅游众筹一般可以分为四个类型:旅游债权众筹、旅游股权众筹、旅游权益众筹和旅游公益众筹。

① 旅游债权众筹

旅游债权众筹,是指投资者对旅游项目或公司进行投资,获得其一定比例的债权,未来获取利息收益并收回本金;根据统计结果显示,在 29 048 个综合的众筹项目样本里内,仅有 14 个债权型项目,其中旅游类债权型项目暂无。

现阶段,旅游债权型项目的冷遇与众筹自身的特性、发展阶段不无关系。

一是从旅游项目发起者角度,采用债权型的众筹方式,意味着需要强大的资金储备以保证可能出现的连续亏损下的利息持续支付。而现阶段的旅游项目发起主体集中于创业企业、小微企业群体,尚未发展成为有抵御风险能力的企业。

二是从市场管理者角度,银监会早在 2014 年就出台了针对债权众筹与非法集资新政,明确强调:"平台本身不得提供担保,不得归集资金搞资金池,

不得非法吸收公众存款,更不能实施集资诈骗。建立平台资金第三方托管机制。平台不直接经手归集客户资金,也无权擅自动用在第三方托管的资金,让债权众筹回归撮合的中介本质。"这意味着债权众筹应当尽到一定程度的审核义务,并向借贷双方当事人进行充分的信息披露和风险提示,以提高法律对其的约束作用。

三是从投资人偏好角度,投资人选择旅游众筹而非其他投资理财方式,其为"二高"——高参与度和高回报率。目前现有的债权型众筹的回报模式是以利息回报为主,亟须建立旅游参与与投资回报之间的密切联系,从而满足投资人的双重需求。

② 旅游股权众筹

旅游股权众筹,指投资者对旅游项目或公司进行投资,获得其一定比例的股份。据统计,股权型旅游众筹项目共 50 个,占旅游众筹项目总数(351个)的 14.25%。此类型多应用于以公司为发起人的旅游地产项目和旅游平台项目。

其中,旅游地产项目中民宿占八成,较为成功的案例是"稻城日瓦青年旅舍",成功筹集到预期融资金额,以良好的运营能力,持续为投资者带来高利润。另一个值得借鉴的例子是"浙江安吉墨林院",因其古朴典雅的建筑风格得到了很高的支持人气,并成功通过旅游众筹的营销方式,将影响力转化为实际营业额,为自己带来了高达 90% 的年均入住率。

旅游平台项目则很好的实践了"智慧旅游"的理念,例如 DIY 自助旅游超市智能系统、居家养老互联网服务平台、一起出发(为年轻人打造最有想象力的时尚旅游社交网站)、自游行(国外目的地导游服务)、e 乡乐乡村旅游网(云平台)等。

③ 旅游权益众筹

旅游权益众筹,是指投资者对旅游项目或公司进行投资,获得产品或服务。此类项目数量最多,共 284 个,占旅游类总项目数量的 80.91%。这也是由旅游产业本身的特性所决定的。旅游强调亲身体验和差异化体验,而权益类众筹多以免费体验为回报方式,提供旅游服务和旅游产品设施的使用权,这恰恰满足了旅游众筹项目投资者的初衷。

从融资额角度,虽然权益类的旅游众筹项目占了绝大多数,但是融资金额不高。项目数占比 80.91％的权益类项目融资总和约为 4 400 万元,项目平均融资额仅为 15.55 万元,而仅占 14.25％的股权型项目融资总和达 3 722 万元,项目平均融资额达 76 万元。

④ 旅游公益众筹

旅游公益众筹,投资者对旅游项目或公司以公益为目的,进行无偿捐赠。截至 2015 年 12 月 31 日,旅游公益众筹项目共 17 个,占 4.84％;此类项目集中在文化遗产保护、绿色环保两方面。

(2) 按项目内容分类

众筹的旅游项目还可根据内容分为三类:文化公益类、线路体验类、服务设施类。

① 文化公益类

文化公益类旅游众筹,即以探索、体验地区文化或传播、实践社会公益为主要目的的旅游活动众筹项目,多以中西部地区山区、贫困乡镇地区的公益旅游主题和宗教旅游主题为主。据统计,文化公益类旅游众筹的项目数 33 个,占总体 9.40％,其中宗教旅游占了绝大部分。

文化旅游项目典型例子有:京东众筹"保护古村落、享受慢生活",通过众筹,募集资金来修缮古民居。它的回报方式根据投资额度分 6 层,投 1 元(限额 2 000 人)从中抽取 30 名幸运儿,赠送皖南古民居照片一组、仙寓山、大山村古民居 1 日免费游,380 g 古黟茯砖一盒;支持 100 元,可得到上述三样;支持 1 000 元,赠送皖南古民居照片一组,仙寓山、大山村、杏花村古民居 2 日免费游,500 g 特级硒茶一盒,观看天方茶艺表演;支持 5 000 元,赠送皖南古民居照片一组,仙寓山、大山村、杏花村古民居 3 日免费游,全年每月赠送 500 元天方礼包一份,观看天方茶艺表演,满 10 人将组织斗茶、竞走、登山寻宝项目;福利依次叠加,支持 10 万元,获得一套皖南区域古民居(带院子)的三年使用期。

② 线路体验类

线路体验类旅游众筹是目前旅游众筹中的主体类型,共 216 个,占总体 61.54％,多以创新线路、创新目的地的体验为主。涵盖节事活动、蜜月旅行、背包旅行等主题的体验式旅游。

此类项目的回馈方式一般有两种:一是帮助他人完成旅游梦想,而被资助人在旅行过程中通过明信片、视频、购买物品等方式回馈投资方；二是投资人本人参与被投资的旅游项目，这就与当前流行的"团购"模式十分相似，指认识或不认识的消费者联合起来，加大与商家的谈判能力，以求得最优价格的一种购物方式。

③ 服务设施类

服务设施类旅游众筹，是指涵盖旅游六要素"吃、住、行、游、购、娱"在内的基础建设、服务设施众筹项目，主要包括酒店、青年旅舍、主题乐园、购物中心、交通设施等。

据统计，服务设施类旅游众筹 102 个，占总体 29.06%，目前较多见的是景区游乐设施的改造、旅游酒店客栈公寓等方面的建设和改造。通过固定回报、免费入住/体验来吸引投资者目光。

6.7.3 旅游众筹平台

众筹行业发展至今，已相继成立了不少众筹平台，每日新推的项目数量众多。对现有众筹平台的样本采集分析，以期为解决项目需求与供给间的精准对接问题提供参考。

从最新的平台采集数据来看，发起人将 351 个旅游众筹项目投放于 60 个众筹平台中。

表 6-23　旅游众筹项目分布情况

序号	平台名称	平台所在地	项目数	成功项目数	失败项目数	众筹中项目数	项目成功率（%）
1	追梦网	上海	64	26	0	38	100.00
2	众筹网	北京	40	18	0	22	100.00
3	e 众筹网	北京	29	29	0	0	100.00
4	青橘众筹	上海	27	2	23	2	8.00
5	须弥山	广东	21	17	1	3	94.44
6	京东众筹	北京	18	3	0	15	100.00
7	权益宝	北京	13	13	0	0	100.00
8	天使基金网	上海	11	0	0	11	0.00
9	众投天地	北京	11	9	0	2	100.00
10	梦立方	上海	7	0	6	1	0.00

序号	平台名称	平台所在地	项目数	成功项目数	失败项目数	众筹中项目数	项目成功率（%）
11	多彩投	北京	7	6	0	1	100.00
12	无忧我房	北京	6	5	0	1	100.00
13	创微网	北京	5	5	0	0	100.00
14	大伙投	安徽	5	2	1	2	66.67
15	哇地带	广东	5	1	4	0	20.00
16	众筹中原	河南	5	1	4	0	20.00
17	99众筹	广东	5	0	2	3	0.00
18	泛丁众筹	浙江	5	5	0	0	100.00
19	合伙中国	河北	4	0	1	3	0.00
20	平安好房	上海	4	3	1	0	75.00
21	大家种	北京	3	2	1	0	66.67
22	全民创投	河南	3	0	3	0	0.00
23	人人投	北京	3	3	0	0	100.00
24	天使客	广东	3	3	0	0	100.00
25	博智众筹	云南	2	2	0	0	100.00

注:本书采集的总数据指截至 2015 年 12 月 31 日,各正常运营的众筹平台上的在线项目。但其中旅游众筹数据样本较小,因此本节分析中也包含了存在旅游众筹历史数据的已下线或转型平台。

表 6-23 列出了项目数排名前 25 名的众筹平台发起的 306 个旅游项目,从中可看出:

（1）平台所在地之最:北京以 10 个平台数在众多省份中位列第一,其次分别是上海 5 个、广东 4 个。可见众筹平台多分布在资金积聚之地。

（2）平台项目数之最:追梦网以其"分享创意,推动梦想"的理念,吸引了众多在旅游方面有梦想、有创意、有胆魄的创新创业家和投资者的目光。在该平台下,共有 64 项旅游众筹项目,占所有旅游众筹项目的 18.23%,远高于第二名众筹网的 11.40%、第三名"e 众筹网"的 8.26%,在众多众筹平台中遥遥领先。

6.7.4　旅游众筹融资情况

本研究中将融资成功率定义为"成功项目实际融资金额与预期融资金额

的比值"。该指标反映了成功项目完成及超募程度。在收集的 351 个旅游项目中,对众筹平台成功项目的预期融资额和实际融资额进行统计,得出众筹平台的融资成功率,如表 6-24 所示。

表 6-24 旅游众筹平台融资分布

平台名称	预期融资额(万元)	实际融资额(万元)	融资成功率(%)
天使客	750.00	1 260.50	168.07
众投天地	894.00	1 057.50	118.29
众筹网	505.82	687.98	136.01
人人投	510.00	510.00	100.00
聚募网	400.00	450.70	112.68
博智众筹	400.73	400.91	100.04
多彩投	378.00	380.95	100.78
爱合投	1 000.00	280.00	28.00
大伙投	140.00	148.20	105.86
追梦网	76.65	132.25	172.54
e 众筹网	20.52	83.43	406.58
创微网	69.00	69.00	100.00
海鳖众筹	48.00	48.00	100.00
大家种	21.00	40.52	192.95
大家投	30.00	30.00	100.00
泛丁众筹	12.15	12.54	103.21
京东众筹	4.00	11.23	280.75
权益宝	7.68	10.08	131.25
无忧我房	6.00	4.53	75.50
凤凰金融	4.00	4.38	109.50
平安好房	3.00	3.39	113.00
众筹中原	1.00	1.50	150.00
88 聚投	1.20	1.20	100.00
融尚网	1.00	1.20	120.00

平台名称	预期融资额(万元)	实际融资额(万元)	融资成功率(%)
梦想帮	1.00	1.13	113.00
华奥众筹	0.90	1.01	112.22
91投房	1.00	1.00	100.00
蜂窝合投	1.00	1.00	100.00
淘宝众筹	0.76	0.94	123.68
乐童音乐	0.30	0.63	210.00
觉JUE.SO	0.20	0.60	300.00
青橘众筹	0.22	0.35	159.09
哇地带	0.01	0.01	100.00

注:公益平台须弥山存在特殊性,部分项目不设目标金额,无法计算预期融资额和融资成功率,故上表中不作统计。

从表6-24中可看出:

(1)单个项目融资额差异大:对比表6-23,实际融资额排名第一的天使客项目数量仅为3个,单体项目金额较大,平均单个项目投资额高达420万元。而大伙投到哇地带,总融资额较小,融资项目数量较多,故其平均实际融资额较低。从融资额角度来看,两者对比明显,差异较大。由此得出,旅游众筹项目部分以小融资额、小规模、多项目为基本特点,但也不缺乏高端大型项目,存在两极分化现象。

(2)多数众筹平台实际融资金额较小:表6-24显示,总实际融资额小于200万元的平台共25个,占总数的75.76%,可见低融资额度的旅游众筹项目较多。33个平台中超过1 000万元的众筹平台仅有2个,仅占平台总数的6.06%。

(3)不同众筹平台的融资效果差异较大:如e众筹网已成功项目中,有两个项目实际融资额与预期融资额的比值分别为1 359.80%和1 489.60%。但大多数平台成功项目的实际融资额与预期融资额之比维持在100%左右,即融资成功率在100%—150%之间。

(4)大多数平台旅游众筹的实际融资能力较弱,旅游众筹融资成功率大于150%的平台仅有8个,而融资成功率小于或等于150%的有25个,占比75.76%。

6.7.5 小结

（1）众筹搭台，旅游唱戏

20世纪80年代，旅游业界盛行这么一句说辞"旅游搭台，经贸唱戏"。时隔多年，旅游已然摇身一变成为主角。在2013年旅游法颁布之后，国家及地方纷纷出台利好政策，引导市场积极蓬勃发展。改革开放三十年成果显著，国民消费水平大幅提升，为旅游等高级形态的产业提供了良好的市场基础。这两方面的推动，让旅游行业在众筹平台上有了井喷式的发展。旅游借助众筹的融资途径，吸纳大量民间资本，以市场化的方式推动产业升级发展。

（2）权益主导，体验至上

现阶段，投资者、消费者二者合二为一是旅游众筹最突出的特点。正是因为这样的特性，小众、小资、小市场，自驾、自游、自经营，是他们所追求和看重的项目本质。发起人发起项目时不妨从此角度考虑，发挥众筹特性，以极高的参与度和回报率吸引投资客群。

（3）市场细分，水到渠成

2014年起，众筹平台发布的旅游众筹项目数量增长迅速，平台的从业范围也逐渐细分，逐渐发展出了一些专注于旅游的众筹平台，因其与旅游相关的定位吸纳了大量的旅游项目，这对平台运营者提高平台知名度、发起人完成发起项目融资额、投资人精准发掘感兴趣的项目均有好处，可谓"三赢"。

6.8 影视众筹

6.8.1 影视众筹背景

随着我国产业发展战略的调整，文化产业在国民经济中的地位日益突出，作为文化产业的重要组成部分——影视产业持续发展壮大。

（1）从政治环境来说，影视产业的政策环境整体趋好，影视产业在整个文化产业中的重要性和价值高度凸显，政策大力支持，助推影视产业跨越式增长。

2014年至2015年出台的影视政策包括：

① 2014年3月《关于深入推进文化金融合作的意见》，提出深入推进文化与金融合作，鼓励金融资本、社会资本、文化资源相结合。

②2014年5月《关于支持电影发展若干经济政策的通知》,指出从税收、资金、土地、金融等方面扶持电影产业。

③2015年9月国务院常务会议通过了《中华人民共和国电影产业促进法(草案)》,草案以通过降低市场准入门槛,采取财政、税收、金融、用地等扶持措施,加强监督管理、规范市场秩序,无疑将继续加速电影产业的发展。

(2)从社会环境来说,中国影视市场正快速发展,观影人群快速增长,需求增加幅度明显。最直接的表现是电影票房以年均30%以上的速度增长,电影银幕数已突破三万块,一部电影票房的最大体量已近20亿元。2014年中国电影总观影人次再次高速增长,同比高出2.18亿人次。从近两年中国电影观众年龄分布来看,19—40岁观众占到总观影人次的87%,其中19—30岁观影人群占比超过5成,成为主流观影群体;从学历分布看,大学本/专科占到8成,高知白领成为中国核心电影观众,该群体对电影的消费和需求代表了主体电影观众的意见。同时,中国影视新力量正在快速崛起,新晋、跨界导演作品以及话题性、粉丝电影显著增加,这些电影打破固定模式,受到年轻主流和核心观众的喜爱。随着影院终端的发展,观众可接受的内容和信息愈加广泛,观众对电影内容的需求会趋于定向和精细。

(3)从经济环境来说,资本介入升级,互联网变革影视产业链。资本、互联网经济和影视产业化布局成为电影产业发展的主要经济环境因素。我国影视产业的投入资金规模不断扩大,投资主体不断丰富。以BAT为代表的互联网经济和商业主体开始影视业务布局,分别成立爱奇艺影业、百度影业、阿里影业、腾讯电影＋等公司或事业部门,通过互联网功能和平台优势,挖掘电影产业链存量市场,并开始探索电影后产业环节的增量部分。上市影视公司同时寻求多元化发展,以完善产业链为目标。如华谊兄弟收购卖座网,完成36亿元定向增收,与腾讯和阿里达成战略合作关系;光线传媒并购入股游戏公司;华策影视成立北京电影运营中心,合资成立华策爱奇艺影视公司。投资领域涉及电影制片、影院建设、衍生产品开发等领域,整个产业表现出活跃的投融资景象。种种迹象表明,影视行业的前景广阔。

但是,影视产业是资金密集型行业,它的发展需要依靠大量资本投入,影视制作、影视宣传推广、影院建设等环节都需投入大量资金,产业具有较高的资本系数。传统影视公司在融资时一般采取合作拍片、预售版权、广告、上市融资、银行贷款等模式。这些融资模式受制于政策、市场成熟度等因素的影响,不仅融资难度大、进度慢,而且会使第三方分割影视公司的利润。因此在投融资具体操作环节还有很多急需破解的瓶颈。

而就在此时,随着互联网技术、移动互联网和4G的普及,已经慢慢渗透入各行各业的"众筹"也开始受到影视行业的关注,衍生出一种新的商业模式——影视众筹。

影视制片方愿意筹,观众愿意投,平台愿意推,"影视"和"众筹"一拍即合。众筹作为一种互联网金融模式,迅速介入到影视产业中。

在国内,已经有很多大型影视项目筹得过百万资金,被大众熟知的就有《黄金时代》《小时代》《狼图腾》《天降雄师》《大圣归来》《夏洛特烦恼》等。而影视众筹在国外的兴起也远远早于国内,在Kickstarter上,网络剧《游戏高校:第二季》曾筹得80万美元,大卫·芬奇监制的动画片《亡命暴徒》曾筹得44万美元,曾经获得艾美奖和奥斯卡金像奖提名的美国电影制作人SpikeLee也通过Kickstarter成功筹集125万美元。

最具传奇色彩的是改编自2004年热播美剧的电影版《美眉校探》(Veronica Mars),于2013年3月在Kickstarter网站上发起项目,4小时打破Kickstarter筹资过百万速度纪录,10小时就达到了拍摄电影所需的目标资金。项目结束时,累计超过90 000个投资人出资超过570万美元,吸金力度绝对空前。

把《Veronica Mars》拍成电影一直是导演Rob的心愿,他早已在脑海中为它构造起了剧本。然而要投入巨资拍摄校园侦探题材影片,显然不足以感动美国电影业的财主们,而且《Veronica Mars》的版权方华纳也不看好这个题材。满腔热情的导演Rob在缺乏资金的情况下,显得有心无力。当Rob绞尽脑汁之时,一个朋友善意地向他介绍了Kickstarter网站。在一开始,Rob并没有把太大的希望寄托在这个网站上,甚至在朋友面前表示了这个想法可笑。但他也默默地对Kickstarter网站进行了仔细的研究,计算出在这个网站上五花八门的项目中,人均的投资额达到了70美元。假设一个电影项目能够吸引30 000人投资,就应该筹得超过200万美元经费。尽管200万美元依然是个紧凑的数字,但省着用,也可以拍出电影。以人均投资额为参照预计收益的思维并不值得借鉴,但从票房的角度看,如果连3万支持者都没有,或许拍出来也没有太大意义。在找到方向解决资金问题后,还面临着版权方不看好题材的困难。Rob 找到了华纳,希望获得剧本的使用权。华纳管理层听了 Rob 众筹的想法,认为如果电影能筹集到足够的资金,其必然有着一定的潜在票房,于是松了口。

2013 年 3 月 13 日,Rob 把他设计好的项目页面发布在了 Kickstarter 上,正式开始为《Veronica Mars》筹款,并附上一封女主角 Kristen 亲自写给大众的信,诚恳请求影迷们积极参与其中,帮助剧组克服这最后的困难。为了广泛发动影迷们前来投资出力,Rob 花样百出地设计了各种诱人的回报方式,让准备出钱支持的影迷们感受到制作方的诚意,同时可以自由选择支持的额度和方式,这对于电影筹款项目的成功有着格外重要的意义。毕竟,电影的本质是文化消费而非长期使用产品。Rob 这个设计了 26 款回报方式的众筹计划,让许多人都觉得诚意十足又耳目一新。对 Rob 而言,哪怕 1 美元也是支持,而只要出资 10 美元,消费者就可以获得 PDF 版剧本一份,有 8 000 多人选择单纯拥有剧本,另外 11 000 多人则选择了 25 美元换来剧本及纪念 T 恤一件。当然 35 美元的 DVD、剧本加 T 恤是最多人选择的,共有 23 000 人认捐。出资 200 美元,可以获得包括 DVD 在内的所有电影主题实物奖品,另加剧组成员签名海报一份,限量 3 200 份,而真正有能力花费 200 美元的影迷差不多也就 3 000 多人。出资 400 美元的支持者可以获得主演们专门录制的问候视频,或导演、主角在社交媒体上关注一年。如果想圆梦追星或感受当演员的滋味,则要花 1 000 美元,资助 1 000 美元的影迷可以来到电影拍摄片场当群众演员,但路费自付。6 500 美元可以换得电影角色冠名机会一次。而唯一的全项目最高大奖为 1 万美元,Rob 为这名支持者设定了一句对白的角色。他将会在电影中饰演一位服务员,在 Veronica 与人交谈时走近桌子,说一句:"你的支票,先生"。项目一开始,就被疯狂影迷抢走了 1 万美元支持者的名额。此外,项目一上线,影迷们的支持就如潮水般涌来,仅仅 4 小时 24 分钟这个项目就打破了 Kickstarter 网站 7 小时百万筹款的耗时纪录,随后还打破了该网站 200 万美元筹款的耗时纪录,成为 Kickstarter 上获得最多人支持的项目。截至 2013 年 4 月 13 日,该电影项目总共获得了 91 585 人超过 570 万美元的支持,成为 Kickstarter 上又一明星项目。

在这几年间,好莱坞大片始终不断,高难度的技术动作片、科技动画片甚至 3D 潮流的兴起无不预示着电影票房向高大上方向的蓬勃发展,如果制作班底中没有一两个持之以恒的长跑型人才,如果没有"众筹"逐渐在人们头脑当中普及,这个剧本无论如何也熬不到出头之日。众筹网站的魅力在于无论任何行业、任何成本预算的创意,只要有价值,总能发光发亮。

6.8.2 影视众筹项目分类概况

由于影视众筹在我国兴起不久,加之相关市场、法律条件不甚完善,导致了诸多的众筹平台制式混杂,运营模式有交叉又有区别。通过对中国当下若干的影视众筹平台模式分析发现,可以分为理财型、私募型、预售型三大电影众筹模式。

(1)理财型影视众筹

理财型影视众筹是指通过与保险、信托等公司的合作,以出售理财产品的形式向公众筹集资金,从而完成影视项目的固定融资。

娱乐宝就是典型的理财型影视众筹平台。"娱乐宝"的官方定位是国华人寿推出的一款投资连接型保险产品,名为"国华华瑞 1 号终身寿险 A 款",预期年化收益 7%,不保本不保底。在"娱乐宝"第一期产品中,77 小时内共筹集到 7 300 万元。基本模式是以"投连险—信托—投资"的方式将筹集到的钱融给片方。如《小时代 3》,其中,支持者的钱不是直接投给郭敬明及其片方的,而是通过娱乐宝这个平台先购买国华人寿的保险理财产品,然后再将筹集到的资金通过信托计划投资电影,最后年化收益率,获得相应的回报。据娱乐宝相关数据计,《小时代 3》有 8 万多人参与了投资,但其中年收益仅为 7 元的投资者人数最多。

娱乐宝推出的《小时代 3》,吸引了很大一部分年轻人购买"娱乐宝"投资电影,带有一定的"光环效应"。但支持者投资的资金并非《小时代 3》片方的首要目标,通过娱乐宝的平台,片方可以根据各城市预售票的数据,掌握到不同城市的观众对于电影的喜好以及粉丝的反馈,进而能形成影片更为准确的市场定位及投放需求,锁定相关的目标受众。

相对而言,娱乐宝本身更倾向于定位为一款理财产品,但以出售投连险为电影项目方融资的方式,实质上也是一个向公众筹集资金的过程。在我国,众筹的施行还存在着一定的法律障碍。而通过与保险、信托基金公司的合作募集资金、投资电影,则规避了诸多法律的风险。另外,大量在线用户对于电影众筹广泛参与,对于娱乐宝而言,搭建一个稳定网络社区的意义或许要远大于电影的融资。

尽管对于其是否属于众筹存在一些争议,但借助阿里的巨大影响和影视行业资源,娱乐宝的发展还是非常迅猛的。

（2）预售型众筹

预售型众筹是指影视项目方以"预售"的形式,向大众筹集资金,在融资完成后,将电影的观影券及衍生品等预售实物兑现,作为投资者的回报。

举例来说,众筹网上的"我就是我"项目就是典型的预售型影视众筹。2013年9月,正值2013年度快乐男声总决赛当天,主持人何炅在直播中宣布,快男主题纪录电影的众筹项目在众筹网上线。分别有40元、60元、120元、480元等不同额度的支持档位供大家选择,主要回报是电影票和首映入场券,还有签名T恤、CD等小礼品。与此同时,电影片方造势打出宣传语:"如果20天内筹集资金达不到500万元,该片就不会在影院上映"。但强大粉丝支持,使得项目提前达到了目标,最终于20天内共筹集到5 075 980元,其中获得39 563人次支持,创造了当时众筹人数最多的纪录。

众筹网在众筹完成后,将筹集到的500多万元资金分为两次发放给了片方:第一笔资金在电影正式上映时给出,第二笔资金则在项目回报完全落实后才会发出。由资金发放的时间点可以看出,众筹到的资金并没有实际运用到影片《我就是我》拍摄和营销活动之中,而是直接作为了电影的票房收入。据出品方天娱传媒表示,其施行此次众筹的真正目的在于更好地掌握电影上映后的市场反响。通过众筹,可以对参与者的行为特征等进行更为细致的分析,并建立数据库,进而利用大数据预知风险,提高市场准入的成功率。

此类商品预售型的电影众筹,利于片方和观众在电影上映前就可以进行相应的互动交流,但投资者对于电影的创作更多的只是提议和意见,最终的决定权始终在项目方手中。此外,相关衍生品的出售,可以让电影曝光相应的内容物料,提高公众对其的关注度,也可作为电影的一种营销方式;通过预售电影票方式,也一定程度上减轻了影片的票房压力,将支持者顺利地转化为电影的观众。

（3）私募型众筹

私募型众筹主要是指电影的项目方直接通过熟人圈以私募的形式进行的众筹，其对于投资方一般都有经济背景的限制，而回报收益则以影视上映后收回的风险投资收益为准。

创造了国产动画电影票房纪录的《西游记之大圣归来》（以下简称《大圣归来》）可谓私募型众筹的典范。《大圣归来》的出品人路伟曾于2014年年底，通过其微信朋友圈发布了为影片众筹宣发经费的信息。由此，吸引了89位投资人参投了此片，这其中除为影片众筹到780万元的资金外，还得到了部分一线城市户外广告的宣发资源。

与娱乐宝、京东众筹等平台相异，《大圣归来》的众筹没有公开面向大众投资者，而是通过微信朋友圈，在"熟人圈"内展开了众筹，其投资人主要由金融圈的朋友、上市公司的朋友和电影圈的伙伴三类人构成。在互信互利关系的基础上，此种类型众筹的开展愈显私密、高效，而众筹的成功则更多得益于项目发起者本身的行业影响力和信用度。由此，在某种程度上，也显示了此案例的不可复制性。

作为一部动画电影，由于宣传资源的欠缺，《大圣归来》的片方则将众筹得来资金投放在电影的宣传阶段，采用了口碑营销大面积点映的方法，使得《大圣归来》的票房后来居上，另外，通过众筹的方式，出品人还得到了北上广深等一线城市户外广告的宣发资源，这使得《大圣归来》得以在一线城市很好地进行落地宣传，并建立良好的口碑。在此片上映后，票房的高涨使得电影项目在兑付时可获约3 000万元的本息。就此，短短几个月内，89位众筹投资人人均获益25万元，获得了近400%的回报。

这种私募的方式，其主要通过一方牵台，而由特定的熟人圈进行相关的众筹，对于投资者的背景有着一定的调查和限制，在众筹效率上比较高，适宜进行电影产业内的圈内众筹。私募型众筹大都为"熟人众筹"和"圈内众筹"，它们更多地旨在树立行业的新地标，进而成为了创业交流和创意激发的孵化器。

6.8.3 影视众筹特点探究

（1）影视众筹的最大特点在于其开放性

众所周知，众筹模式是依托互联网进行的，影视众筹作为众筹的细分行业,其运行同样也离不开互联网。而互联网高度的开放性,使得影视众筹也具有高度的开放性。这种开放性不仅仅指对项目发起人的开放,还有对出资人的开放。原则上,任何网民都可以成为众筹新闻项目的发起人和项目的出资人。随着网络技术的发展,互联网的使用也越来越简单、快捷,互联网用户可以随时随地、更加快捷、方便地上网。在理想情况下,任何互联网用户都可以向众筹平台申请自己的影视众筹项目,或者以出资人的身份参与影视众筹项目。

(2) 影视众筹的回报性

所有对众筹新闻做出资助的出资人都拥有获得回报的权利。这种回报没有特定的形式,可以是精神性的回报,也可以是物质性的回报。与一般的众筹产品不同,我国影视众筹融资的特点在于除了给予用户预期收益外,还会提供剧组探班、明星见面会等娱乐收益,吸引用户的积极参与。其实,在出资人资助众筹新闻项目之前,就可以看到自己能获得何种回报。一些有创意的回报也是吸引出资人的关键。在众筹新闻这一模式尚未成熟和普及的现状下,事后回报的机制可以说是吸引出资人出资的重要砝码,也是维持众筹平台运行的经济来源。

(3) 受众为影视众筹买单

影视众筹与传统影视生产方式的最大不同就是影视众筹生产所需要的经费不再是由专业的影视公司媒体等机构出资,而是由对项目感兴趣的受众买单。众筹模式的重点在于"众",这不仅体现在一些学者所认为的影视众筹就是用大众的智慧做影视,还体现在资金来源的"众",即广大受众通过互联网支付等方式来资助影视众筹项目。受众作为个体的力量是有限的,但由于互联网的开放性和高效率,以及互联网所拥有的庞大网民群体,可以让众多的出资人在短时间内迅速地积攒起项目所需资金。

(4) 受众的高参与性

在传统的影视生产方式下,影视剧本的选择是由影视公司、制作团队和投资商们来确定的。受众要想参与到影视传播的过程中,也必须等影视作品上映发表以后,才有机会对影视作品进行评论、转发。可以说传统影视生产方式中受众的参与方式是事后参与,参与程度不高。而影视众筹则可以让受众全程参与整个过程。首先,在影视选题阶段,影视众筹项目并不是被投放在平台上就可以执行了。该项目到底是否能执行还要看受众的反应,也就是说,在影视众筹中受众享有影视众筹的决策权;其次,在影视众筹项目执行过程中,项目发起人还需要将拍摄进度、拍摄中遇到的问题等及时在平台上更新,接受出资人的监督。同时,出资人也可以通过评论板块或者主动联系项目发起人的方式来提出意见和建议,与项目发起人共同解决项目执行过程中遇到的问题。在项目实施完毕后,项目发起人要在第一时间向出资人发布报道成果,出资人也可以对报道进行评论、转发,成为影视项目的传播者。

6.8.4 国内影视众筹项目平台分布

影视众筹在国外已经取得相对稳定的发展,而在我国才刚刚起步。

表 6-25 统计了截至 2015 年 12 月 31 日,45 家众筹平台总共发布的 1 061 个影视项目,根据平台发布的影视项目数从大到小排序得到表 6-25。

表 6-25　影视众筹项目主要发布平台

平台名称	所在地	已成功项目数	已失败项目数	众筹中项目数	影视总项目数	项目成功率(%)	平台类型	是否为影视专业平台
淘梦网	北京	52	300	72	424	14.77	综合型	是
众筹网	北京	155	0	66	221	100.00	综合型	否
点名时间	北京	38	45	0	83	45.78	权益型	否
得募网	河南	31	10	11	52	75.61	权益型	是
观众筹	北京	6	33	11	50	15.38	权益型	否
淘宝众筹	浙江	45	0	2	47	100.00	权益型	否
京东众筹	北京	36	0	7	43	100.00	权益型	否
青橘众筹	上海	7	28	2	37	20.00	权益型	否
梦立方	上海	11	11	0	22	50.00	权益型	否
腾讯乐捐	广东	13	0	1	14	100.00	公益型	否
优酷众筹	北京	7	0	1	8	100.00	权益型	否
出品人网	上海	6	0	0	6	100.00	权益型	是
摩点网	北京	3	2	0	5	60.00	权益型	否
凤凰金融	北京	4	0	0	4	100.00	权益型	否
金豆开会	上海	0	3	1	4	0.00	综合型	否

平台名称	所在地	已成功项目数	已失败项目数	众筹中项目数	影视总项目数	项目成功率（%）	平台类型	是否为影视专业平台
苏宁众筹	江苏	2	0	1	3	100.00	权益型	否
众创聚投	上海	3	0	0	3	100.00	权益型	否
创意鼓	广东	0	2	0	2	0.00	公益型	否
大伙投	安徽	1	0	1	2	100.00	股权型	否
聚天下	四川	0	0	2	2	0.00	股权型	否
开始众筹	浙江	1	0	1	2	100.00	权益型	否
梦创众筹	广西	0	2	0	2	0.00	综合型	否
哇地带	广东	0	2	0	2	0.00	综合型	否
资本汇	浙江	0	0	2	2	0.00	股权型	否
88聚投	山西	0	0	1	1	0.00	股权型	否
百度众筹	北京	1	0	0	1	100.00	权益型	否
贝咖网	江苏	0	0	1	1	0.00	综合型	否
创翼国际众筹	广东	1	0	0	1	100.00	权益型	否
大家投	广东	1	0	0	1	100.00	股权型	否
火焰高	湖北	0	1	0	1	0.00	权益型	否
京东东家	北京	1	0	0	1	100.00	股权型	否
聚募网	浙江	1	0	0	1	100.00	股权型	否
开心投	广东	0	0	1	1	0.00	股权型	否
乐共享众筹	湖南	1	0	0	1	100.00	权益型	否
乐童音乐	北京	0	1	0	1	0.00	权益型	否
蚂蚁天使	上海	1	0	0	1	100.00	股权型	否
蚂蚁众筹	广东	0	0	1	1	0.00	权益型	否
葡萄架	北京	0	0	1	1	0.00	权益型	否
千指禅	福建	0	1	0	1	0.00	权益型	否
陕众筹	陕西	0	1	0	1	0.00	综合型	否
投投乐	广东	1	0	1	2	100.00	股权型	否
我的众筹	北京	0	0	1	1	0.00	综合型	否
学屌网	重庆	0	1	1	2	0.00	权益型	否
优客投	北京	0	0	1	1	0.00	综合型	否
长沙众筹	湖南	0	0	1	1	0.00	权益型	否

注：项目成功率为成功项目数除以成功项目数与失败项目数之和。

需要特别指出的是,目前颇具实力的影视众筹平台——聚米金融,其影视众筹项目回报方式为保本保息,性质不属于收益权众筹范畴,也不与其他影视众筹平台构成可比性,因此没有列入报告统计范围之内。但是聚米金融专注于影视文化产业,目前已经打通制作、发行、金融、传媒、法律、孵化器等业务,全面覆盖影视全产业链,做得相当出色。据统计,聚米金融平台共有成功项目22个,失败项目1个,进行中项目1个,项目成功率95.65%。目标融资金额3 753.70万元,实际融资2 582.51万元,融资成功率为68.80%。平均年化利率15.26%。其成功投资了《古剑奇谭》《北平无战事》等一系列优秀作品;目前聚米金融与游久游戏联合合作《君临天下》网络剧,第一季超过2 000万元投资,更有一线大牌明星参演;且聚米金融与女神TV也达成深度合作关系,双方将整合优势,在《君临天下》上深度合作,努力创造更多更精彩的网生内容。

表6-25中列出了45家众筹平台发起的1 061个影视项目,从中可看出:

(1)淘梦网和众筹网两个平台的影视项目占到总数的60.79%(合计为645个),是影视众筹的核心平台。其中排在第一的淘梦网上的影视项目占到总数的39.96%,其龙头地位显而易见。

(2)影视众筹项目多发布在权益型、综合型平台和股权型平台,公益型平台较少,在45个众筹平台中,权益型平台有24个,综合型平台有9个,股权型平台有10个,公益型平台2个。从中可看出,影视众筹目前得到了各类型平台的关注。

(3)项目成功率定义为"成功项目数除以成功项目数与失败项目数之和",该指标反映了平台的众筹能力。其中有19个平台的项目成功率达到了100%,其中,众筹网、淘宝众筹、京东众筹、腾讯乐捐、优酷众筹、出品人网这6个平台具有很强的影视众筹能力,而大伙投、开始众筹、百度众筹、创翼国际众筹、大家投、京东东家、聚募网、乐共享众筹、蚂蚁天使、投投乐、凤凰金融、苏宁众筹、众创聚投这些平台的项目都不是很多,有的甚至只有一个。

(4)目前,影视众筹专业平台发展缓慢,表6-25中影视众筹专业平台仅有3个,但是3个平台的项目数总和为482,占了总数的45.43%。

(5)部分众筹平台的项目占比和项目成功率没有直接的相关性,项目占比的多少并不能说明其项目成功率的高低,因此要说项目在平台上众筹的成功概率,要综合考量平台的各个方面。但总体来说,众筹网和淘宝众筹这两家平台,无论是从影视类项目数量占比,还是从项目成功率来看,都是创业者、投资人不错的选择。

6.8.5　影视众筹平台融资情况

影视众筹平台按类型划分,可分为权益型、公益型、股权型和综合型。从项目数量上看,综合型平台上共有 704 个项目,其次是权益型平台有 328 个项目,股权型平台有 13 个项目,最后是公益型平台有 16 个项目。权益型平台已筹集的融资是最多的,综合型平台的项目数量虽然远远超过股权型平台项目,但其已筹集的融资金额却和股权型平台差不多。

本研究中将融资成功率定义为"成功项目的实际融资金额与预期融资金额之比"。该指标反映了成功项目完成及超募程度。在收集 45 个众筹平台的 1 061 个影视众筹项目中,统计出其中有 429 个成功项目,对各众筹平台成功项目的预期融资额和实际融资额进行统计,从而得到众筹平台的融资成功率,如表 6-26 所示。

表 6-26　影视众筹平台融资情况

平台名称	成功项目 实际融资额(万元)	成功项目 预期融资额(万元)	融资成功率(％)
淘宝众筹	1 376.39	173.16	794.87
苏宁众筹	1 093.80	200.00	546.90
创翼国际众筹	14.05	3.00	468.33
青橘众筹	332.11	100.74	329.67
摩点网	7.58	3.00	252.67
开始众筹	46.12	20.00	230.60
京东东家	1 055.50	500.00	211.10
观众筹	201.00	99.50	202.01
京东众筹	509.30	276.15	184.43
梦立方	4.68	3.18	147.17
点名时间	394.99	305.25	129.40
大伙投	379.50	300.00	126.50

平台名称	成功项目 实际融资额（万元）	成功项目 预期融资额（万元）	融资成功率（%）
蚂蚁天使	58.00	50.00	116.00
优酷众筹	131.20	113.37	115.73
众筹网	902.14	826.07	109.21
聚募网	216.90	200.00	108.45
乐共享众筹	1.40	1.30	107.69
得募网	3.09	2.88	107.29
淘梦网	375.56	357.03	105.19
百度众筹	301.00	300.00	100.33
出品人网	3 375.00	3 375.00	100.00
凤凰金融	0.012	0.01	120.00
大家投	250.00	250.00	100.00
投投乐	500.00	500.00	100.00
众创聚投	2.99	3.04	98.36
腾讯乐捐	22.22	60.69	36.61
金豆开会	0.00	0.00	0.00
创意鼓	0.00	0.00	0.00
聚天下	0.00	0.00	0.00
梦创众筹	0.00	0.00	0.00
哇地带	0.00	0.00	0.00
资本汇	0.00	0.00	0.00
88 聚投	0.00	0.00	0.00
贝咖网	0.00	0.00	0.00
火焰高	0.00	0.00	0.00
开心投	0.00	0.00	0.00
乐童音乐	0.00	0.00	0.00
蚂蚁众筹	0.00	0.00	0.00
葡萄架	0.00	0.00	0.00
千指禅	0.00	0.00	0.00
陕众筹	0.00	0.00	0.00
我的众筹	0.00	50.00	0.00
学屌网	0.00	0.00	0.00
优客投	0.00	0.00	0.00
长沙众筹	0.00	0.00	0.00

（1）不同众筹平台的融资效果差异较大。如淘宝众筹中，成功项目实际融资额与预期融资额的比为794.87%。但大多数平台成功项目的实际融资额与预期融资额之比，即融资成功率在100%—200%之间。

（2）融资成功率较高的平台集中在实力比较强的平台或者专门做影视众筹的平台。实力较强的平台如淘宝众筹、苏宁众筹、京东众筹，注册的用户多，平台大，项目能得到更多人的关注；专门做影视众筹的平台如淘梦网、得募网、出品人网等，它们的融资成功率都不低于100%。

（3）不同众筹平台的实际融资金额差异较大，如淘宝众筹、苏宁众筹、京东东家成功项目的实际融资都超过1 000万元，而创意鼓、蚂蚁众筹、葡萄架等19家众筹平台还没有成功项目，实际融资额都是0。

（4）大多数平台影视众筹的实际融资能力较强，影视众筹融资成功率大于100%的平台有24个，而融资成功率大于0小于100%的平台有2个，其中公益型众筹平台腾讯乐捐的融资成功率为36.61%，创意鼓为0，说明关于影视公益的众筹项目的融资成功率不高。

6.8.6 不同融资金额区间的项目数分布

（1）项目预期融资额区间分布

统计了1 061个影视众筹成功项目，然后提取了预期融资额与实际融资额这两项指标，对它们所含的项目数进行统计，如表6-27所示：

表6-27 影视众筹预期融资额项目数

预期融资额(万元)	≤0.1	0.1—1	1—5	5—20	20—100	100—500	500—1 000	>1 000
项目数	113	310	274	190	126	33	9	6

注：等号在右侧，示例1—5代表大于1且小于等于5。

表6-28 影视众筹实际融资额项目数

实际融资额(万元)	≤0.1	0.1—1	1—5	5—20	20—100	100—500	500—1 000	>1 000
项目数	579	204	164	56	33	17	5	3

注：等号在右侧，示例1—5代表大于1且小于等于5。

从两表中可发现：

① 众筹平台发布项目的预期融资额反映了众筹的规模。从采集到的45

家众筹平台发起的1 061个影视项目来看,预期投资金额差异较大。

② 通过对不同预期融资额进行区间统计,发现预期融资额在5万元及以下的项目数较多,83.60%的影视项目的预期融资额是在20万元及以下的。这反映了目前影视众筹仍处于发展的初级阶段,众筹规模相对较小。

③ 对不同实际融资额进行区间统计,发现已筹资金额小于或等于0.1万元的项目数最多,有579个,在0.1万到1万元(包括1万元)的项目数次之,有204个,在1万到5万元(包括5万元)的项目数差不多,有164个,而5万到20万元、20万到100万元、100万到500万元、500万到1 000万元的项目数则都相对较少,大于1 000万元的项目数更少,仅有3个。目前,我国影视众筹虽然在项目总数上发展迅猛,但从实际融资额区间所含项目数可看出,我国影视众筹仍处于发展的初级阶段。

④ 比较预期融资额项目区间分布和实际融资额区间分布,两者表现出类似的特征,即大多数项目的融资额较低,只是前者在0.1万到1万元之间的项目数量最多,而后者是小于等于0.1万元的项目数量最多。

(2)成功项目融资额区间分布

为了观察成功项目融资额区间分布,统计了429个影视众筹成功项目,然后提取了预期融资额与实际融资额这两项指标,对它们所含的项目数进行统计,如表6-29所示。

表6-29　影视众筹预期融资额成功项目数

成功项目 预期融资额(万元)	≤0.1	0.1—1	1—5	5—20	20—100	100—500	500—1 000	>1 000
项目数	75	173	100	50	18	10	2	1

注:等号在右侧,示例1—5代表大于1且小于等于5。

表6-30　影视众筹实际融资额成功项目数

成功项目 实际融资额(万元)	≤0.1	0.1—1	1—5	5—20	20—100	100—500	500—1 000	>1 000
项目数	49	131	146	54	27	15	5	2

注:等号在右侧,示例1—5代表大于1且小于等于5。

① 通过对不同预期融资额进行区间统计,发现预期融资额在5万元及以下的项目数较多,92.77%的影视项目的预期融资额是在20万元及以下

的。这反映了目前影视众筹规模相对较小。但是在成功项目中,预期融资金额超过 100 万元的项目,成功率较高。

② 不同项目的实际融资金额差异很大,从 1 元到 1 100 万元不等,最多的是出品人网发布的一个项目。

③ 对不同实际融资进行区间统计,已筹资金额在 1 万到 5 万元(包括 5 万元)的项目数最多,有 146 个,0.1 万到 1 万元的项目次之,有 131 个,500 万到 1 000 万元的项目较少,为 5 个,融资金额在 1 000 万元以上的项目更是只有两个。

④ 比较预期融资额项目区间分布和实际融资额区间分布,两者表现出类似的特征,即大多数项目的融资额较低,只是前者在 0.1—1 万元之间的项目数量最多,而后者是 1—5 万元的项目数量最多。

6.8.7　小结

通过数据统计与分析发现,从预期融资额和实际融资额角度看,我国影视众筹仍处于发展的初级阶段,但从影视项目数量上看,我国影视众筹发展前景可观。

影视众筹平台取得成功的只占小部分,大部分运营都较为艰难,整体融资规模不大。影视众筹风险较高,成功比例较低,一方面影视剧投资风险本来就较高,票房不可确定性较强,受到档期、同期上映电影、市场偏好等多方面因素综合影响;另一方面,影视众筹发展时间较短,相关运作体制尚未完善,存在一定技术风险、信用风险和管理风险。这都是影视众筹发展需要关注的问题。

目前,众筹平台发布的影视项目数量增长迅速,众筹为影视融资提供了一条新的途径。众筹对中国影视行业融资模式的改变不是颠覆,而是优化,是影视金融中的一个组成部分,能让影视渠道更加多样化。

6.9　音乐众筹

6.9.1　音乐众筹背景

互联网的发展影响着越来越多的行业,音乐行业也不例外。最初盗版和免费给唱片销售带来严重打击,造成全球音乐市场近年来持续低迷,流媒体的出现虽然使音乐听众的数量变得庞大，但愿意花钱购买音乐唱片的人数却下降了。通常情况下，由唱片公司负担唱片制作和发行的全部经费，唱片公司往往需要依靠销售唱片来获得制作下一个唱片的资金。由于消费者对唱片的需求下降，唱片公司逐渐失去了资金来源①。另外，从 2005 年起，互联网从单向发布信息的 web1.0 时代逐渐发展为以用户为中心且信息在网站、用户之间多项传播的 web2.0 时代。互联网强大的信息传播能力与活跃的用户社交行为使得互联网众筹模式应运而生。这种基于网络平台，向群众募资的众筹模式在音乐界掀起了一股热潮，给音乐人创造了实现梦想和寻找新的商业模式的机会。

由于互联网的大行其道，几乎所有人都认为众筹是诞生于当今社会的产物。其实传统意义上的众筹自出现至今已有 3 个世纪，只不过是如今众筹网站的兴起才让这个老传统又一次踏上了时代的浪尖。早在 1783 年，莫扎特就在《维也纳日报》为他的 3 部钢琴协奏曲发起了传统的音乐众筹。他去邀请一些潜在的支持者，愿意向这些支持者提供手稿。不过，他的第一次众筹并没有成功。一年后，他再次发起众筹的时候，得到了 176 个人的支持。作为回报，这些人的名字被记录在协奏曲手稿上。

2001 年，世界上最早的众筹平台 ArtistShare 上线，标志着互联网众筹的诞生。值得关注的是，这家众筹平台主要面向音乐人和粉丝，粉丝们投资帮助音乐人生产唱片并获得专辑，很多时候还可以观看唱片录制过程。2005 年，ArtistShare 的第一个粉丝筹资项目，美国作曲家 Maria Schneider 的 "Concert in the Garden" 成为格莱美历史上首张不通过零售店销售的获奖专辑。Schneider 因为该专辑获得 4 项格莱美提名，并最终荣获"最佳大爵士乐团专辑"奖荣誉。此后，得到 ArtistShare 众筹模式资助的艺术家还获得了格莱美"最佳器乐作曲"、"最佳拉丁爵士专辑"、"最佳拉丁爵士唱片"、"最佳 MBP 提名"等。可见，作为第一家互联网众筹网站，ArtistShare 不仅影响了美国音乐界，还开启了互联网众筹时代。

在 ArtistShare 的强大示范作用下，2005 年之后，众筹平台如雨后春笋般

---

① PATRYK GALUSZKA and VICTOR BYSTROV. Crowdfunding：A Case Study of a New Model of Financing Music Production. Faculty of Economics and Sociology, University of Lodz, Lodz, Poland. Journal of Internet Commerce. 2014.

出现，如 Sellaband（2006 年）、SliceThePie（2007 年）、Indiegogo（2008 年）、PledgeMusic（2009 年）和 Kickstarter（2009 年）等。这些早期众筹平台中 Sellaband 和 PledgeMusic 是专业音乐众筹平台，Kickstarter 早期也专注于包括音乐在内的文化产业类项目的融资。

国内第一个音乐众筹项目出现于 2011 年，发起人是独立音乐人李志。他在我国首家众筹网站点名时间上发起项目，为自己的 2011 年跨年演唱会 DVD 筹集制作资金。当项目结束时，筹集资金达 19 万元，参与人数过千，远远超出了他和团队的预期。目前国内专注于音乐众筹的平台有乐童音乐和 5SING 众筹，分别于 2012 年 9 月和 2013 年 8 月上线。

6.9.2 音乐众筹的类型

众筹平台按其回报模式划分，可分为股权型、权益型、公益型和综合型。股权型众筹此处是指互联网非公开股权融资，即融资者通过股权众筹融资互联网平台以非公开发行方式进行的股权融资活动，即当下我们普遍定义的私募股权众筹融资；权益型众筹指参与众筹的项目或公司以提供产品或服务作为投资回报的众筹模式；公益型众筹是指参与众筹的项目或公司无偿获得投资者资金上的捐赠。各类型音乐众筹的具体回报方式如下。

（1）权益型

权益型众筹支持者获得的回报可分为物质回报和精神回报两部分。

物质回报是指项目最终产品和项目附属品。最终产品包括唱片、演唱会门票等；项目附属品包括明信片、T 恤、签名照片、唱片制作过程录像和 MV 后期制作观摩体验等。

精神回报是指支持者的参与感或精神上的满足。如艺人打电话给支持者或当面唱歌给支持者听、给支持者"名誉出品人"的头衔、将支持者姓名印在唱片内页等。

因此权益型众筹没有资金回报，这类项目的支持者进行投资是根据自己对项目的喜好程度。因此，除物质回报之外，为支持者提供各种形式的精神回报可以鼓励支持者进行投资。

（2）公益型

公益型项目投资者进行无偿捐赠，项目发起人不提供回报。但是发现有些平台以公益积分的形式给予支持人以回报,这些积分可以进行兑换多种形式的礼品。

(3) 股权型

此类型众筹模式中支持者出资入股公司,获得未来收益。调研发现音乐股权众筹项目"哼哼音乐——原创音乐造星平台"和"米饭音乐"分别出让了40%和10%的股权作为回报。

统计我国音乐众筹项目发现,共计1 754个项目中,权益型项目为1 601个,占比91.28%;公益型项目为141个,占比8.04%;股权型项目只有12个,仅占0.68%。可知,我国音乐众筹项目中权益型项目占比明显高于公益型和股权型。

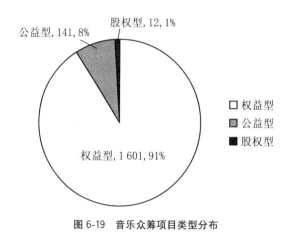

图6-19　音乐众筹项目类型分布

6.9.3　音乐众筹典型垂直平台

(1) 乐童音乐(北京)

于2012年9月上线,平台创始人为马客,位于北京市朝阳区。项目涉及唱片制作、现场演出、音乐周边产品、音乐出版、音乐视频、音乐硬件等。乐童音乐合伙人郭小寒指出:"乐童音乐将所有的资源打通,从一个音乐人的角度出发,从制作唱片到营销传播,到宣传,到周边产品,到演出,完全可以通过在乐童上自助发起项目,实现所有他想实现的东西。反过来看乐童音乐就是个非常成熟、有经验的线上音乐经纪人。"

乐童音乐提供两种筹资模式:一个是预售模式,无论在设定时间内是否完成筹资目标,发起人都将获得所筹资金并需要提供承诺的相应回报给支持者;另一个是普通模式,项目发起人需要在设定的时间内完成筹资目标,才可以获得资金,并提供承诺的相应回报给支持者,如果未能完成目标,项目失败,资金将被100%退回给支持者。

2013年年底,乐童音乐还成立了一支音乐基金,用来支持原创音乐。

(2) 5SING 众筹(浙江)

于2013年8月上线,位于杭州市西湖区,创始人为赵海舟。5SING 众筹是隶属于中国原创音乐基地的产品,通过众筹的形式,专注于音乐人的演出、沙龙等项目,旨在服务音乐人、帮助音乐人、支持音乐人,为产业的延伸和发展做新的尝试和贡献。

5SING 众筹认为,对音乐人的支持包括两个方面:资金的支持和现场人气的支持。5SING 众筹设立了参与经验和众筹积分来鼓励投资人更多地参与,支持音乐人。通过参与经验看到支持者在项目参与程度和分量上的累计贡献,通过众筹积分看到在项目众筹过程中有过的资金支持。未来参与经验将会换算成等级,众筹积分将能用于兑换道具(优惠券、小礼品等)。

当众筹结束后,如果项目筹得的实际金额小于目标筹资额,那么众筹宣告失败,项目将取消执行,已筹得的资金将退还到之前众筹支持者们的可提现资金账户里;当项目筹得的实际金额达到了目标筹资额,那么众筹宣告成功,项目将进入兑现期。

(3) ArtistShare(美国)

2001年开始运营,2003年开始发布众筹项目,发起的项目9次获得格莱美奖和18次格莱美提名。它也是第一个粉丝应援(fan funding)平台,旨在连接创造性艺术家与他的粉丝,粉丝支持自己喜欢的艺术家的众筹项目,以参与到艺术作品创作过程的机会,拿到限量版专辑,各种活动的VIP邀请函等作为回报。想要融资的艺术家首先填写调查问卷,问卷内容大概有艺术家受欢迎指数,是否经常与粉丝互动等。ArtistShare 审核问卷,如果认为艺术家适合这个平台,则经过商讨,将项目发布在平台上。ArtistShare 注重艺术家与粉丝之间的互动,鼓励艺术家经常更新项目进展状况,采用录音、图片或者文章的形式进行展示。

(4) PledgeMusic(英国)

PledgeMusic 是一个在线直接面对粉丝(direct-to-fan)的音乐平台,2009

年8月上线,帮助音乐家接触他们的"粉丝团",进行预售、营销,发布录音、音乐视频以及音乐会等音乐项目。PledgeMusic专注于为音乐家筹集资金,并且不保留任何通过平台创建的音乐的所有权或使用权。PledgeMusic提供两种形式的活动:direct-to-fan模式和预售模式。前者中达到项目目标之前钱被收集在"艺术家账户"进行托管,项目成功了粉丝才需要付款。后者中粉丝直接需要付款完成支持,就像传统的在线零售。

研究发现,PledgeMusic项目成功率高达90%,高于Kickstarter或Indiegogo,大多数项目融资成功率在140%左右。[1]

PledgeMusic鼓励艺术家将所筹资金的一部分捐给慈善机构,目前大概有67%的项目都有参与捐款。

6.9.4 音乐项目主要发布平台

截至2015年12月31日,共采集了241家众筹平台上发布的29 048个众筹项目,从中筛选出音乐众筹项目进行统计,发现共有1 754个音乐众筹项目,分布在57家平台上。音乐项目数量排名靠前的平台如下。

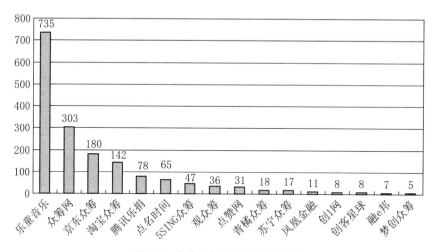

图6-20 众筹平台音乐项目数量排名

① "PledgeMusic Looks To Change The Future Of The Album Release Digital Music NewsDigital Music News". Digitalmusicnews.com. 2014-01-30. Retrieved 2014-06-01.

从中可以看到乐童音乐、众筹网、京东众筹等16家平台上的音乐众筹项目就占到总数的96.41%（合计1 691个），表6-31列出了这16家平台的概况。另外41家平台的音乐众筹项目数均不大于3个，表6-31中不予罗列。

表6-31 音乐众筹项目主要发布平台

平台名称	平台所在地	平台类型	音乐众筹项目数	成功项目数	是否为音乐专业平台
乐童音乐	北京	权益型	735	302	是
众筹网	北京	综合型	303	276	否
京东众筹	北京	权益型	180	154	否
淘宝众筹	浙江	权益型	142	129	否
腾讯乐捐	广东	公益型	78	50	否
点名时间	北京	权益型	65	39	否
5SING众筹	浙江	权益型	47	40	是
观众筹	北京	权益型	36	6	否
点赞网	上海	公益型	31	19	否
青橘众筹	上海	权益型	18	5	否
苏宁众筹	江苏	权益型	17	16	否
凤凰金融	北京	权益型	11	11	否
创1网	上海	权益型	8	0	否
创客星球	上海	权益型	8	5	否
融e邦	广东	综合型	7	7	否
梦创众筹	广西	综合型	5	1	否

表6-31列出了16家众筹平台发起的音乐众筹项目概况（按音乐项目数进行排序），从中可看出：

（1）排在第一的乐童音乐共有音乐众筹项目735个，占总数的41.90%，远大于其他平台。乐童音乐是专注于音乐领域的众筹平台，在业界有较高的知名度。

（2）排在第二的众筹网共有音乐众筹项目303个。众筹网是目前中国具有影响力的众筹平台，涵盖各个领域。由数字可见，它在音乐众筹领域也占重要地位，并且表现出了强大的众筹能力。

（3）观察平台类型可发现，这16家平台中，权益型平台为12个，综合型平台为2个，公益型平台有2个。可见，音乐众筹项目多发布在权益型、综合型和公益型平台而非股权型平台。(观察全部项目,可发现 1 754 个项目中只有 4 个项目发布在股权型平台。)

(4)目前,垂直于音乐领域的众筹平台中,乐童音乐和 5SING 众筹两家表现优异。其中,乐童音乐是中国第一家音乐众筹平台,共发布了 735 个项目。5SING 众筹自 2013 年 8 月上线以来,共发布了 47 个项目。

6.9.5 音乐众筹融资概况

统计发现 1 089 个音乐众筹成功项目,分布详情见表 6-32。

表 6-32 音乐众筹平台融资情况

平台名称	预期融资额(万元)	实际融资额(万元)	融资成功率(%)
京东众筹	1 389.23	5 628.88	405.18
淘宝众筹	1 060.45	3 596.54	339.15
众筹网	795.78	1 299.52	163.30
京东东家	1 050.00	1 152.00	109.71
乐童音乐	386.42	711.68	184.17
观众筹	34.76	564.97	1 625.35
5SING 众筹	46.35	461.92	996.59
点名时间	55.33	244.67	442.20
腾讯乐捐	260.25	170.04	65.34
创客星球	84.50	111.98	132.52
蚂蚁天使	50.00	81.00	162.00
苏宁众筹	35.26	74.16	210.32
咖啡时刻	10.00	47.00	470.00
青橘众筹	19.30	31.95	165.54
摩点网	9.00	27.02	300.22
开始众筹	4.00	25.01	625.25
凤凰金融	11.80	13.44	113.90
众筹中原	3.06	8.95	292.48
优酷众筹	5.00	5.31	106.20
泛丁众筹	3.54	3.70	104.52
点赞网	3.43	3.22	93.88
融 e 邦	1.63	2.35	144.17

平台名称	预期融资额(万元)	实际融资额(万元)	融资成功率(%)
原始森林	2.00	2.00	100.00
欢聚时光	1.00	1.34	134.00
西部众筹	1.31	1.31	100.00
梦创众筹	1.00	1.07	107.00
众筹宝	0.50	0.51	102.00
众筹天下	0.30	0.33	110.00
创翼国际众筹	0.30	0.31	103.33
梦想帮	0.20	0.23	115.00
洲际联合	0.20	0.20	100.00
权益宝	0.08	0.11	137.50
得募网	0.10	0.10	100.00
梦立方	0.03	0.04	133.33
人人天使	0.03	0.03	100.00
越梦众筹	0.02	0.02	100.00
总　计	5 326.16	14 272.91	/

注1:上表以实际融资额排名。

注2:本研究中将融资成功率定义为"成功项目实际融资金额与预期融资金额的比值"。

注3:须弥山平台成功的音乐众筹项目"香海禅寺:音声禅修新年祈福音乐会结缘"为筹人项目,故不列入此表中。

从表6-32中可发现:

(1) 不同平台的融资成功率差别很大。以上36家平台中有一家平台(观众筹)融资成功率高达1 625.35%。观众筹的实际融资额为564.97万元,超过预期融资额的15倍,它的实际融资额排名第6,发展势头强劲。

(2) 这36家平台的预期融资总额为5 326.16万元,实际融资总额为14 272.91万元。

(3) 实际融资额超过1 000万元的平台只有4个,多数平台实际融资额较小,小于100万元的平台有26个,其中19个平台的实际融资额小于10万元。大多数平台融资成功率在100%—400%之间,超过400%的平台只有6个,从高到低分别为观众筹(1 625.35%)、5SING众筹(996.59%)、开始众筹(625.25%)、咖啡时刻(470.00%)、点名时间(442.20%)和京东众筹(405.18%)。

从总数据中共筛选出 1 089 个成功的音乐众筹项目,提取预期融资额与实际融资额两项指标进行统计。发现预期融资额最高为 600 万元,实际融资额最高为 1 004.41 万元。将两项指标分为 12 个档次进行区间统计,结果如图 6-21 所示。

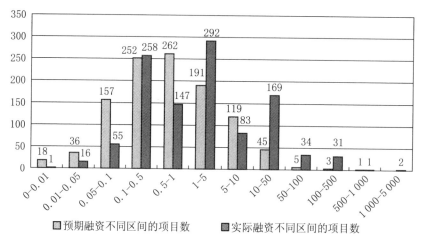

图 6-21　成功项目预期融资额与实际融资额分布

从图中可发现:

(1) 预期融资额在 5 000 元到 1 万元的项目数最多,为 262 个。1 000 到 5 000 元的项目数次之,为 252 个。95.04% 的项目预期融资额不大于 10 万元,反映音乐众筹规模相对较小。

(2) 实际融资额在 1 万到 5 万元的项目数最多,为 292 个。1 000 到 5 000 元的项目数次之,为 258 个。93.76% 的项目预期融资额不大于 50 万元,大于 50 万元的项目只有 68 个。

6.9.6　音乐众筹类目概况

观察采集到的全部数据,在公益、教育、科技、设计、生活用品和文化传媒领域发现了有关音乐的众筹项目。筛选出的 1 754 个音乐众筹项目可分为 8 个类目:唱片制作、现场演出、音乐硬件、公益音乐、音乐周边产品、音乐活动、MV 制作以及其他。

其中现场演出包括演唱会、音乐会、粉丝见面会、音乐剧、3D 演唱会电影等;音乐硬件主要包括音箱、耳机、乐器、整合音乐播放功能的智能家居等;公益音乐包括校园音乐活动、公益音乐会、音乐教育助学和音乐治疗等；音乐周边产品主要包括音乐教育视频、音乐小说、签名 T-恤等；音乐活动主要包括音乐派对、音乐讲座和音乐节等；其他类目包括音乐教室（实体场所）和线上音乐平台等。

表 6-33　音乐众筹项目类目分布

类　　目	总项目数	成功项目数	典型项目示例	典型项目发起平台
唱片制作	547	304	《万象因心》吾恩首张原创古风音乐专辑	5SING 众筹
现场演出	514	354	黄义达十年纪念演唱会上海站	京东众筹
音乐硬件	339	242	品胜音乐云盒	京东众筹
公益音乐	141	93	周笔畅爱的分贝公益音乐会	淘宝众筹
音乐周边产品	77	37	墨明棋妙原创音乐团队周边之冬季纪念卫衣众筹（大陆）	淘宝众筹
音乐活动	72	36	2015 道略音乐产业大会	观众筹
MV 制作	30	15	《多庆幸有你》音乐录影带	众筹网
其　　他	34	8	米饭音乐	蚂蚁天使

从表 6-33 中发现，在 1 754 个项目中，唱片制作类项目最多，为 547 个，其次是现场演出类，为 514 个，两个类目项目数之和占总项目数的 60.49%。音乐活动和 MV 制作相对项目数较少。表 6-34 是对各个类目融资情况进行统计的结果。

表 6-34　音乐众筹各类项目融资情况

类　　目	总项目数	成功项目预期融资金额（万元）	成功项目已筹金额（万元）	融资成功率（%）
唱片制作	547	438.56	1 339.13	305.35
现场演出	514	1 390.70	2 703.39	194.39
音乐硬件	339	2 419.39	8 736.62	361.11
公益音乐	141	326.94	377.47	115.46
音乐周边产品	77	103.47	233.33	225.50
音乐活动	72	81.08	123.98	152.90
MV 制作	30	71.45	109.36	153.05
其　　他	34	494.55	649.61	131.35
总　　计	1 754	5 326.14	14 272.89	/

表 6-34 显示,融资成功率超过 300% 的有唱片制作和音乐硬件两类。唱片制作成功项目大多来源于乐童音乐,包括专辑制作经费筹集类项目和唱片预售类项目。音乐硬件类项目成功率最高,观察具体项目发现绝大多数项目都和我们的生活密切相关,表示人们对这些有实用性的产品众筹喜好程度高。

从成功项目已筹集金额来看,音乐硬件类项目排在最前面,现场演出类次之,筹资总额分别为 8 736.62 万元和 2 703.39 万元。音乐硬件类中除乐器众筹外,还包括大量整合音乐功能的智能硬件的众筹,而智能硬件等科技产品的众筹近年来在中国非常火爆,导致音乐硬件类众筹也表现出强大的发展势头。现场演出类项的已筹集金额在各类目中排第二,但融资成功率却低于平均,这是因为现场演出受到演出场地坐席数的限制,而不是因为它的融资能力差。

6.9.7　小结

音乐众筹帮助了缺乏有效融资渠道的独立音乐人和小型团队,使他们的创新行为得到支持。另外,调查众筹项目的热度,可以测试市场反应,预知市场容量,有助于推广和营销。

相比国外,目前中国音乐众筹发展相对滞后。项目发起人多为个人或小型团队,单笔融资额规模较小。

音乐众筹属于垂直众筹的范畴,在垂直众筹平台上支持者更容易找到符合兴趣的项目,项目发起人也可以得到专业支持人的反馈。目前中国音乐众筹专业化程度低,应大力支持专业音乐众筹平台的发展,为音乐产业和支持者搭建强有力的沟通平台。

6.10　本章总结

从上述研究结果发现,细分市场已显示出较强的发展潜力。但众筹平台是否进入细分领域、进入什么领域以及如何进入,却是需要仔细考虑的问题。平台最好选择自己较为熟悉、具有资源和优势的领域,或者具有市场发展前景的领域介入。此外,市场细分是一个差异化过程,市场本身也是动态的,要注意投资人的需求变化。最后,如何将细分市场与众筹这一新的模式有效地结合,也是平台需要探索的问题。

第七章　众筹协会、政策、观点及热点事件

7.1　行业协会

7.1.1　成立背景

中国众筹行业自 2011 年至今,已先后出现了三百多家众筹平台,几乎遍及全国范围内各个省区直辖市。2014 年众筹开始进入高速发展期。2014 年 9 月,在夏季达沃斯论坛上国务院总理李克强发出"大众创业、万众创新"的号召,并提出要在 960 万平方公里土地上掀起"大众创业""草根创业"的新浪潮,形成"万众创新""人人创新"的新态势。2014 年 11 月,李克强在国务院常务会议中提出了缓解企业融资难问题的十项措施,其中的第六条为"开展股权众筹融资试点",是首次在最高层面肯定股权众筹的地位。随后,中国证券业协会出台《私募股权众筹融资管理办法(试行)(征求意见稿)》,不仅将股权众筹的地位合法化,还提出了新的监管办法。2015 年 3 月,股权众筹写入政府工作报告。新政策导向再一次给众筹行业的发展提供了有力的支持,将众筹行业推上一个新的高度。

众筹行业发展迅猛,但是当法律的监管跟不上众筹的发展时,就会出现各种违法违规行为,如平台间的不正当竞争、恶意刷单炒作、网站公布虚假项目等,严重阻碍了中国众筹行业健康发展。

在这种背景下,成立调动众筹行业资源,形成监督、教育、配置、聚合于一体的众筹行业协会刻不容缓。建立行业自律体系,抑制不正当竞争,众筹行业协会为促进众筹行业规范化发展有着重要的作用和意义。

7.1.2　成立目的

资源共享是互联网金融行业发展最显著的特征。随着众筹行业的问题

逐渐显现,众筹行业迫切需要搭建一个公平、权威、为众筹参与方提供资源对接和共享服务的平台,助力众筹行业发展,带领行业参与者探索出一条适合中国国情的发展道路。此外,拥有这样一个平台来履行监管职能,可以更好实现行业自律以及相互监督,使整个众筹行业尽可能规避风险。综合目前已经成立的众筹行业协会,总结出各协会成立的几个目的:

(1) 资源共享。协会会员结合各类虚拟化技术,对接各种资源,建立起更宽广的开放式的资源社会化众筹平台。

(2) 建立交流平台。将协会会员联合起来,共同在联盟平台上学习、交流、服务、合作,提高众筹从业者的整体专业素质。

(3) 构建政府众筹智库。为众筹行业法律和政策的制定提供理论和智力支持;为各级政府和行业主管部门提供众筹有关政策和制度体系设计的思路和素材。

(4) 建立行业自律的标准。推动合格投资人、项目备案与登记确权、信息公开、操作流程、标准法律文件等制度和规范的建立;增强行业透明度,减少运行和摩擦成本,抑制不正当竞争,防范众筹金融风险,促进众筹金融行业健康发展。

(5) 提升社会知名度。协会会员通过与政府、行业协会、媒体的沟通交流,提升自身的品牌形象和社会知名度。

7.1.3 发展现状

成立众筹行业协会是众筹发展的必然选择。据不完全统计,截至 2015 年 12 月 31 日,全国较具影响力的众筹行业协会共有 8 个。其中广东 2 个,上海 2 个,贵州 2 个,北京 1 个,河南 1 个。

表 7-1 各众筹行业协会概况

协会名称	成立时间	成立地点	主要会员单位
上海现代服务业联合会众筹服务专业委员会	2015.6.28	上 海	众筹家、筹道股权、爱就投、梦立方、中筹网金、一米好地、来筹网、爱创业、众交所、天下众筹、任我居、众投社、天使基金网等
中国私募股权融资行业联盟	2014.10.31	广东深圳	众投邦、大家投、爱合投、云筹、贷帮、爱创业、人人投、天使街、银杏果
深圳市众筹同业公会	2015.1.20	广东深圳	深圳市创东方投资有限公司、深圳新莱源投资基金管理有限公司、深圳市万科德投资发展有限公司等 8 家投资公司

协会名称	成立时间	成立地点	主要会员单位
中国房地产众筹联盟	2015.5.29	上　海	平安好房以及万科、绿地、万通、碧桂园、宝龙地产、大华、东渡国际、华远、绿城、世茂、协信、新希望地产、旭辉、自由筑屋、陆道股份等
新三板股权众筹联盟	2015.6.28	河南郑州	深澳豫商联合会、河南省创业基金会、河南省投资公司、开发区新三板协会、广东省行业协会联合会、华商投资控股集团
中关村股权众筹联盟(筹)	2015.7.9	北　京	天使汇、因果树、京东众筹、牛投众筹、金融客咖啡、一八九八咖啡馆、蝌蚪众筹、众筹网、协同工场、大家投、金融界、天使街、京北众筹、创投在线、云投汇、库天下、海草众筹、InnoSpring、36氪、爱创业、大河创投、网金社、靠谱投融、首科众筹、亮·中国、360金融、洪三版、新众筹、科通芯城、方橙众筹、普惠众筹、乐筹汇、香山众筹、多彩投、轻松筹、梅牡众筹、众投邦等
众筹金融协会	2015.7.14	贵州贵阳	贵阳众筹金融交易所、大数据交易所、美食金融、体育金融、中天金融、贵阳银行、贵阳农商行等
中国众筹产业联盟	2015.10.26	贵州贵阳	人人投、大家投、粤商控股、蚂蚁众筹、京北众筹、抱团投众筹网、众筹板、开心投、人人合伙、人人天使、第五创、众众投、众人筹、希望筹、众人投、云筹、马上投、洲际联合、天使桥、同等网等

从表7-1可以看出,现阶段众筹行业协会的发展具有很强的区域性,且分布较为分散,大多集中在众筹发展相对较好的地区。这些众筹行业协会多为民间自愿发起,由实业公司、投资公司、众筹平台、银行、券商等传统金融业与互联网金融业共同合作成立。跨界合作和资源共享保证了众筹行业能够快速适应当前国家经济发展,顺应时代潮流,促进了众筹金融行业健康发展。

7.2　政策环境

任何一个行业的健康发展都离不开政策法规的监管和支持,监管层对于互联网金融保持着较为宽松包容的态度,但同时也强调互联网金融的发展应该在规范有序的前提下进行。众筹行业发展至今,国内外已出台了不少相关政策。

7.2.1　国外政策法规概述

1. 2012 年 4 月 5 日,为了让中小企业在证券法的制度框架内更容易地融资,作为股权众筹发源地的美国颁布了《工商初创企业推动法》(Jumpstart Our Business Startups Act),简称"JOBS 法案"。该法案对美国 1933 年《证券法》及 1934 年《证券交易法》的相关规定进行了修改,并在第三部分对众筹融资作出了专门规定,以解决近年来美国众筹模式发展中存在的问题。法案中关于众筹的主要内容有以下几项:

(1) 股权众筹标准及投资人要求。"JOBS 法案"首先解除了创业企业不得以"一般劝诱或广告"方式非公开发行股票的限制,这使得股权众筹在法律上获得正式认可。法案另对股权众筹标准及投资人分别作出规定:对每一个项目而言,其融资规模在 12 个月内不能超过 100 万美金。如果投资者年收入和净值均不超过 10 万美元,其出资规模不超过 2 000 美元或该投资者 5% 年收入或净值(以较大者为准);如果投资者年收入和净值达到或超过 10 万美元,其出资规模不超过该投资者 10% 年收入或净值,最多不超过 10 万美元。

(2) 众筹平台注册登记义务。"JOBS 法案"明确免除了众筹平台登记成为证券经纪商或证券交易商的义务。也就是说,众筹平台需要在 SEC (美国证券交易委员会 Securities and Exchange Commission) 登记,仍然在 SEC 的监管下,即使在一定条件下免除登记注册为经纪交易商,仍然需要众筹平台是一个注册的全国性交易证券协会的成员,或是接受 SEC 检查、执法。

(3) 对众筹平台的内部人员限制。"JOBS 法案"严禁平台内部人员通过平台上的证券交易获利,主要包括两个方面:一是禁止向第三方宣传机构或者个人提供报酬,这是对众筹网站解除公开宣传禁令之后实施的附加经济限制;二是禁止众筹平台管理层从业务关联方获得直接经济利益,这是对众筹平台自身合规性的进一步要求。

(4) 众筹平台信息披露。众筹平台的信息强制披露义务包括两个方面,第一是对投资者的风险告知义务,第二是对交易行为本身的信息披露义务。风险告知义务源于股权投资的高风险性,"JOBS法案"要求必须对投资者给予足够的风险提示,包括:按照证券交易委员的适当规则,审核投资者信息;明确投资者已经了解所有投资存在损失的风险,并且投资者能够承担投资损失,通过回答问题,表明投资者:了解初创企业、新兴企业以及小型证券发行机构的一般风险等级,了解投资无法立即变现的风险,按照证券交易委员会确定的适当规则,了解此外其他相关事项。交易信息披露义务方面,法案规定众筹平台应采取 SEC 的规定,降低交易欺诈风险,包括了解每个证券发行机构高管、董事以及拥有 20％可流通股股东的个人背景,以及证券执法监管历史记录,同时在证券销售前 21 天内(或 SEC 规定的其他时间段内),向 SEC 和潜在投资者呈现证券发行机构规定的相关信息。

"JOBS法案"的总体原则是放松了对小微企业的融资限制,给小微企业留出了更多的空间和余地。"JOBS法案"对于我国的证券管制放开,以及后续相关政策的制定,都有着重要的参考价值。

2. 2012 年 12 月 17 日,意大利议会投票选举采用类似美国"JOBS法案"的立法,该法案被命名为"Decreto Crescita Bis",也可以称为"Growth Act 2.0"(《第 221/2012 号成长法令 II》)。规定允许一种新类型的公司——创新初创企业在线融资,并规定唯一合法平台是符合一定设立条件并向意大利证券交易委员会(CONSOB)注册为"门户"的网站,即所谓的股权众筹平台。Decreto Crescita Bis 还要求:融资企业至少 51％由非法人实体组成,不分配利润,年融资额不超过 500 万欧元,企业成立时间少于 48 个月等。经过数月的严格审查,意大利政府最终于 2013 年 7 月签署了该法案及监管细则,从立法上激活了意大利境内的股权众筹。鉴于这些进展,意大利成为第一个修改立法支持股权众筹的国家("JOBS法案"正式生效时间较晚)。

3. 2013 年 10 月 24 日,为保护金融消费者权益,推动众筹行业有效竞争,英国金融行为监管局(Financial Conduct Authority,FCA)发布了《关于众筹平台和其他相似活动的规范行为征求意见报告》,对规范众筹业务提出了若干监管建议。FCA 充分肯定了众筹这一新型融资方式,为公司融资提供了除银行、风险投资之外的更多选择发挥了积极作用。FCA 的基本态度是:投资类众筹平台应该拥有比现在更加广泛的客户群,但是应当确保投资者能够理解并承受其中的风险;寻找合适的保护投资者权益的方法,并不会制造更多的限制条件或障碍阻止众筹平台进入这一领域。征求意见报告共收到了98条反馈意见,FCA对部分反馈意见予以采纳。

4. 法国的众筹活动起步比较早,从诞生之初就与创业紧密相连,与政府促进新兴企业发展、鼓励创新和扩大就业的经济政策十分契合,受到了政府的大力支持。2012年4月,法国政府将发展众筹与职业教育、税收优惠、政府采购和国际合作等计划一起,纳入政府振兴经济和生产发展的规划之中。2013年4月29日,总统奥朗德在全国"创业大会"(Assisesdel' Entreprenariat)上正式宣布,法国将建立"参与性融资"的法律框架,以推动小微企业和青年创业的融资进程。2014年初,在负责小微企业、创新与数字经济的部长 Fleur Pellerin 的主导下,财政与经济工业部拿出了一份集合众筹平台、行业组织与监管机构群智合力的《参与性融资法令》草案,很快在国民议会得到通过。法令对从事不同类型众筹活动的平台进行规制,以实现对众筹活动的监管和对投资者的保护,根据平台所涉服务性质,法令创制了专门牌照,使众筹平台成为了货币与金融服务体系中的新成员。法令的通过,标志着法国成为了继美国和意大利之后第三个对众筹活动立法的国家,也使法国成为了世界上第一个将各种类型的众筹活动统一纳入法律规定的国家。该法令于2014年10月1日正式生效。

5. 关于加拿大的众筹法规,萨斯喀彻温省是第一个吃螃蟹的省份,于2013年12月出台了一项《初创众筹融资豁免权》,允许当地初创企业和小企业通过众筹向一般公众销售证券以募集资金。不过有严格的约定条件,包括:发行人(及其营业)和投资者都必须位于萨省,发行人在一年12月中最多只能筹集2次,每次上限15万加元,投资者每次单笔投资不得超过1 500加元。但是作为一个人口仅113万余、以农业为主要产业的省份,该条例能起到的推动作用相对有限。2014年3月2日,加拿大六省共同宣布了两项全新的众筹豁免条例,鼓励初创期和早期阶段的企业利用在证券监管机构注册的在线门户网站,从大量潜在投资者处获得融资。其中《创业企业豁免条例》议案是以萨斯喀彻温省模式为基础的;第二项则是安大略省证券委员会(OSC)宣布的关于免除特定证券监管要求,并最终许可股权众筹行为的新计划,被称为《众筹豁免条例》。该条例相比萨省有更大的自由度,允许初创企业和中小企业在一年12月中最多可筹集150万加元,投资人每个项目最多可投资2500加元,一年内最多投资1万加元。省、中小企业就贡献了约50%的GDP和55%的就业。而对手握闲钱的普通民众来说,这也意味着难得的投资机会。

6. 2014年3月6日,英国FCA发布了《关于网络众筹和通过其他方式发行不易变现证券的监管规则》。早在2013年10月英国FCA就已经发布过《关于众筹及类似行为的监管方法》的监管征求意见报告,该报告主要对P2P网贷型众筹和股权投资型众筹进行监管,并制定了不同的监管标准,而捐赠型、预售型、实物回报型众筹不纳入监管范畴。也就是说,个人创意、初创企业的筹资可以受到更为宽松的对待。此次发布的《监管规则》相较于《监管方法》增加了一些新的规定:

(1)投资者限制。投资者必须是高资产投资人,指年收入超过10万英镑或净资产超过25万英镑(不含常住房产、养老保险金);或者是经过FCA授权的机构认证的成熟投资者。

(2)投资额度限制。非成熟投资者(投资众筹项目2个以下的投资人),其投资额不得超过其净资产(不含常住房产、养老保险金)的10%,成熟投资者不受此限制。

(3)投资咨询要求。众筹平台需要对项目提供简单的说明,但是如果说明构成投资建议,如星级评价,每周最佳投资等,则需要再向FCA申请投资咨询机构的授权。

《监管规则》受到了英国业界的普遍认可。如Rate Setter公司的CEO Rhydian Lewis表示:规则是一个受欢迎的制度,为行业发展奠定了坚实的基础,P2P网络借贷企业必须重视保护消费者的权益,否则将不被英国投资者接受。

该规则已于2014年4月1日起实施,并计划将在2016年对监管规则实施情况进行评估,根据评估情况决定是否对《众筹监管规则》进行修订。英国P2P金融行业协会CEO Christian Faes表示支持监管规则的出台,它将使投资者得到更高层次的保护,P2P网贷机构已经采取了一系列措施防范风险。英国众筹行业协会主席Julia Groves表示,新规则表明有专门的机构负责对众筹行业进行监管，可以更好保护消费者权益，同时新规则扩大了目前实践中的众筹投资者范围，有利于行业扩大规模。当然，也有英国学者指出，英国应当等待欧盟对众筹业务作出统一监管规则，而非单独出台规定。

7. 2015年3月28日，美国证券交易委员会(SEC)批准了一项颠覆性的最终规则，这项规则与"JOBS法案"第四条的执行有关，也就是所谓的"Regulation A＋"条例。推出"Regulation A＋"条例是为了对此前的"Regulation A"条例进行修补，后者允许企业通过公开发行股票的方式筹集最多500万美元资金，而根据新的规则，小企业和创业公司将获准从"大众"那里筹集最多5 000万美元资金。"Regulation A"条例不可行的原因是要求企业在将要发行股票的每个州都进行交易登记，而对企业来说，要遵循每个州的所谓"蓝天法"的费用实在过高，新规中企业必须遵循每个州"蓝天法"的规定也被取消。"Regulation A＋"条例还将允许创业公司或新兴企业进行所谓的"迷你IPO"，从公众而非只是受信投资人那里筹集资金。对于企业的融资方式来说，这应该会是一项彻底的颠覆性规则。

在美国证券交易委员会就此进行投票以前，令众筹界集体屏息以待的问题是：该委员会是将保持此前提议的新规不变，还是将屈从于各州证券监管机构的压力？这些监管机构立场坚定地反对放宽限制，这是出于它们自己的财务考虑而采取的立场。最终的答案是，美国证券交易委员会守住了自己的立场。美国证券交易委员会决定的另一件很重要的事情则是，哪些人可在这些股票发行交易中进行投资。根据"JOBS法案"的限制，按照"Regulation A＋"条例发行股票的企业必须面向"合格投资者"筹资，这促使有些人主张只有"受信投资人"才可进行投资。所谓的"受信投资人"是指年收入在20万美元以上或是净财富至少达到100万美元的个人。但是，该委员会则对"合格投资者"作出了更宽泛的定义，允许任何人进行投资，但在投资金额上则作出了一定限制。出于保护投资者免受欺诈的考虑，"Regulation A＋"条例仅允许投资者用10％的年收入或净财富对这些股票进行投资。另外，美国证券交易委员会还实施了其他一些强大的投资者保护措施，例如对发行股票的公司进行所谓的"坏分子"背景调查等，并要求其披露财务信息。

8. 2015 年 7 月,韩国国会通过了《金融投资服务与资本市场法案》,人们普遍认为这会极大地促进就业,特别是对于年轻人来说。在此之前,为推动经济增长,韩国国会已通过了一系列法律,这次将众筹合法化法案也纳入到新立法中,意味着众筹在韩国取得了合法地位。

9. 2015 年 10 月 30 日,"JOBS 法案"第三部分(Title III)终于获批,在国内外众筹行业内引起强烈反响。"JOBS 法案"第三部分因涉及股权众筹而备受关注,对旧版本的更新主要体现在以下几个方面:

(1) 募资公司在 12 个月内,通过众筹方式发行证券的募资总额最多不超过 100 万美元。金额与旧版一样,但表述上发生变化。

(2) 对个人投资者在 12 个月内参与众筹的投资额有限制:如果个人投资者的年收入或净值少于 10 万美元,则可以投资 2 000 美元,或年收入或净值较小者的 5%;如果个人投资者的年收入或净值都不少于 10 万美元,则可以投资其年收入或净值较小者的 10%;12 个月内,通过所有众筹方式卖给单一个人投资者的证券总金额不得超过 10 万美元。

(3) 募资公司需要披露的信息包括:证券的公开发行价格或是定价方法,目标发行额,达到目标发行额的截止时间,以及募资公司是否接受投资额超过目标发行额;基于募资公司在 12 个月内发行和销售证券的金额的公司财务报表,以及公司的纳税申报信息。财务报表需要由独立公共会计师评审,或是由独立审计师审计。符合众筹条款的首次发行证券金额在 50 万到 100 万美元之间的公司可以提供评审过的财务报表而不是审计过的财务报表(财务报表已被审计过的除外);主要管理人员的信息,以及占股 20% 以上的大股东的信息;此外,符合众筹豁免规则的公司需要填写 SEC 提供的年度财务报表,并将之提供给投资人。

(4) 集资门户(Funding Portal)需要通过 SEC 注册成为新型集资门户(new Form Funding Portal),并且成为国家证券协会的成员。符合要求的募资公司一次只能在一个众筹平台上发行证券。

"JOBS 法案"第三部分的定稿进一步放宽了豁免范围,明确了豁免细则,限定了股权流动条件,降低了股权变更登记要求,无疑会再次影响我国众筹监管的立法和操作。

7.2.2 国内政策法规概述

1. 2013年10月,北京市海淀区人民政府举行"互联网金融中心"、"互联网金融产业园"、"互联网金融基地"揭牌仪式,同时发布了《关于促进互联网金融创新发展的意见》,该意见提出了多项吸引互联网金融机构聚集的优惠政策,"力争用3—5年时间,打造一批位居全国前列的P2P、众筹以及具有融资信贷功能的第三方支付类标杆性企业,引领互联网金融行业规范发展"成为发展目标。这应是"众筹"首次被写入政府文件中。

2. 深圳作为改革开放的前沿城市,在众筹方面也同样走在前列。2014年3月,深圳市政府发布了《深圳市人民政府关于支持互联网金融创新发展的指导意见》,大力推动互联网金融发展,并提出多项支持政策,加大对互联网金融企业的落户奖励。《意见》明确指出互联网金融作为金融业与互联网产业、现代信息技术产业相互融合的产物,是当前极具创新活力和增长潜力的新兴业态,深圳市政府将大力推动互联网金融发展,进一步发挥金融创新对实体经济的服务支撑作用,培育新的经济增长点。同时明确表示支持和指导股权众筹试点工作的发展。该意见自公布之日起实施至2016年12月31日止。以下为部分节选:

(1) 拓宽互联网企业进入金融领域渠道。支持互联网企业依法发起设立或参股商业银行、证券、基金、期货、保险、消费金融、汽车金融、金融租赁和金融电商等各类金融机构。支持互联网企业通过发起设立、并购重组等方式控股或参股小额贷款、融资担保、融资租赁、典当投资、股权投资、要素平台等新型金融机构。支持互联网企业依托互联网技术和线上线下资源优势,发起或参与设立第三方支付、移动支付、众筹融资、电商金融等机构。

(2) 鼓励互联网金融开展业务创新。支持互联网金融企业探索建立面向中小微型企业线上、线下的多层次投融资服务体系,在融资规模、周期、成本等方面提供更具针对性和灵活性的产品和服务。支持第三方支付机构与金融机构共同搭建安全、高效的在线支付平台,开展在线支付、跨境支付、移动支付等业务。支持互联网金融企业开发各种货币基金类金融理财产品,满足多元化投资需求。鼓励电商机构自建和完善线上金融服务体系,有效拓展电商供应链业务。推动P2P、众筹融资等金融信用中介服务平台规范发展,拓宽金融服务体系。

（3）本意见所指的互联网金融，是指依托互联网、移动通信和大数据处理等技术手段，提供第三方支付结算、移动支付、网络信贷、众筹融资（股权）、金融产品销售、电商金融、要素平台等金融中介服务的法人企业；以及传统银行、证券基金期货、保险等金融机构设立的创新型网络金融机构、电商机构、专营机构和研发中心等。

3. 2014 年 11 月 19 日的国务院常务会议上，李克强总理要求建立资本市场小额再融资快速机制，并首次提出"开展股权众筹融资试点"。

4. 2014 年 12 月 18 日，中国证券业协会公布了《私募股权众筹融资管理办法(试行)(征求意见稿)》(以下简称《办法》)。《办法》征求意见通知包含起草说明和办法正文两部分，其中办法正文共分为七章共二十九条规定，对法规适用范围、股权众筹的准入要求、禁止行为等做了具体的规定，分别对平台、融资者、投资者三方的准入资格和职责进行了阐释。其中有关投资者范围的划定，意味着投资者不再是无门槛进入股权众筹市场，需经证券业协会审核投资者个人资产或投资情况。以下为《办法》中的几个重要内容：

（1）备案登记：股权众筹平台应当在证券业协会备案登记，并申请成为证券业协会会员。证券业协会为股权众筹平台办理备案登记不构成对股权众筹平台内控水平、持续合规情况的认可，不作为对客户资金安全的保证。

（2）备案确认：对于开展私募股权众筹业务的备案申请，经审查符合规定的，证券业协会自受理之日起 20 个工作日内予以备案确认。

（3）平台准入：股权众筹平台应当具备下列条件：在中华人民共和国境内依法设立的公司或合伙企业；净资产不低于 500 万元人民币；有与开展私募股权众筹融资相适应的专业人员，具有 3 年以上金融或者信息技术行业从业经历的高级管理人员不少于 2 人；有合法的互联网平台及其他技术设施；有完善的业务管理制度；证券业协会规定的其他条件。

（4）发行方式：融资者不得公开或采用变相公开方式发行证券，不得向不特定对象发行证券。融资完成后，融资者或融资者发起设立的融资企业的股东人数累计不得超过 200 人。法律法规另有规定的，从其规定。

（5）合格投资者（符合下列条件之一的单位或个人）：

①《私募投资基金监督管理暂行办法》规定的合格投资者；

② 投资单个融资项目的最低金额不低于 100 万元人民币的单位或个人；

③ 社会保障基金、企业年金等养老基金,慈善基金等社会公益基金,以及依法设立并在中国证券投资基金业协会备案的投资计划；

④ 净资产不低于 1 000 万元人民币的单位；

⑤ 金融资产不低于 300 万元人民币或最近三年个人年均收入不低于 50 万元人民币的个人。上述个人除能提供相关财产、收入证明外,还应当能辨识、判断和承担相应投资风险；(本项所称金融资产包括银行存款、股票、债券、基金份额、资产管理计划、银行理财产品、信托计划、保险产品、期货权益等。)

⑥ 证券业协会规定的其他投资者。

(6) 监督管理:股权众筹平台及其从业人员违反本办法和相关自律规则的,证券业协会视情节轻重对其采取谈话提醒、警示、责令所在机构予以处理、责令整改等自律管理措施,以及行业内通报批评、公开谴责、暂停执业、取消会员资格等纪律处分,同时将采取自律管理措施或纪律处分的相关信息抄报中国证监会。涉嫌违法违规的,由证券业协会移交中国证监会及其他有权机构依法查处。

5. 2015 年 1 月 28 日,李克强总理主持召开国务院常务会议,再次强调要完善互联网股权众筹融资机制,支持创新创业。

6. 2015 年 3 月,《办法》征求意见稿进行了修改。修改后的征求意见稿降低了投资者投资单个融资项目的最低金额要求,从不低于 100 万元降至不低于 10 万元;金融资产方面,从原征求意见稿中的不低于 300 万元或最近三年个人年均收入额不低于 50 万元,分别降至 100 万元和 30 万元,取消了对投资单位净资产不低于 1 000 万元的要求。修改后的征求意见稿还对通过众筹平台开展私募股权众筹融资相关服务的中介机构作出了明确规定,要求中介机构对募集资金设立专户管理;对从事关联交易的,应当遵循投资者利益优先的原则,防范利益冲突,并履行信息披露业务;中介机构可以自建众筹平台,也可以通过外包的众筹平台开展股权众筹融资相关服务。与此同时,对于要求通过众筹平台开展私募股权众筹融资服务的中介机构,维持最近一期经审计净资产不少于 500 万元的要求。与原征求意见稿相比,修改后的征求意见稿放宽了个人的投资门槛,对中介机构的监管则趋于加强。

7. 2015 年 3 月 5 日,时任证监会主席的肖钢在接受采访时明确指出,目前《证券法》正在修改的草案给公募股权众筹留出了余地,为下一步创新创造留出了空间。

8. 2015 年 3 月 12 日,国务院办公厅印发了《关于发展众创空间推进大众创新创业的指导意见》,全面部署推进"大众创业、万众创新"工作。《意见》特别提到,国务院将开展互联网股权众筹融资试点,增强众筹对大众创新创业的服务能力。

9. 2015 年 3 月 14 日,十二届全国人大三次会议上印发了《政府工作报告》,将开展股权众筹融资试点写入其中。修改说明提到:报告第三部分"把改革开放扎实推向纵深"中"围绕服务实体经济推进金融改革"一段,增加"开展股权众筹融资试点"。政府高层更多考虑到国内经济的增长压力,中小企业融资难是一个大问题,开展股权众筹融资试点,建立多层次资本市场,符合当前经济形势。虽然目前法律法规尚不成体系,但可以肯定的是政府是鼓励支持的。

10. 2015 年 4 月 20 日,《证券法》修订草案提交,将股权众筹纳入修改,"证券经营机构或者国务院证券监督管理机构认可的其他机构以互联网等众筹方式公开发行证券"条例位列证券法修订草案。以公开发行方式直面大众投资者的公募股权众筹终于迎来时代转折期。此前,《私募股权众筹融资管理办法(试行)(征求意见稿)》的出台,让行业一度解读为股权众筹的"转正"标志,但是不可否认,在发展过程中依旧面临合格投资人的投资额度、投资门槛、投资群体等诸多"尴尬"门槛。此次《证券法》修订,加速了我国众筹行业的健康发展,标志着国内股权众筹行业法律地位即将明确与合法化。全国人大财经委副主任吴晓灵也在清华五道口全球金融论坛上表示,修改后的《证券法》将会给众筹一个法律地位。

11. 2015 年 6 月 11 日,国务院发布《关于大力推进大众创业万众创新若干政策措施的意见》。要搞活金融市场,实现便捷融资,"支持互联网金融发展,引导和鼓励众筹融资平台规范发展,开展公开、小额股权众筹融资试点,加强风险控制和规范管理。"这是开展股权众筹融资试点首次被写入国家文件。

12. 2015 年 7 月 4 日,国务院发布《关于积极推进"互联网＋"行动的指导意见》,"积极发挥天使投资、风险投资基金等对'互联网＋'的投资引领作用。开展股权众筹等互联网金融创新试点,支持小微企业发展。"股权众筹融资试点再次被提及。

13. 2015 年 7 月 6 日,广东出台《关于创新完善中小微企业投融资机制若干意见》,"开展互联网股权众筹试点,实现中小微企业股权众筹的登记确认和流转交易。"《意见》还指出,广东省政府在未来两年,省财政将统筹安排专项资金 66 亿元,加大对中小微企业投融资的财政资金支持。

14. 2015 年 7 月 18 日,人民银行等十部委(中国人民银行、工业和信息化部、公安部、财政部、国家工商总局、国务院法制办、中国银行业监督管理委员会、中国证券监督管理委员会、中国保险监督管理委员会、国家互联网信息办公室)联合发布了《关于促进互联网金融健康发展的指导意见》(银发〔2015〕221 号,简称《指导意见》)。以下为部分节选及解读:

股权众筹融资。股权众筹融资主要是指通过互联网形式进行公开小额股权融资的活动。股权众筹融资必须通过股权众筹融资中介机构平台(互联网网站或其他类似的电子媒介)进行。股权众筹融资中介机构可以在符合法律法规规定前提下,对业务模式进行创新探索,发挥股权众筹融资作为多层次资本市场有机组成部分的作用,更好服务创新创业企业。股权众筹融资方应为小微企业,应通过股权众筹融资中介机构向投资人如实披露企业的商业模式、经营管理、财务、资金使用等关键信息,不得误导或欺诈投资者。投资者应当充分了解股权众筹融资活动风险,具备相应风险承受能力,进行小额投资。股权众筹融资业务由证监会负责监管。

(1) 股权众筹的创新性市场地位

《指导意见》第一次明确指出和肯定了股权众筹融资模式在中国金融服务行业中的创新性市场地位。股权众筹融资平台,作为实体经济的多层次金融服务体系中的一员,相比起传统的金融服务提供者,比如国有银行,在一定程度上可以更好地满足中小企业和个人投融资之间的需求,进一步拓展普惠金融的广度和深度。

（2）消费金融，股权众筹让金融更美好

消费金融是国家在2015年提出的一个重要战略和概念，依托互联网技术，股权众筹中的实体连锁店铺众筹模式也越来越多地进入大众的视野，其具有两个鲜明的特点，一是更适合抗风险能力相对较低的大众投资人参与，因为其更容易受大众理解；二是作为消费金融的表现形式，有广阔的市场空间。

（3）股权众筹平台的本质和核心价值

《指导意见》既明确了互联网金融本质仍属于金融，没有改变金融风险隐蔽性、传染性、广泛性和突发性的特点（需要加强互联网金融监管），又指出互联网金融是新生事物和新兴业态，要制定适度宽松的监管政策，为互联网金融创新留有余地和空间。

（4）政府监管，将对股权众筹平台的发展起到决定性作用

《指导意见》再次明确划分了负责股权众筹的监管机构——证监会，并指出：股权众筹融资方应为小微企业，应通过股权众筹融资中介机构向投资人如实披露企业的商业模式、经营管理、财务、资金使用等关键信息，不得误导或欺诈投资者。投资者应当充分了解股权众筹融资活动风险，具备相应风险承受能力，进行小额投资。

（5）股权众筹平台将面临洗牌

由于缺乏监管条例，互联网金融行业一边是雨后春笋般的各类平台上线，另外一边是数以百计的平台倒下，负面新闻也不断出现。伴随着《指导意见》和相关规则的出台必将加速互联网金融行业的洗牌与变局，这对于互联网金融企业来说，既是挑战，但也是其谋求良性与高水平发展的动力与机遇。

《指导意见》的出台对于股权众筹行业现在和未来的长远发展都具有深远的意义，将规范互联网金融市场秩序，规范互联网金融平台的运营规则。尚在发展初期阶段的股权众筹行业得到合法肯定，也将走上更加合理、合法、合规的高速公路。

15. 2015年7月22日，广东省金融办对外发布了《广东省互联网股权众筹试点工作方案》。《方案》中显示，科技众筹模式、纯互联网运营模式、一站式创业综合服务模式、互联网众筹交易中心模式、专注新三板股权投资模式、

依托区域性股权交易市场的股权众筹综合服务模式、与公益众筹相结合模式、综合金融服务模式、其他创新模式等9种众筹运营模式平台或有望拿到试点"指标"。《方案》同时显示了广东的"野心"——"把我省建设成国内互联网股权众筹发展的新高地"。还为自己制定了目标——2015年年底全省互联网股权众筹平台达50家,挂网创业创新项目5 000个,成功筹资的创业创新项目400个,完成众筹融资额5亿元。

16. 2015年7月29日,中国证券业协会网站正式发布了《场外证券业务备案管理办法》,自2015年9月1日起施行,私募股权众筹业务也被纳入并实施备案管理。多位股权众筹平台人士表示,这可以理解为在《私募股权众筹融资管理办法》正式出台之前,私募股权众筹备案制率先落地。

17. 证监会作为股权众筹监管机构,开始对各类股权众筹平台进行调查,2015年8月7日,中国证监会新闻发言人邓舸在例行新闻发布会上表示,证监会决定近期致函各省级人民政府,规范通过互联网开展股权融资的活动,同时部署对通过互联网开展股权融资中介活动的机构平台进行专项检查。证监会公众号随后发布了部署专项检查的《关于对通过互联网开展股权融资活动的机构进行专项检查的通知(证监办发〔2015〕44号)》。节选内容如下:

(1)公募、私募分开监管

股权众筹融资主要是指通过互联网形式进行公开小额股权融资的活动,具体而言,是指创新创业者或小微企业通过股权众筹融资中介机构互联网平台(互联网网站或其他类似的电子媒介)公开募集股本的活动。由于其具有"公开、小额、大众"的特征,涉及社会公众利益和国家金融安全,必须依法监管。未经国务院证券监督管理机构批准,任何单位和个人不得开展股权众筹融资活动。目前,一些市场机构开展的冠以"股权众筹"名义的活动,是通过互联网形式进行的非公开股权融资或私募股权投资基金募集行为,不属于《指导意见》规定的股权众筹融资范围。

(2)私募股权众筹经营范围界定

目前一些地方正在制定或已经发布开展互联网股权众筹试点的相关政策性文件,其中界定的"股权众筹"与《指导意见》定义的"股权众筹"不一致。将非公开股权融资或私募股权投资基金募集行为称为"股权众筹",易引起市场和社会公众对股权众筹概念的混淆。专项检查对于股权众筹的监管的方向基本确定,检查对象包括但不限于以私募股权众筹、股权众筹、众筹等名义开展股权融资活动的平台,检查目的是发现和纠正违法违规行为,排查潜在的风险隐患,引导其切实发挥服务实体经济的作用。专项检查的内容是,平台上融资者是否进行公开宣传,是否向不特定对象发行证券,股东人数是否累计超过200人,是否以股权众筹的名义进行私募股权投资基金。文件指出,检查发现股权融资平台或融资者涉嫌非法发行股票或者非法经营证券业务的,按照打击非法证券活动工作机制,及时提请省级人民政府做好案件查处和处置善后工作。发现涉嫌犯罪的,应当及时移送公安机关,依法追究刑事责任。未构成犯罪的,应当责令其限期改正,并依法立案查处。

18. 2015年8月10日,中国证券业协会根据中国证监会《关于对通过互联网开展股权融资活动的机构进行专项检查的通知》(证监办发〔2015〕44号)精神,将《场外证券业务备案管理办法》第二条第(十)项"私募股权众筹"修改为"互联网非公开股权融资"。这是证监会继致函各地方政府规范通过互联网开展股权融资活动的文件之后的又一举措。

19. 2015年9月26日,经李克强总理签批,国务院印发《关于加快构建大众创业万众创新支撑平台的指导意见》(以下简称《指导意见》),这是对大力推进大众创业万众创新和推动实施"互联网+"行动的具体部署,是加快推动众创、众包、众扶、众筹(统称四众)等新模式、新业态发展的系统性指导文件。四众通过"互联网+"实现劳动、知识、技术、资本等生产生活要素的最低成本集聚和最大化利用,催生新供给、释放新需求、绽放新活力。是稳增长、调结构、促改革、惠民生的关键力量。《指导意见》提出以众智促创新、以众包促变革、以众扶促创业、以众筹促融资等重大发展方向和十七条重点举措,旨在激发全社会创业创新热情,指导四众规范发展,进一步优化管理服务。

7.3 众筹大事记

7.3.1 2014年中国众筹行业十大热点事件

2014年众筹开始进入高速发展期。这一年,越来越多的人开始了解并参与众筹。行业发展出现可喜的局面。下面就 2014 年众筹行业发生的大事进行盘点(以时间为序)。

1. 众筹行业整体倍增

据中申网监测数据显示,众筹平台数量在 2014 年从 1 月的 43 家增至 11 月底的 122 家。

2. 点名时间放弃众筹、转向预售

国内最早的众筹网站点名时间在 8 月 1 日,宣布放弃众筹模式,转向智能新品预售。

3. 电商巨头掘金众筹

3 月,阿里巴巴推出"娱乐宝",冠以"娱乐众筹"的名义推出。之后百度也推出了相应的"百度有戏"。8 月 1 日,京东商城决定从智能硬件领域作为切入口,进入众筹领域。

4. 京东和远洋推房产众筹

在双 11 当天,京东金融联手远洋地产推出的房产众筹项目,据有关监测数据显示,截至 12 月 1 日上午 10 点活动结束,京东金融与远洋地产携手从 11 月 11 日发起的房产众筹项目从第一波的 11 元筹 1.1 折房,到第二波的 5 000 元筹独家折扣房等,两波活动总计吸引了近 20 万人次参与,筹资金额超过了 2 200 万元,涉及的房屋总价值超过了 25 亿元。

5. "西少爷"分裂:祸起股权众筹资金分割

"西少爷"创始人之一宋鑫发表公开信指责另一创始人孟兵账务不透明、欠其他众筹投资人钱不还,并暗示自己被迫离开公司。随后"西少爷"的另外两名创始人同样以公开信的形式做出了回应,称宋鑫好吃懒做、借机炒作。宋鑫"声讨"昔日创业伙伴引发了网友和创投的关注,抛开人品孰是孰非不谈,最终问题还是在资金分割上。

此事向广大投资者揭示了股权众筹的高风险性,亟需道德自律、法律监管措施的完善。

6. 国务院会议承认股权众筹

11 月 19 日,国务院常务会议决议,开展股权众筹试点。这是政策层面首次承认"众筹"的存在,引起行业内热烈反响。

7. 众筹权威门户——"众筹家"平台正式成立

12月,《理财周刊》旗下的众筹行业的权威门户"众筹家"平台正式成立,通过资源的整合、匹配,众筹家充分显示权威媒体的特性,将为众筹行业发展提供公平、权威的第三方平台。

8.《私募股权众筹融资管理办法(试行)(征求意见稿)》颁布

中国证券业协会12月18日公布了《私募股权众筹融资管理办法(试行)(征求意见稿)》。作为第一部涉及众筹行业的监管规则,《办法》就股权众筹监管的一系列问题进行了初步的界定。

9. 众筹咖啡店:众筹线下模式

据统计,目前国内比较知名的众筹咖啡馆有 hercoffee 北京、1898 咖啡馆北京、北京车库咖啡、江南1535茶馆、123茶楼等。众筹在刺激我们眼球的同时也掀起了一股创业热潮,现下发起众筹咖啡大多淡化了收益色彩更在意其搭建的社交平台。

10. 京东宣布涉足股权众筹

2014年12月31日,京东集团创始人兼CEO刘强东透露,该公司股权众筹平台将很快上线。此前,京东金融已发布了产品众筹,并结合自身优势,重点在智能硬件和流行文化两个领域发力。

7.3.2 2015年中国众筹行业十大热点事件

2015年,众筹作为一种全新的互联网金融业态,已经渗透到人们日常社会经济生活。这一年,行业内也发生了诸多影响行业发展的大事件(以时间为序)。

1. "开展股权众筹融资试点"时间落实

3月14日,十二届全国人大三次会议上印发的《政府工作报告》,明确把"股权众筹融资试点"列为2015年金融改革的内容之一。

12月25日,证监会副主席方星海在国务院新闻办公室新闻吹风会上,首次确认了2016年将开展股权众筹融资试点。

前有国务院鲜明的政策导向,后有作为监管层的证监会肯定态度,在"双重利好"的刺激下,2016年股权众筹的发展注定将会迎来爆发期。

2. 京东等电商巨头进军众筹

3月31日,取名"东家"的京东金融股权众筹正式上线,采取"领投+跟投"模式。京东的带头示范,引发了互联网企业纷纷抢占众筹领域的浪潮,阿里、苏宁、小米、百度、优酷、360等先后布局众筹。毫无疑问,巨头的进驻有利于提升行业的社会关注度,引导资本流入众筹市场。

对于在金融领域一直落后阿里的京东来说,此次布局股权众筹被看作是京东错位反击的重要利器,同时也有利于推动整个行业的良性发展。

3. 蚂蚁达客拿到首张股权众筹执照

6月9日,蚂蚁金服旗下的股权众筹平台"蚂蚁达客",在上海成为首个获得工商登记确认的股权众筹企业,这也是全国第一例。

4. 首份中国众筹行业全景报告出炉

6月28日,国内最具权威的第三方门户众筹家在首届众筹金融博览会上,重磅发布了行业首份全景报告《中国众筹行业报告2015(上)》。报告内容囊括众筹行业中165家平台数据,并对数据进行了多维度的分析。

众筹家作为专注众筹行业的独立第三方门户,第一次如此系统地总结行业最新发展动态,在业界引起了极大的反响,也体现了其作为媒体方的巨大影响力。

5.《互金指导意见》出台,股权众筹模式获肯定

7月18日,《指导意见》指出股权众筹融资主要是指通过互联网形式进行公开小额股权融资的活动,必须通过中介结构平台进行,这对于股权众筹融资活动的规范运作具有重要的指导意义。

6.《大圣归来》引爆影视众筹

2015年的暑期档,国产电影《大圣归来》以9.56亿元的票房成功问鼎国产动画电影的票房宝座。奇迹的背后是89个众筹人780万元众筹资金的投入,创造了本息超过3 000万元的回报。

火爆的票房及超高的投资回报率,引起了人们对众筹这一汇聚草根创业梦想的互联网投融资方式的热议。甚至有人断言,人人当股东的时代已经来临。

7. 证监会对股权融资平台进行专项检查

8月7日,证监会决定对通过互联网开展股权融资中介活动的机构平台

进行专项检查,严防打着股权众筹名义的旗号进行募集私募股权投资基金的做法。

此举有利于规范通过互联网开展股权融资的各项活动,引导股权融资平台围绕市场需求明确定位,切实发挥服务实体经济的功能和作用。

8. 股权众筹第一案宣判,厘清平台责任

9月15日下午,北京海淀法院对"股权众筹第一案"做出公开宣判,股权众筹平台在融资过程中的责任被厘清。至此,股权众筹第一案告一段落。

本案的宣判很好地体现了监管机构及司法机构在风险可控的前提下,鼓励包括股权众筹在内的金融创新的态度,对众筹立法有着十分重要的参考价值。

9. 积木旅行成国内首个股权众筹退出案例

10月,在天使客股权融资平台上的众筹项目——积木旅行当中的41位股东在A轮融资中全部退出,投资人获得了5倍的投资回报。

这成为国内互联网股权融资行业首个成功退出的案例,对于一直以退出难为痛点的股权众筹来说无疑是一个重大利好。

10. 习近平主席力推网络经济

12月16日到18日,第二届世界互联网大会在浙江乌镇如期举行,国家主席习近平在大会开幕式上发表主旨演讲,强调发展网络经济、推进信息惠民。不仅如此,众筹平台Kickstarter联合创始人首次在大会出现并发表演讲,这进一步证明了众筹的国际影响力与日俱增。

随着中国互联网产业的迅猛发展,以众筹为代表的互联网金融新型经济形态,将会极大地促进互联网和实体经济的高度融合。

7.4　CEO 观点

由于众筹的概念进入中国相对较晚,且国内早期缺乏具有丰富经验的众筹专家学者来引导中国众筹行业的发展,因此众筹早期的经验是最先接触众筹行业的创业者们在不断摸索不断失败中慢慢积累而来的。有不少平台因下线、转型纷纷离开众筹舞台,可见众筹在中国的发展并非一帆风顺。比如

2011年中国最早成立的众筹平台点名时间曾在2014年宣布转型为智能硬件新品限时预购平台,而于2015年又决定重返众筹。

值得高兴的是,虽然众筹前期发展困难重重,但每年仍然有很多新平台成立,而且大量的投资人、创业者、众筹平台创始人和众筹行业观察员们前仆后继,全身心投入到众筹事业当中,为中国众筹发展谋出路。其中最典型的当数投身在众筹最前线的众筹平台创始人和CEO们,他们以独特的角度以及多年来对众筹的理解,从各个方面探讨未来众筹发展之路,提出了许多宝贵的观点。

表7-2　CEO观点

姓　名	称　谓	观　　点	出　　处
杨　勇	众筹家 CEO	1. 在当前经济下行、实体经济表现持续低迷的大背景下,创新不应该局限于传统经济领域,互联网金融领域内的创新也显得极其重要。以当前的我国中小企业面临的融资难的困境为例,股权众筹就是对传统融资模式的一种探索创新。通过积极发展股权众筹,发挥其公开、小额、大众的特征,可以大大缓解中小微企业解决融资难的状况,更好地服务企业与实体经济。	创新为何是国家战略核心?
		2. 众筹经济是基于互联网通过众筹所产生的经济活动的总和,是在信息网络化时代产生的一种崭新经济现象。众筹经济是以信息产业为基础的经济,它以众筹为核心,以网络信息为依托,采用最直接的方式拉近服务提供者与服务目标的距离。可以说,在众筹经济活动中,信息是经济决策依据、众筹是资源整合手段、网络是交流交易途径。	众筹经济是互联网金融的最高价值体现
郑　林	人人投 CEO	1. 众筹推动金融制度变革。互联网时代将赋予众筹合法而广阔的表达机会,让初创企业可以低成本地展示自己的创意与思路。投资者则能便捷地获取创业信息,寻找具有发展潜力的项目并完成投资。初创企业与投资者的直接对话,无疑提高了资本的流动效率。	贵阳影响世界众筹助推发展
		2. 良好的众筹环境,将吸引大量创客的关注,让众多项目在贵阳落地发展。与之伴生的是,普通老百姓能够以较小的投入,参与到曾经触不可及的投资中去,享受成为股东的荣誉和收益。二者结合,则将带来大量的就业机会与难以估量的税收收入。	
		3. 诚信体系是私募股权融资领域净化器。	诚信体系是私募股权融资领域净化器

姓　名	称　谓	观　　点	出　　处
朱鹏炜	众投邦董事长兼总经理	1. 股权众筹创新不一定会围绕股权众筹的业务创新，还有股权众筹流程、股权众筹投资人理性创新模式，尤其是在股权众筹领域也会加大政策力度的创新。	将股权众筹纳入资本市场是重大突破
		2. 将股权众筹定位为中国市场有机组成部分。有机组成部分将股权众筹纳入资本市场的范畴，而不是原来合法和非法的磨合地带，预示着未来除了新三板，全国各地的四板，可能会构成多层次、多区域、多行业、不同种类的新五板，这是中国资本市场有机组成部分。	
		3. 支持草根创业一定需要大众的钱支持，而不是银行的钱。银行很少支持早期的创业团队，早期的创业团队一直是靠每一位投资人的钱支持的。	支持草根创业一定需要大众的钱，而不是银行的钱
孙宏生	众筹网CEO	1. "大众创业、万众创新"创业的前置条件是创新，只有不断提升创新能力尤其是敏捷创新能力是提高创业成功的关键。而通过互联网金融平台，尤其是通过众筹模式验证创新，是帮助创业者成功的重要手段。	中西方创业成功率相差10倍
		2. 众筹是无担保融资，在无担保的情况下，对于信息披露的要求是非常苛刻的，这也提供了一种非常好的征信模式，将会成为众筹的一种生态。另一方面，创业者还可以把一部分消费者或债权人变成自己的股东，把以前高门槛的 VC/PE 这类股东变成大众化的股东，每个人投几万块钱就可以成为创业者的股东，这种新型融资方式一定会成为未来的趋势。	众筹不等于屌丝逆袭
		3. 一个合格的众筹平台必须是融合了金融基因，而又具备互联网公司敏捷、快速迭代以及尊重用户体验等因素。众筹既是互联网也是金融，但未来平台间竞争的核心还是在于其金融能力。	现在论众筹行业格局还为时过早
谢宏中	云筹CEO	1. 天使投资是高风险行业，是一个只有富人才可以参与的概率游戏，同时也具有极强的专业性门槛，根本不适合普罗大众。	股权众筹本质上更需要 O2O 意识
		2. 如果众筹平台只是一个帮创业者和投资人对接的信息平台，那一定会歇菜；如果众筹平台只是帮那些产品还在创意阶段的创业项目预售商品，再搭配赠送一点儿股份，那一定会歇菜；如果众筹平台只是在"高大上"的投资基金投资一个项目时找一批不明就里的人来帮衬帮衬，那也一定会歇菜。	
		3. 帮助创业项目筹到资只是第一步，帮助融到资的创业项目成长，提高创业的成功率，提高投资人收益机会和比率，才是众筹的王道和根本。	

姓　名	称　谓	观　点	出　处
兰宁羽	天使汇 CEO	1. 中小企业融资难是一个伪命题，只要创业者足够努力，就一定能获得融资。股权众筹是一项风险极高的投资项目，应设置较高的投资门槛。与其鼓励草根大众参与股权众筹投资，还不如鼓励草根去创业。	股权众筹不是大众游戏草根创业正是好时机
		2. 每一个投资人都有做领投人的资质，这些投资人有自己独特的判断力，领投人的价值在于不仅能为初创企业引入资金，更重要的是能带来人脉、管理指导经验等重要资源。	
		3. 股权众筹对提高资源配置效率、激活社会闲置资本、激发参与者积极性发挥着重要作用，未来行业将呈现出百花齐放的态势，市场规模将达到几十万亿元的级别。	
杨溢	智金汇 CEO	1. 传统创投机构有可能同时投资多个项目，其中一个成为"独角兽"就达到预期目标了。但平台的项目量会越来越多，需要建立一个分散投资风险的机制，因此投资策略主要还是求稳为主。	希望平台项目5年内增值10—20倍
		2. 与可以直接通过直观数据来判断好坏的PE项目不同，无论从平台还是投资人角度来说，VC阶段的项目需要更多个性化的判断。	
		3. 选择项目的三大侧重点：第一个是智能硬件；第二个是大健康；第三个是泛娱乐文化产业。	
管晓红	青橘众筹 CEO	1. 中国整个众筹行业包括股权众筹在内，发展得非常快速。而任何一个行业在快速奔跑的时候都需要有序的监管。既要快速奔跑，也要有序地监管，这个行业才能非常健康地发展起来。	股权众筹既要快速奔跑也要有序监管
		2. 递进式的众筹模式，比较符合中国目前众筹大的环境背景。在成功的项目当中发现一些成熟的创意或者项目执行团队，把它引入到后期的股权众筹平台上，开始做股权众筹。先经过市场对项目进行筛选和认可，之后再放到股权众筹平台上来便会降低项目的筹资风险度，也提高了项目的直接融资的成熟度。	递进式众筹可降低项目筹资风险
		3. 整个众筹市场需要培育，不管是项目创意，还是创业团队执行力，目前都是远远不够的。小微企业的市场营销意识薄弱，他们的产品也需要打磨，所以平台承担的责任不是急功近利的，有更多耐心和责任去做培育的角色。	国内众筹市场需要培育
		4. 科技项目一般都是技术创新驱动型，模式清晰，成长性高，通过众筹的方式也更容易获得投资人认可。	众筹加速迭代筹资平台或变身孵化平台

姓　名	称　谓	观　　　　点	出　　处
赵洪伟	乐童音乐 CEO	1. 众筹虽然在 2025 年中国市场会有 500 亿美金的规模，但是现在中国还是刚刚起步，大家都还是在摸索当中。更多大佬进入市场，对整个众筹来说我觉得不是很好的现象。因为大佬就是有钱，他会用钱砸，让这个模式有很多变味的事情。	中国众筹市场将达 500 亿美金 文化类领跑众筹资本
		2. 众筹行业需要一些明星项目带动大众注意力，比如 Kickstarter 走进大众视野跟相继出现几个过百万美金的筹资项目也有关系。	时间对梦想，听听这些众筹先行者的故事
		3. 众筹项目成功的三个要素。第一，要有一个比较好的故事，情怀或者是好的故事可以打动人。第二是传播共鸣。第三是要有精准的营销。要是可以做到这三个因素，成功的几率就很大，否则就会失败。	新常态下文化企业与金融资本如何对接
石　俊	天使客 CEO	1. 股权众筹实际上是一个风险很高的投资，国内对这种类型投资的认识程度还不够，需要有更多的教育普及，未来股权众筹才有更大的发展空间。如果你在天使客网站上多呆几分钟，你就会看到这样的图片，"天使投资需谨慎，不盲目跟风"。	众筹不可盲目跟从
		2. 股权众筹核心的要点是有好的资源和强大的公关推广能力，小平台只有在政策的指引下，不断壮大完善自身，增加平台估值和客户黏性，为每个募资的项目提供定制化的服务。	意见让初创型股权众筹平台备受鼓舞
		3. 目前愈传愈烈的资本寒冬论并不可怕，反而是优质创业项目生根发芽的春天。而在专业的众筹平台上，跟着投资大佬进场玩股权，是发掘到这些优质股权的最好途径。	"天使客"在沪举办高端投资论坛
张　佑	点名时间 CEO	1.（中国式众筹）错的不是逻辑，而是错在用自己的思维去代替创业团队思考，代替消费者去买单。用户体验差使得回报型众筹会被预售型取代。	辗转三年点名时间为何从智能硬件首发回归众筹
		2. 众筹概念仍将不断地激化消费者和团队、平台和消费者、平台和团队之间的各种矛盾，而这种矛盾将愈演愈烈，最终会导致众筹行业的混乱。我们觉得未来半年到一年之内，所有实物类众筹平台都会转型成为预售平台的原因，不管对方认为自己是什么。	众筹为什么在中国水土不服？
李军华	资本汇 CEO	1. 众筹模式就是一种创新，众筹不仅可以实现低成本的融资。创业者还可通过众筹人、筹智，实现资源的高效利用，为创业者打通人脉，筹资源，拓展市场。	互联网＋的创业投资生态体系——资本汇，专注于创业与投资的社交平台
		2. 众筹是"平等、开放、协作、共享"的互联网思维的核心体现。互联网使得金融的本质得以回归，信息更为对称，筹资成本进一步降低；资源在互联网上得以重新分配、整合，互联网将众筹革新，打破金融垄断，实现资本汇核心使命——人人皆可创业和投资。	
		3. 股权众筹和创投不是颠覆性的革命，而是创投的互联网化，两者可以做到非常好的结合。股权众筹会重构未来创投行业。	

姓　名	称　谓	观　　点	出　　处
李群林	大家投CEO	1. 由于股权众筹是一个完全开放、自由交易的市场，而VC是封闭式线下运营的，所以，在未来的投融资市场，股权众筹交易比例会逐步增大，而VC会逐步减少，最终，股权众筹在体量上一定会超过VC。	被评价为比马云更马云的人
		2. 随着股权众筹法规即将落地，新生的股权众筹网站都会出来，培育市场的玩家多了，整个股权众筹市场的兴起就比较快。	众筹法规能否"如约而至"？
		3. 股权众筹里生存下来的平台必须满足两点要求：（1）必须是合法合规的；（2）必须保持客观公正的立场，同时为投资人和创业者提供专业、优质的投融资服务。相对而言，不满足这两点之一的平台将被淘汰，尤其是那些实力较弱的中小平台。	公私分野股权众筹面临洗牌
徐文伟	爱就投CEO	(1)业态传统，违背产业升级发展趋势的企业不能投；(2)没有特色，在细分市场没有行业地位的企业不能投；(3)市场容量小，天花板过低的企业不能投；(4)老板包袱过重，精力分散，不专注的企业不能投；(5)不懂得融入时代，不懂得借力，不"触网"的企业不能投；(6)过分强调技术研发，不以销售为中心的企业不能投；(7)过往信用不良的企业不能投；(8)没有投行基因，不懂投资的众筹平台发布的项目不能投；(9)没有专业管理机构，没有懂行的带头大哥参与的项目不能投；(10)只想发财，不愿意承担投资风险的投资人，所有的项目都不能投。	众筹十大负面清单
王振安	抱团投CEO	众筹首先是去筹人，寻找一群志同道合的投资人，以及将项目需要的消费群体圈定，使其具有其他项目不可复制的优势，之后才能实现筹钱和筹智。	办好世界众筹大会，打造世界众筹之都
赵妍昱	投壶网CEO	1. 在股权众筹行业发展初期，由于资本暖流的呵护，平台无论先天基因好坏都能肆虐生长。然而，随着资本寒流的到来，投融资行为都相对理性。在背景下，众筹平台还能否继续存活，就取决于平台是否具有真正的创新。而创新的判定标准在于：这种业务创新是否提升了原有业务运行效率；是否实现了商业模式生态化改进。金融创新的本质就是尊重金融规律的前提下，对金融传统商业模式进行变革。	股权众筹平台能否继续存活取决于其创新能力
		2. 众筹不仅仅是中小微企业的一种融资渠道，更是好项目的筛选和商业价值的发掘。同时，众筹也可以推动中国实体企业的积极发展，以众筹平台运作项目的成功展示中国经济大国形象。	众筹是多层资本市场的有益补充

姓　名	称　谓	观　　　　点	出　　处
俞文辉	VChello微投网CEO	1. 从去关系化、去熟人化的方向考虑投资。天使更重要的是投人。在天使投资这块，当创业者在产品都还没有的情况下，还是要看创业者本身的魅力。 2. 传统的以既得利益为目标的投资方式势必会被资本市场淘汰，而股权众筹这种新的以分享经济的合投共赢的方式将会逐渐跻身主流，从而营造一种愈发良好向上的创投氛围，促进经济增长架构的多元化发展，所以说，天使投资一定要有情怀。	众筹成未来三年热点

注：以上观点均由互联网上公开发表的文章整理而成。

第八章 众筹项目评价及案例分析

8.1 项目评价的理论方法

8.1.1 项目评价的发展历程

投资项目的过程就是一个评价项目投资的过程,选择具有巨大发展潜力的投资项目是投资获得成功的重要环节,按照时间维度,可以把项目评价的发展划分为以下三个阶段。

(1) 20 世纪 40 年代至 70 年代初。投资家主要是依据过往自己投资的经验和直觉判断投资项目中的风险,评价较为感性。

(2) 20 世纪 70 年代初期到 90 年代初期。70 年代以后,由于互联网等新技术的发展,出现了大量创新项目。这些项目无论从技术上还是商业模式上,都与传统项目有很大的不同,出现了风险投资的概念。这种情况下,通过经验及直觉判断项目就很难评估项目了。于是,在理论层面,建立了项目评价指标体系,但评价指标多以定性指标为主;在实践层面,一些成功投资家的决策艺术被传播和效仿。

(3) 20 世纪 90 年代初期开始直到今天。20 世纪 90 年代以来,对项目评价的研究进一步深入细化。在理论上,对评价过程和评价指标体系进行更加深入全面研究的同时,重点关注对项目的定量评价方法的研究,强调在严格定性分析基础上的精确定量分析,强调定量分析方法在投资项目评价中的应用。在实践上,投资家之间具有更多的交流和互动,一些投资家由成功投资而总结出来的经验和规则通过媒体更大范围地传播。近期,微信等社交媒体上出现专门进行项目评价的圈子或机构,主要是通过讨论及专家点评的方式进行项目评价。

8.1.2 项目评价的一般方法

投资机构在评价项目时,通常先用层次分析法将复杂问题分解成各个组成因素,再按支配关系分组形成有序的梯阶层次结构,通过两两比较评分,综合计算相互权重,最后得到所有风险因素的相对重要性总排序。然后用模糊评价法对那些模糊的、不确定的事物进行量化,从而做出相对客观、正确、符合实际的评价。模糊综合评判方法是用单因素隶属函数来表示某个因素对评判对象的影响,然后利用加权法综合各个因素对评判对象的影响,最终得到关于该评判对象的综合评判。具体步骤如下:

1. 指标确立

项目评价首先要根据项目的相关情况选取指标,构建评价指标体系。一般情况下,一级指标包括项目前景、商业模式、竞争能力、团队能力和项目收益。从投资人的角度来看,一级指标概括性强,在做评价时需要更具体、更细化的指标,所以在一级指标的基础上需建立二级指标以求更方便地从项目中提取信息。

(1)项目前景:项目前景一般要从技术发展趋势、市场规模及潜能、政策导向、公司基本信息 4 个方面进行考虑。投资一个项目首先看趋势和方向,项目要从客户的需求出发。然后看市场容量,包括现有的和潜在的市场以及市场规模、市场稳定性、营销策略 4 个方面。对于很多创新性的行业,尤其是互联网行业,行业分析很重要,需要借助互联网等手段深入地了解项目所在行业的情况,包括市场潜力、竞争对手、发展前景是否如融资方所描述的情况。政策导向和产业环境是项目成功运营的必要因素。公司的基本信息是评估项目的基础,需要充分的了解,一般从公司的注册情况、公司的运营时间、相关从业牌照及许可证、注册资金数量、企业是否有齐全的六证一卡材料(营业执照、开户许可证、法人身份证、组织机构代码证、两个税务登记证、贷款卡)、企业征信信息等方面进行了解。

(2)商业模式:商业模式从目标人群、产品或服务模式、盈利模式、营销策略 4 个方面考虑。商业模式即为实现客户价值最大化,把能使企业运行的内外各要素整合起来,形成一个完整的高效率的具有独特核心竞争力的运行系统,并通过最优实现形式满足客户需求、实现客户价值,同时使系统达成持续赢利目标的整体解决方案。对创业项目来说,一个好的商业模式无疑是最吸引投资人的地方,商业模式简单来说就是该项目的目标人群、服务模式、分销渠道、盈利点,盈利是投资项目运作的拉动要素,它决定了产品价值的最终实现,与投资的最终收益直接相关。

盈利模式:很多互联网公司经营出现困难的原因就是缺少明确的盈利点,投资人看一个项目越来越注重项目有无明显的盈利点。而且针对不同的项目要有不同的考量视角,例如互联网行业,其典型的盈利方式有广告盈利、服务盈利、电商盈利、产品盈利、渠道盈利,虽然产品盈利的份额有所增加,但渠道盈利和服务盈利仍然最有潜力,也是相对来说最有竞争力的盈利模式,私人定制类的服务和线下服务将会越来越多,其所占企业盈利的份额将会逐步增大。渠道盈利和服务盈利的创新性也将很大程度上影响企业发展方向和企业市场竞争力。

(3)竞争能力:项目的核心竞争力是项目能走多远、能做多大的一个重要衡量指标。一般来说,有两种情况,即项目是以技术为主要驱动力还是以资源为主要驱动力。以技术为主要驱动力就要看其技术的成熟度、技术可模仿难度等。如果是以资源为主要驱动力,那就要注重其品牌效应、关系网络等方面。商家永远是追逐利润的,但并不是所有的商家都进行创新和开拓。在任何新技术和项目还没有形成市场之前,可能都不存在什么特别的对手,但是一旦形成市场雏形,就会有大量的跟进者涌入市场来瓜分蛋糕。因此,在项目推广之前,就要对此有清醒的认识,并相应地进行战略和策略的安排。在新兴市场中就要重点考虑技术壁垒、产品是否已经开发完成、产品是否是生活必需品(即是不是刚需)、有几家竞争者以及主要竞争对手、同类产品是否已经形成市场垄断、项目所在城市是否有同类产品等因素。另外,在已经发展起来的市场中,重点要了解竞争对手的情况,包括竞争对手有哪些、有多少,另外市场是否已经形成垄断等要素也要做充分的考虑。

(4)团队能力:团队是创业最关键的元素,而创始人更是决定性的要素,创始人的创业经历、教育背景、家庭背景、个人能力都是很好的参考指标。另外,团队编制是否健全、兼职人员的数量、领袖的领导能力、股权划分方式也都客观反映了该创业团队的创业能力及团队的稳定性。

创始人的影响力主要有以下几点:

① 有一部分融资的企业是规模小、成立时间短但成长较快的企业,其创始人通常在公司任领导职位,这使得创始人角色变得更加重要。特别是一些

高科技行业,创始人对行业的把握力和了解程度要比一般行业更为重要。

② 企业创始人作为企业文化的源泉,是公司经营发展最主要的动力。企业创始人在公司成立过程中参与各种大事小事,其在企业的运行过程中有着不可忽视的影响。特别是在企业成立的初期,创始人对企业的整个经营活动、绩效、内部管理以及对外环境的适应都有至关重要的作用。

③ 企业创始人是企业文化的倡导者、维护者和管理者。他们的思想意识、道德准则、思维方式、行为习惯、价值观和经营哲学,直接决定着企业文化的走向和实质性内容。企业文化与企业创始人息息相关。而企业的发展又离不开企业文化,良好的企业文化给企业带来良好的发展,而不良的企业文化则会阻碍企业的发展。

④ 企业的创始人在创立企业时,要组建团队、挑选公司未来的高层领导人,而公司的创立团队也常常是未来的核心领导层,这对公司的发展有非常重要的引领作用。考察创始人的情况一般从创始人的年龄、创始人工作年限、创始人的控制力、创始人的任职情况、创始人教育水平、关系(指企业创始人的社会地位或行业地位给其带来的关系网络)、公司创始人是否在外有兼职等几个方面进行考察。

股东构成:项目融资中,项目方会出让一部分股份给投资人,投资人大部分为散户,其关系结构比较简单,而项目方往往作为大股东,股东之间复杂的结网关系会使得一些决策或寻租行为容易隐藏起来,从而影响公司内部治理机制,并最终影响公司绩效。公司的股东构成一般有全部为自然人、一家企业外加自然人、一家有限合伙公司(非债务关系)外加自然人、企业外加有限合伙公司、纯企业控股即为其他公司子公司、纯有限合伙等几种结构。研究发现,关系型大股东的股权集中度是影响关系型股东行为的主要因素,当股权集中度低于30%时,关系型股东的两权分离度、关系型股东数量与公司价值呈显著负相关;当股权集中度在30%—50%的区间时,关系型股东数量与公司价值呈显著正相关;当股权被持股大股东所高度集中,中小股东自身的利益便不会得到保证;所以股权集中度过低或过高都会对项目的未来发展产生负面影响。

(5) 项目收益:项目收益是投资人比较关心的一个问题,结合期望收益、投资回收期和投资成本可以估算出项目收益。退出机制是降低投资风险、获取回报的可靠的防火墙和安全屏障,完善的退出机制是投资成功的关键。投资属于金融,金融以风险控制为基础。项目评价时首先要对公司的财务情况进行评估,一般从企业存续期、企业是否实现收支平衡、企业盈利情况、企业负债情况、企业上下游账期、企业金融健康指数评估等方面进行审查。财务抗风险能力即风控能力,首先要清楚其资金的用途、员工薪金占资金用途的百分比、办公成本占资金用途的百分比、市场推广占资金用途的百分比、产品研发占资金用途的百分比、是否对资金回流进行测算、融资后预计多久可覆盖融资金额、融资后预计多久可达到收支平衡、大股东或企业是否承诺回购、预计还需几轮股权类融资行为等信息。

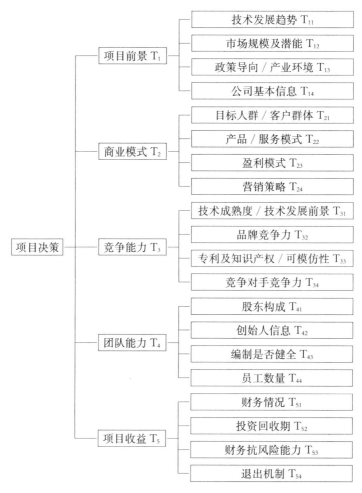

图 8-1 项目评价指标

2. 评价方法

（1）层次分析法

层次分析法确定各指标的权重，需要注意的是面对不同类型的产品，其权重要做相应的变化。投资阶段的不同对指标体系设计也有影响，在不同投资阶段，投资决策准则的侧重点必然不同，其主要因素的权重也相应不同，比如项目所处的四个时期，种子期、开拓期、成长期和成熟期。但是每个时期创业者的素质都应该被放在第一位，到了成长期和成熟期时，其他因素的比重才逐步变大。不同行业投资具有不同的特点，计算机制造、通讯设备、机械制造、新能源、医药生物等行业属于生产型；计算机软件、网络增值服务、电子商务等行业则属服务型，两类行业的产品特色各不相同，因此指标也会有所差异。比如生物制药行业的产品的开发周期长且开发难度大，项目中技术方面因素的占比就应该相应较高，而互联网行业的产品市场因素的权重就应该相对较高。

首先确立因素层 T_1、T_2、T_3、T_4、T_5 及子因素层，按照层次分析法的基本原理将各个指标的评价分为 5 个等级，以衡量该指标在该评价项目中的表现，设评价所确立的等级集合的评价集为 C{C_1，C_2，C_3，C_4，C_5}，其中 C_1、C_2、C_3、C_4、C_5 分别表示指标评价"优"、"良"、"中"、"差"、"极差"。可用向量 V = (100，90，80，70，50) 表示。用层次分析法确定因素集和子因素集的权重，分别为 A(T_1，T_2，T_3，T_4，T_5)，A_1(T_{11}，T_{12}，T_{13}，T_{14})等。步骤如下：

① 构造判断矩阵。

表 8-1　标度的定义

因素比标度	定　　　　义
1	因素 m 与因素 n 同等重要
3	因素 m 比因素 n 略重要
5	因素 m 比因素 n 较重要
7	因素 m 比因素 n 非常重要
9	因素 m 比因素 n 绝对重要
2、4、6、8	两相邻判断中间值
倒　　数	因素 m 与因素 n 的重要性标度为 a_{mn}， 则因素 n 与因素 m 的重要性标度为 $a_{nm} = 1/a_{mn}$

② 对判断矩阵进行一致性检验。

③ 将满足的构造矩阵归一化得到最后各指标权重。

④ 模糊综合评价法。

运用模糊数学作为工具,按照特定的评价条件,对受到多个因素影响的评价对象做出全面评价。模糊综合评价法适合于对项目中难以确切定义或难以用数字表达的因素进行综合评价。该方法将定性化评价与定量化评价有机结合,既解决了融资项目在评估中评价指标难以统一、评价定量化程度低等问题,同时也提高了评估的准确度,使评估工作客观科学,符合股权融资投资特点。

专家对 T_{1j} 评分,汇总得到有 m_1 个 C_1,m_2 个 C_2,m_3 个 C_3,m_4 个 C_4,m_5 个 C_5。则 $r_{1js} = m_s / (m_1 + m_2 + m_3 + m_4 + m_5)$,$s = 1,2,3,4,5$。

则五个隶属矩阵为:

$$R_1 \begin{bmatrix} r_{111} & r_{112} & r_{113} & r_{114} & r_{115} \\ r_{121} & r_{122} & r_{123} & r_{124} & r_{125} \\ r_{131} & r_{132} & r_{133} & r_{134} & r_{135} \\ r_{141} & r_{142} & r_{143} & r_{144} & r_{145} \end{bmatrix} \quad R_2 \begin{bmatrix} r_{211} & r_{212} & r_{213} & r_{214} & r_{215} \\ r_{221} & r_{222} & r_{223} & r_{224} & r_{225} \\ r_{231} & r_{232} & r_{233} & r_{234} & r_{235} \\ r_{241} & r_{242} & r_{243} & r_{244} & r_{245} \end{bmatrix}$$

$$R_3 \begin{bmatrix} r_{311} & r_{312} & r_{313} & r_{314} & r_{315} \\ r_{321} & r_{322} & r_{323} & r_{324} & r_{325} \\ r_{331} & r_{332} & r_{333} & r_{334} & r_{335} \\ r_{341} & r_{342} & r_{343} & r_{344} & r_{345} \end{bmatrix} \quad R_4 \begin{bmatrix} r_{411} & r_{412} & r_{413} & r_{414} & r_{415} \\ r_{421} & r_{422} & r_{423} & r_{424} & r_{425} \\ r_{431} & r_{432} & r_{433} & r_{434} & r_{435} \\ r_{441} & r_{442} & r_{443} & r_{444} & r_{445} \end{bmatrix}$$

$$R_5 \begin{bmatrix} r_{511} & r_{512} & r_{513} & r_{514} & r_{515} \\ r_{521} & r_{522} & r_{523} & r_{524} & r_{525} \\ r_{531} & r_{532} & r_{533} & r_{534} & r_{535} \\ r_{541} & r_{542} & r_{543} & r_{544} & r_{545} \end{bmatrix}$$

如因素层次模糊综合评判所示,把影响投资决策指标分为 2 个层次,在确定了第 2 层次指标对评价集 C 的隶属度矩阵之后,可通过模糊矩阵合成,对第 1 层次目标进行单因素模糊评价,隶属度矩阵,然后便可确定 r 对评价集 C 的隶属度向量。

(2) 一级模糊综合评价

首先对各个子因素层指标 T_{1j} 的评价矩阵 $R_1(I=1,2,3,4,5)$ 作模糊矩阵运算,得到主因素层指标 T_1 对于评价集 V 的隶属向量 $B_1 = A_1 * R_1 = (B_{11}, B_{12}, B_{13}, B_{14}, B_{15})$。

（3）二级模糊综合评价

记 $R = [B_1, B_2, B_3, B_4, B_5]^H$，再对 R 进行模糊矩阵运算,得到目标层 T 对于评价集 C 的隶属向量 B, $B = A * R$

（4）评价结果 $S = BV$

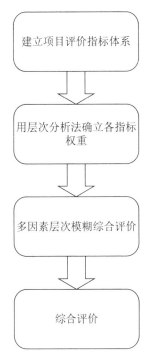

图 8-2　传统项目评价一般流程

8.2　众筹项目与传统项目评价的比较

与传统的项目评价方法不同,众筹项目评价在传统项目评价方法的基础上更强调运用互联网技术。互联网最大的特点是其内容、传输、服务都是一种"无限"的状态,从而构成一个双向互动的、自由共享的平台。无论是网上点评、专家点评、项目评价系统都是以期借助互联网实时交互、资源共享、个性化、强大的资源整合能力等优势,力求集众人之智对众筹项目进行评价。

8.2.1 以用户为主体的评价方法

以用户为主体的评价方法是指众筹平台发起的让注册用户对项目进行点评的方法。平台方一般事先设定项目评价指标,如项目前景、商业模式、团队等,请用户阅读项目简介后,根据指标分别对各指标打分或给予评级(如星级)。如表8-2显示了两家使用该方法的平台。

表 8-2　第三方服务平台项目评价一般方法

平台名称	评价指标	方式方法	展现方式
第三方点评网	项目前景、商业模式、团队能力、竞争能力、财务抗风险能力	用户为主体对5个指标用打星的方式评分,可发表评论,并可对标题、内容、标签进行评价	综合分数
众募之家	创意、团队实力、市场环境、竞争力、发展规划、盈利模式	用户为主体对6个指标评分,可发表评论	雷达图、综合分数

这种评价方法承继了电子商务的基因,在电子商务中网络客户评论作为反馈机制,一方面可以为销售商和生产商提供客户关注的产品特征以及客户对于产品的情感倾向分布等信息,从而可以帮助企业改进产品、改善服务、获得竞争优势,另一方面人们在网上选购物品时,往往通过阅读大量的用户评价才做出自己的选择,可见用户评价对其他用户的后续选择会产生影响,所以可以利用用户的打分及评论为其他用户做买入参考以及利用推荐算法来为用户做产品推荐。在电子商务中,不同的零售形态,对应于人不同的心理能量配置,对消费者来说,往往场面越大,人气越旺,消费中的非理性成分越高。所以,在电子商务中,这种评分方式确实有利于商品的交易。

在众筹项目评价中应用用户点评的方法具有一定的优点:(1)增加用户参与感,让用户主动了解项目,提高用户对项目的主观理解;(2)用户的评论及打分一定程度反映大众对该项目的看法;(3)提高用户的参与兴趣,增加网站的访问量。

但是众筹项目评价又不同于一般商业评价,电子商务中的商品属性少、维度低,所以评分方式可以相对从简,而在众筹中,一个项目是不是好项目的决定因素很多,因素相互之间的关系也很复杂,所以单纯的用户打分法实际上存在很多弊端:(1)存在用户刷单的情况,即项目方或项目利益方可能会多次注册,为自己的项目打分;(2)普通用户对项目评价能力有限。众筹项目多是技术或模式创新类项目,而参与众筹的多数用户,不具有投资经验及专业知识,限于知识水平及经验,普通用户打分未必能真实反映项目的优劣;(3)普通用户是通过平台所展示的很少的项目信息做出判断的,而且项目信息一般是项目方提供。这种情况下,即使是有经验的投资人也很难通过这些信息进行客观的评判,因此,普通用户的评价信息可信度值得怀疑;(4)指标较少、评价方法过于简单。平台方只提供有限的指标,且指标之间未给予权重,只是通过求和后再求平均值的办法得到综合评分。这种方法简单易行,但科学性及可靠性较差。

8.2.2 以专家点评为主体的评价方法

点评项目的专家有些是学者,有些是有多年投资经验的投资人,他们挑选不同领域的优质项目,然后针对项目的差异性从不同的方面进行分析,并以文字的形式发布在网站上给投资人提供参考。例如众筹服务平台变革家,就是专门以第三方的角度对项目做独立判断,帮助天使投资跟投者和股权众筹投资者更全面的考虑问题和尽可能的规避风险。这样的评价模式相比于锁定几个指标建模分析的评价方式更加灵活,其分析角度根据分析人思路的不同、产品的差异而变换。在进行评价时往往从项目的模式和市场需求、产品逻辑与安全、运营创新、行业市场等几个方面着手,专家凭借多年的投资经验在各个方面会有更深刻的理解,往往能对新手投资者以启迪的作用,新手投资者在参考专家评价项目的同时也慢慢积累了挑选项目的经验。

8.2.3 项目评价系统

股权众筹领域项目数量多、种类多、涉及行业广,应充分利用专家的知识资源以及合理的分配资源建立一个评价系统并运用互联网提高其评价效率,建立一个平台,将专家、投资人、项目发起人联系在一起。该系统由 4 部分组成,分别是项目管理、专家管理、项目评价、系统管理。

(1)项目管理板块:用于对项目信息的管理,用户可在该板块上传项目、修改项目信息、删除已有项目。

(2)专家管理板块:专家可在此板块上传个人信息,然后该板块对专家信息进行收录、整合、审核,并根据专家所在领域的不同合理地分配资源。

（3）项目评价板块：该板块是整个系统的核心模块，主要是对项目进行信息处理、评价，然后得到综合性评价，最后给出对应的评价分值。该板块分为两个部分：一是评价标准管理，即对项目的评价标准进行管理，对于不同类别的投资项目其评价指标的权重以及所用的评价标准都有所不同，该模块主要用于调整权重以及创建不同的评价标准；二是评价模型，即依据项目的各个指标值进行评价，给出综合评价分值。

（4）系统管理板块：①用户信息创建：该模块用于新用户注册，注册的用户主要包括三种角色，即项目投资人、项目发起人和专家。②用户信息修改：该模块主要是对用户基本信息进行修改，以及系统管理员对其他用户信息进行统一管理。③用户信息审核：该模块主要是用于对用户的角色进行管理，角色分为投资人、项目发起人、专家和系统管理员。投资人和项目申请人在注册模块能够自行选择，但专家角色必须由系统管理员进行审核后才能授权。

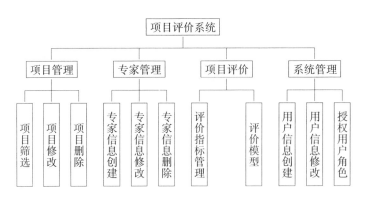

图 8-3　项目评价系统

众筹项目种类多，涉及行业广，为充分利用专家资源，首先将项目按其所属行业进行分类，其中 1 级分类包括租赁和商业服务、住宿餐饮、医疗、软件和信息技术服务、文化、体育和娱乐、生活用品、批发和零售、农林牧渔、科学研究和技术服务、科技产品、居民服务等 18 个类目；2 级分类包括重工业、轻工业、能源材料、餐饮、住宿、旅游、数码周边、新材料、新能源等 83 个类目；3 级分类再在 2 级分类的基础上做细分，将项目从行业细化到产品。根据项目的不同行业分配相应行业的专家对项目进行评判。用户在上传项目后，将对项目的基本信息进行初步审核，例如公司是否完成注册、公司已运营时间、是否有从事相关行业牌照、企业是否有齐全的六证一卡材料等基础条件。在审核通过后的项目系统将根据其所属行业推送给该行业的专家，专家根据项目各指标的表现进行综合评价。

8.3 经典案例点评

8.3.1 投壶网

（1）平台概况

投壶网（公司全称"深圳市投壶网络科技资产管理有限公司"）是由国内知名投资公司和投资人联合发起成立，专注于医药大健康产业领域的互联网非公开股权融资平台。截至目前，投壶网已上线四个融资项目：北京微旋基因、回音必东亚制药、"启明星"、"万花筒"。融资总额已达 15 050 万元，其中北京微旋基因完成融资 1 500 万元；回音必东亚制药完成融资 11 500 万元；"启明星"完成融资 1 050 万元；"万花筒"正在融资中，目前融资额已达千万。

（2）案例介绍

"独角兽"——回音必集团东亚制药有限公司股权项目（下称"独角兽"项目）是投壶网成功众筹的经典案例，该项目是目前国内单个众筹金额最高的股权众筹项目。融资目标 11 500 万元，实际认筹 12 030 万元，众筹完成率达到了 105%。

① 企业概况

此次众筹融资方为回音必集团东亚制药有限公司，其在工业和信息化部"2013 年度中国医药工业百强榜"中排名前 60 位，是医药工业百强中少数未上市的优秀医药公司。集团目前有五家制药企业，旗下有孕康口服液、断血流片、麦当乳通颗粒、盐酸司他斯汀片、枸橼酸托烷司琼注射液、硝酸异山梨酯等优势独家品种。治疗品种优势明显：碳酸氢钠注射液、硝酸异山梨酯氯化钠注射液，均是临床用量大基本药物，拥有独家包装或独家品规优势，能确保中标及定价优势。胞磷胆碱钠葡萄糖注射，也是国家基本药物，目前能生产的厂家只有 3 家，竞争格局相对缓和。此外，盐酸尼卡地平氯化钠注射液，是国家乙类医保心脑血管用药，拥有独家剂型优势，有着进口替代空间。储备品种集中于抗肿瘤治疗领域,拳头品种枸橼酸托烷司琼全国独家,是医药领域大市场品种中极具竞争力的优势品种。东亚制药有限公司上市确定性高,上市拟整体注入,易获较高估值溢价,是稀缺的投资标的。

② 产品设计

"独角兽"项目由深圳市高特佳投资集团有限公司领投,高特佳作为领投人出资 100 万元,其余资金由投壶网通过众筹完成融资,本项目跟投人起投金额为 100 万元。投壶网成立投壶高特佳基金,基金期限:1 + 2 年,即一年投资期,两年管理退出期。基金收费 2%,按照三年期提取,管理人在基金成立时一次性提取。基金普通合伙人在项目实现退出时获得基金收益的 20% 作为其业绩报酬。

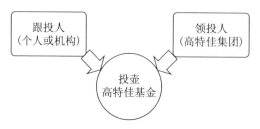

图 8-4 "独角兽"项目产品设计

③ 众筹情况

"独角兽"项目于 2015 年 7 月 2 日上线,2015 年 9 月 2 日完成全部资金募集,共有 30 名个人投资人,2 个机构投资人参与到该项目融资中。

(3)案例分析

投壶网的定位是专注于医药大健康领域的互联网非公开股权融资平台。投壶网致力于寻找医药大健康产业中具有发展前景和投资价值的投资标的,以求通过平台聚集产业资源与资本,实现产业与资本的最快速对接。在这个意义上,投壶网与传统的私募股权融资有着相似的作用。投壶网董事长黄煜将投壶网的角色定义为 PE/VC 的互联网化,对于互联网非公开股权融资在整个金融业态演进过程中所扮演的角色定位可谓准确。

本案例中的项目企业是国内少有的还未上市的成熟医药企业,处于Pre-IPO 阶段,该公司拟 2017 年申报上市材料。"独角兽"项目企业在上市前引入机构投资者,希望能够借助 PE 机构为企业的上市工作提供支持。面对如此优良的标的,目标企业自然是众多投资机构激烈争夺的对象,因此本案例中平台所面对的目标客户与PE/VC机构有所重叠。通常我们认为众筹投资的项目大多数属于早期项目,但是从本案例我们可以看到,股权众筹的项目企业也开始向成长期、成熟期延伸。本案例中的融资平台投壶网是由具备PE行业背景的专业人员创立,正是由于创始团队在股权投资方面的专业能力,投壶网有能力服务于更为成熟的后期项目。

在这场传统股权投资机构与众筹平台的业务争夺中,最终企业出于对公司控制权与机构专业能力的综合考量,选择投壶网作为其融资平台。而对项目方而言,在不丧失机构专业性的前提下,互联网非公开股权融资平台相较于传统的股权投资机构有其固有的优势。相较于大型投资机构,通过众筹融资能够一定程度上降低企业在控制权丧失方面的风险。同时领投机构负责项目的投后管理工作,能够利用机构在专业性方面的优势,为企业的上市之路提供相关的帮助。

对众筹投资人而言,首先,在产品设计方面,本案例仍然采用领投加跟投的模式,其中机构担任领投人,普通财务投资人为跟投人。众筹投资人以有限合伙企业的形式作为众筹的投资主体入股被投资企业,在有限合伙制企业中,领投人深圳市高特佳投资集团有限公司也是有限合伙企业的普通合伙人,而跟投人则是合伙企业的有限合伙人,不参与公司的管理,但有限合伙人享有其他权益,这样的制度保证了决策的民主与集中。其次,在投资门槛方面,本案例中的股权投资项目按照以往经验,投资门槛基本在千万以上,而通过众筹平台的设计,使得投资门槛大大降低,这对于资产规模较小的投资人来说股权众筹为其增加了参与优质股权投资项目的渠道。再次,在收费模式设计方面,平台采用后端收费模式,即平台管理费收费对象为投资人,而非其他众筹平台的向融资方收费的模式。投壶网创造性的后端收费模式使得互联网股权投融资平台与平台投资人的投资收益绑定,从根本上保证了平台有动力维护投资人利益。

在风控设置方面,本案例众筹平台投壶网引入全流程的风控体系,从项目引入渠道的把控,到项目的筛选,合格领投人跟投人的鉴别,投后管理工作的安排以及最后项目退出机制的设定都经过科学严密的设计。以下做具体分析。

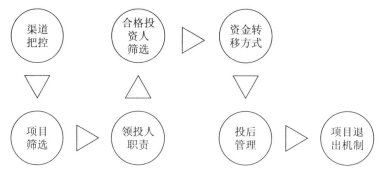

图 8-5　投壶网风控体系

① 项目引入渠道把控

投壶网与二十余家 PE/VC 机构达成项目战略合作,包括同创伟业,达晨创投,高特佳,澳银资本等。本项目就是由投壶网合作机构高特佳集团领投。

② 平台化的项目筛选机制

避免传统投资机构决策效率低的问题。传统投资机构的投资决策核心是投委会,投委会往往由多人组成,受到教育背景、知识结构、投资偏好等因素的影响,最终投资决策效率有限。平台化的筛选机制将投资决策去中心化,一个项目的上线需要获得专业投资人的认可(有领投人领投),也要获得行业投资人的认可(表现为专家意见支持),同时获得资本市场的认可(主要是跟投人的关注度)。得到三方面认可的项目方可在平台最终上线。

③ 领投人职责明确

投壶网领投机制要求领投人对项目进行尽职调查,并向平台上传投资建议书。本案例由高特佳集团负责尽职调查,并提供投资建议书,经过投壶网专业投资团队,风控和平台入驻专家进行审核,最大程度确保其公正性。

④ 严格的合格投资人筛选

投壶网项目一旦上线,即向平台认证投资人开放跟投。投资人在申请成为投壶网投资人时,都需要提供有效身份证件,以及准确的个人财资状况,并接受投壶网详细咨询,确保投资人身份信息的真实性以及投资人符合投壶网的合格投资人要求。

⑤ 资金转移方式的设置

在认筹满额时,项目进入资金打款阶段。投壶网不设立资金池,投资人资金也不与平台发生关联,最大程度确保用户资金安全。投壶网协助领投机构成立有限合伙企业并开设托管账户,投资人打款阶段向该账户打款,银行有责任义务进行资金监管,只能按照托管协议中规定的支付指令进行支付,未达到支付指令规定的条件,不得转移资金,否则银行必须承担责任。

⑥ 投后管理工作

投后管理包括项目管控、信息披露和项目评估三方面。

项目的管理主要由领投人进行,领投人根据具体项目情况参与项目的管理。具体操作是由领投人向项目方委派人员列席董事会。投壶网则代表跟投人承担监督的角色。在"独角兽"项目中,投壶网派人员担任项目公司董事,防止董事会、经理滥用职权,损害公司和股东利益。

信息披露由项目方、领投人和投壶网共同完成。报告也将由领投人按约定如期提交,首先由投壶网风控部对投后管理人员提交的报告做独立核查,再面向跟投人公布。对于临时重大信息,由管理人员在投壶网建立的项目管理板块中及时向投资人披露。

投壶网项目评估制度要求领投人定期(每年两次)对投资项目进行实地考察再评估,并根据实际情况制定相应管理策略。同时对于重大事件的发生,领投人同样要对其影响进行评估。投壶网在其中扮演监督的角色,保护跟投人的利益。

⑦ 项目退出机制设定

投壶网根据不同项目,与领投人共同设计不同的退出方式。包括 IPO、并购、股权转让、大股东回购等方式。用多种灵活的退出模式以满足不同投资者要求。同时,领投人投后管理也根据企业发展的实际情况,不断调整退出战略,以最大程度保护投资者利益。

8.3.2　抱团投众筹网

(1) 平台概况

抱团投众筹网(公司全称"常州众筹电子商务有限公司")成立于 2014 年 7 月,是国内第一批从事互联网金融众筹整合运营的公司,也是常州市第一家互联网金融平台,主要服务于线下实体和快消品行业。截至目前,抱团投众筹网已上线 8 个项目,其中 7 个已经成功。

（2）案例介绍

"一壶酒主题餐厅"是抱团投众筹网成功众筹的经典案例,该项目是面向实体店的股权型众筹项目。融资目标50万元,实际认筹46万元。

① 发起人概况

一壶酒的主人:朱子伦,人称朱员外,是在常州的四川人,从事餐饮数十年。1991年就读于北京东城区华联烹饪技术学校,其间得到北京饭店粤菜名师康辉、北京饭店川菜大师黄子云、人民大会堂国宴大师、鲁菜大师王万德等大师的恩授。自2009年10月,先后拜亚洲大厨屈浩先生为师,并得到大董烧烤董振祥亲传。曾任职昌平区昌平商务会馆行政总厨,泰国原总理他信每次来都点名服务;2010年就职于深圳华侨城曦城会。

② 产品设计

"一壶酒主题餐厅"将回报模式设定为预购权益型众筹,支持金额为每股20 000元。除了按照投资比例获得相应的分红外,还可享受以下待遇:第一年获得5 000元众筹消费卡;第二年获得5 000元众筹消费卡;第五年回购10 000元现金,另外赠送10 000元消费卡;众筹卡内金额使用完后再次充值立享9折优惠;同时众筹者可获得一张推荐卡,投资人本人不可用,凭卡号可享受综合95折优惠,推荐卡成交金额的2%作为奖励按季度结算,年终与分红一并返还给投资者;另外可享受"今日我做主"活动,即每位投资人均有机会在一年中的非节假日成为"一壶酒"的店长,当日酒店经营(营销和接待)由投资人做主,投资人也将获得当日现金消费营业额的10%的回报金额。

③ 众筹情况

"一壶酒主题餐厅"项目于2014年12月10日上线,2014年12月14日完成全部资金募集,共有23个投资人参与到该项目融资中。

（3）案例分析

一壶酒,一个常州中等地段的三百平方中高端酒店,短短一年半的时间就已实现盈利,对于在这个整体实体经济都不太景气的环境下,尤其是中高端酒店,日均营业额超过一万元的已经不多了。为什么有这么好的效益?除朱员外的一壶酒独特、完美的独家厨艺之外,朱员外的口碑也堪称业内极品,不论是各行业企业家还是政府要员,抑或是大大小小家庭都非常青睐这真实的一壶酒。借助抱团投的运作,在一个月内一壶酒发起一次50万元规模的权益众筹,将这其中 23 位铁杆粉丝更是紧紧地捆绑在一起。所有的投资人都是一句话:"我信任朱员外,相信众筹平台抱团投"。每一位投资朋友都是信心满满愿为一壶酒做贡献,在一壶酒的平台里,不仅能享受回本金,更可以享受到完全白吃白喝数万元的优惠,一个推荐制让投资人更加愿意为一壶酒奉献(开拓市场、提供餐饮行政资源等)。

为何投资人能够享受分红回本还能有数万元的额外回报?在这之前先了解下抱团投众筹网设计出这套方案的初衷。众筹最重要的核心是通过商品的快速流通,创造资金的重复循环利用、套现等,从而创造货币价值、经济效益最大化。而一壶酒的商品和服务具备高频、重复消费的属性,盈利能力强,非常适合众筹。所以尽管看似是投资人享受高额回报占了大便宜,一壶酒贴本,但是基于高利润空间,通过分期、错配等方式,实际上一壶酒已经将这笔资金利用最大化,最终所有人获益。

本案例融资平台抱团投众筹网作为众筹平台,在风险控制方面也发挥了巨大的作用。抱团投众筹网使用了互联网金融资金监管服务系统,来应对当前互联网众筹企业由于参与各方信息不对称因素普遍而面临的委托代理机制不明、道德风险、交易欺诈、平台跑路等风险问题,从而实现众筹项目发起、交易达成、项目监测、资金管理及项目退出等完整链条各个环节的扁平化管理及网络化高效运作,同时确保平台合规运行和降低交易各方风险。

系统是建立在银行账户体系及资金结算体系的基础上,通过与银行深入合作、深化线上资金结算体系和风控体系。资金监管系统可通过调用银行提供的银企直连接口直接在系统内完成开户,这个账户是银行监管账户下的附属账户,不仅受银行体系监管,而且人民银行的系统下也能看到,受到人民银行的系统监管,达到了独立开户、独立审计的要求。

抱团投众筹网通过与系统的对接实现了:

① 对资金需求方、资金供给方进行实名制审核;

② 银行通过系统完成线上开户,并且寄出开户协议等;

③ 人民银行内部系统能查看和监管系统所开出的账户;

④ 实现了独立开户、独立审计;

⑤ 所谓投资、自投都是往自己在中信银行所开账户中打款,他人无法触碰资金、无法占用、挪用资金;

⑥ 账户资金的交易只能按照交易发起人自身意愿,直接通过银行系统操作,安全性非常高;

⑦ 平台本身、包括监管服务平台都无法触碰到资金;

⑧ 项目资金只能由银行根据三方协议、项目真实性凭证等响应账户所有人对资金转出的操作,他人无法干涉;

⑨ 通过第一方支付机构实现了大额交易、跨越三方支付"支付受限魔咒";

⑩ 实现了前置资金划转、帮助投资流程简化以及操作日志的完善、登录日志备份、操作历史记录备份等。

8.3.3 VChello 微投网

(1)平台概况

VChello 微投网创办于 2014 年 3 月,总部广州,在深圳、北京、上海、杭州及重庆等设立分部,是专注于 TMT 领域的互联网非公开股权融资平台,被称为中国版的 Wefunder。初创即获得中国青年天使会会长麦刚、副会长李竹、刘小鹰、秦君、易一天使、雷雨资本等联合投资。成立一年多来,已成功促成 50 多个创业项目完成天使轮融资,其中近 20 个成功完成 A 轮融资,累计金额 3 亿元。部分已完成 Pre-A 轮、A 轮、B 轮的项目有兰渡文化、互动娱乐、星际酷宝、粉丝魔方、Opencom 社区引擎、足球控、遇善房、易捷好车等。

(2)案例介绍

上海兰渡文化传播有限公司(以下简称"兰渡文化")项目是 VChello 微投网成功众筹的经典案例。

① 企业概况

兰渡文化是一家专注于女性互联网栏目的媒体公司,针对女性喜好研发了一系列产品线,目前已在优酷网播出一档情景化脱口秀节目——《深夜蜜语》,每期节目都会围绕一个女性受众关注的热点话题,每集 8 至 10 分钟,并融入了新闻、情景剧的手法。接下来该团队还会推出美妆类、旅游真人秀、网络幽默剧等节目类型,独立移动 App 以后也会是承载其内容以及粉丝交流的重要平台。

② 发起人概况

兰渡文化 CEO 陆婷婷是一位 1989 年的海归女性创业者,2011 年毕业于浙江大学新闻学系,并赴美国 PEPPERDINE 读硕士。在美期间,陆婷婷曾担任美国万通投资控股集团总裁助理,并联合创办了美国南加州影响力最大的孵化器 Plusoou,并担任营销总监。

③ 融资情况

2014 年 5 月,兰渡文化在微投网成功众筹 100 万元天使轮融资。投资方为雷雨资本、老鹰资本等。天使轮融资成功后,兰渡文化打造出了第一档情景化脱口秀节目——《深夜蜜语》,该节目于 2014 年 11 月 19 日上线,在短短不到两个月的时间已经推出了 8 期节目,视频播放总数将近一千五百万次。

2015 年 2 月,兰渡文化获千万级 A 轮融资,投资方为青松基金、荣正投资。

2015 年 10 月,兰渡文化获得金浦移动互联基金领投,老鹰基金、荣正投资跟投的 4 600 万元 B 轮投资。

(3) 案例分析

兰渡文化的优势在于女性潜在用户的数量以及因此带来的巨大市场,其成功可以说是精准定位、打破常规和产品先行的必然结果。

① 精准定位

陆婷婷对兰渡文化的定位是:专注于挖掘女性视频内容与发行的互联网自制剧公司。

据 CNNIC 的数据,截至 2014 年 6 月,中国网民规模达 6.32 亿,其中男女的比例约为 55.6∶44.4。而目前网络上大量自制内容都偏向于男性受众的口味,比如《晓说》《万万没想到》《罗辑思维》《大鹏得吧得》等,也就是说在女性视频领域上还有很大的挖掘空间。陆婷婷和她的团队看到了这个需求空缺点。她们想为女性用户量身定制属于她们的《晓说》和《万万没想到》。

以《深夜蜜语》为例,每集仅有 8—10 分钟,采用脱口秀＋情影剧的手法,每期节目围绕一个女性受众关注的热点或话题,比如男闺蜜和男朋友,绿茶婊和蜜茶婊。最新一期更是犀利爆料真人秀的八卦和内幕。以辛辣的语言和话题牢牢抓住 90 后女性观众的眼球。

② 打破传统

如果说小米的成功得益于雷军颠覆了手机制造业的传统思维,并从本质上对生产模式、供应链、市场营销等一系列环节进行创新型改造,那么兰渡文化则摸索出了有别于传统影视节目制作发行的一套新玩法。

陆婷婷看准了国内视频行业的发展前景。一方面,随着移动互联网这个浪潮,网络自制剧和节目会在这几年迎来大爆发大增长,特别是网络自制内容这一块,包括网络节目和网络剧,会迎来一个浪潮。另一方面,国内在影视节目制作的人才和资源是非常充沛的。首先,以往做传统影视节目的从业者很多,随着传统影视节目的没落,他们开始转向网络视频,而他们面对的唯一挑战,在于是否能一下子接受互联网的全新玩法;此外,在互联网时代成长起来的这一批年轻的影视从业者,对互联网的理解更加深刻一些,他们会有一套有别于传统的全新玩法。

兰渡文化在《深夜蜜语》这档节目上的运作,特别是在社会化渠道整合和跨界合作推广上,非常有借鉴的价值。《深夜蜜语》这档节目并没有和任何一个发行公司合作,整个发行和推广过程都由兰渡文化这个以九零后为主的十几个人的小团队独自完成。兰渡文化善于采用"跨界合作"的方式,目前兰渡文化已经和多款不同领域的优秀 App 达成了战略合作,如美柚、秒拍、抹茶美妆等,这些合作伙伴们都帮助《深夜蜜语》进行品牌传播,并带来了契合度高的观众。除此之外,通过新浪微博等社会化渠道也获得了大量的合作机会,其中甚至有海外的合作机会,目前,《深夜蜜语》这档节目已卖出了东南亚地区的播放授权。

③ 产品先行

内容制作是关键,兰渡公司未来的发展规划是推出六大女性视频内容。其内容表达一定要接地气儿,时间很短,所以分分钟都要处于高潮。内容首先要能娱乐自己,否则肯定娱乐不了别人。

兰渡团队会在微博以及用户当中收集话题,然后由团队投票决定选题,进入编剧阶段。待材料备齐后,完成拍摄。而每期播放后,他们会在网上认真地查看用户的反馈,并开会讨论,及时对接下来的节目进行调整优化。

兰渡文化项目的成功,也离不开投资人的支持和无私帮助。VChello 微投网创始人兼 CEO 俞文辉同时也是兰渡文化天使轮的领投人,对于兰渡文化在这短短半年来的发展,他表示既是意料之外,也在情理之中。他回忆,当时陆婷婷带着兰渡文化的项目来到 VChello,最初只是一个大致的框架,因为看好互联网视频的市场潜力和陆婷婷作为一个创业者的资质,他毅然决定领投,并为兰渡文化引入了其他投资人。后来,经过团队内部的多次探讨和几位投资人的专业建议,最终,陆婷婷确定了"互联网女性视频"这个精准的定位。而在兰渡文化发展的过程中,股权众筹融资的优势被充分体现出来,几位天使投资人都在其中发挥了重要的作用,比如雷雨资本为兰渡文化和互娱网络(有丰富的明星和粉丝资源)牵线,而老鹰基金也为兰渡文化引入了非常丰富的影视娱乐资源,由于兰渡文化公司设在了上海,俞文辉还特地找到了一位上海的投资人参投,这位投资人曾任一号店副总裁,也曾是可口可乐公司的高管,他为兰渡文化引入了很多大品牌的资源和合作,也向陆婷婷分享了自己在营销管理方面的经验。筹资金、筹资源、筹人脉,这正是众筹平台所提倡的股权众筹的真正价值。

8.3.4 爱就投

(1)平台概况

2014 年 5 月,爱就投金融信息服务有限公司(简称"爱就投"),在上海北外滩诞生。它是由政府相关部门发起的,经国家监管部门检查通过、指导发展的互联网股权融资平台。专注于健康生活领域,走精品路线。定位于"小微券商+精品项目",针对中小微企业融资难的问题,首先提出了资本与资源的联合、线上与线下结合的互联网联投模式。

(2)案例介绍

北外滩顶级消费酒店尚九·一滴水是爱就投上线以来的第一个众筹成功的项目,计划融资 2 500 万元,线上认筹 5 450 万元,三天超募 218%。

① 企业概况

上海尚九酒店管理有限公司隶属上海尚九投资控股集团,尚九公司成立于 2010 年,总部位于上海市北外滩,经营涉及社交餐饮、葡萄酒及食品进口贸易、酒店管理、会展活动、媒体、教育、投资等多元化业务。

目前,上海尚九酒店管理有限公司旗下有尚九一滴水店和尚九老码头店两家实体。尚九老码头店年营业额超 3 500 万元。尚九一滴水店坐落于北外滩著名地标性建筑"一滴水"中,2014 年 8 月开业,预计年营收超亿元。一滴水 9 月开张,2015 年婚宴预订已经超过 130 场。

② 产品设计

尚九·一滴水酒店项目采用股权众筹的模式进行,投资人可享做尚九股东、尊外滩之巅、赢消费红利、享股权增值的回报,具体的回报为:(1)消费优惠:在尚九旗下门店餐饮消费全单 9 折优惠;(2)专享服务:免费享用尚九股东会员江景专区下午茶;(3)私人定制:为股东会员专门策划接待贵宾等服务(专人专车接送、晚宴菜单定制、接待活动定制、游艇布置等);(4)消费回馈:股东介绍亲朋在门店消费,当日享受与股东相同的消费优惠,股东及亲朋消费,消费金额 5%返回股东账户。

③ 众筹情况

北外滩顶级消费酒店尚九·一滴水项目于 2015 年 6 月 7 日上线,三天超募 218%,报名人数超 100 人,最终筛选 50 人参与到该项目融资中,一个月资金到位。

(3)案例分析

尚九·一滴水酒店项目在选择投资人时确定的认筹标准是:投资者的企业年销售额 1 亿元以上。最终筛选出来的 50 位股东,都对酒店的客源消费给予了很大的支持。目前,尚九这个酒店每个月有两三百万的盈利。

作为融资平台,爱就投在很多方面给了项目发起人信任。在收费模式方面,爱就投目前不会向投资人收取任何费用,只有在正式入股时才需要实缴投资款,管理公司也不会向投资人收取任何固定管理费。

在风险控制方面,本案例融资平台爱就投具有完善的项目上线流程,从项目上线到投后服务,做到规范的同时,给予投资者更多的信任。具体流程如下:

项目上线。爱就投会成立专门项目评审委员会对企业项目进行调研、论证、和评估,评估通过后,才进行项目上线。

预报名(定向邀约)。爱就投会评估项目预期的火热程度,对部分项目增设预报名(定向邀约)环节。

报名。投资人在项目融资期间,在平台上进行申请投资报名。

线下路演。报名结束后,平台会邀请申请报名的投资者跟企业方面对面的互动交流,以确定是否最终投资。

打款投资。项目路演结束后,平台会告知投资人项目投资关联的银行账号信息,通知打款。

打款成功后。平台会通知投资人进行工商登记,成为合伙企业股东,合伙企业定向全额投资到项目企业。

投后服务。平台提供投后服务,通过平台客户端,让投资人跟企业直接互动,随时了解企业动态,也随时向企业提供帮助资源资讯等。

8.3.5　人人投

（1）平台概况

人人投是一家私募股权众筹平台。在国内实体大消费行业内,人人投成立最早,用户最多,增长最快,规模最大。身为股权众筹行业的领导者,人人投依托独特的商业运营模式,打造出自身核心竞争力,并凭借专业的运营管理团队整合领域资源,将独特的经营理念深深植入中国"互联网＋金融"最具发展活力和高增长潜力区域,努力寻求风险最小值下的投资良机,为投资人和项目方以及社会创造无限价值。企业口号是"投资您身边的店铺"。企业目标是做股权众筹的品牌旗舰,实体店铺的服务航母。

（2）案例介绍

人人投具有多项成功案例,其中韩一锅连锁餐饮加盟管理公司是人人投经典成功案例之一。

① 企业概况

韩一锅连锁餐饮加盟管理公司成立于 2009 年,经中国商标总局公司注册登记,是集连锁、直营、加盟于一体的餐饮管理公司,主营筋头巴脑和神仙老鸭锅两大特色美食,采用先品汤,再食肉,后涮菜的标准化模式,突出汤醇与肉美。

② 三大优势

a 现有 7 家店面,其中 2 家直营店面,且经营状况十分良好,具有盈利能力强,回报周期短的特点。

b 该品牌为山东电视台特邀合作单位、中国烹饪协会理事单位,被中国餐饮加盟连锁协会授予"消费者信赖加盟品牌"。

c 在济南当地具有相当高的知名度与消费者口碑,有一批忠实的食客,深受所在地消费者欢迎。

③ 众筹情况

韩一锅筋头巴脑一期[济南堤口路店]

上线时间:2015.1.30

融资总额:21.25 万元

成功时间:2015.1.30

分红时间:2015.4.7[第一次分红]

分红期数:8

分红总额:5.84 万元

韩一锅筋头巴脑二期[济南奥体东路店]

上线时间:2015.5.9

融资总额:40 万元

成功时间:2015.5.9

分红时间:2015.8.1[第一次分红]

分红期数:7

分红总额:3.49 万元

(3)案例分析

从平台方来看,人人投是第一个在中国互联网金融行业中拿下《中华人民共和国电信与信息服务业务经营许可证》的股权众筹平台,为投资者和项目方提供了安全、合法的投资与融资环境。同时,人人投拥有国内规模最大的专业股权众筹团队,有近百人的互联网金融团队和运营团队,专业的投融资团队对项目进行筛选把控,有摄影团队、推广团队对项目进行包装,同时有企划、设计、技术等部门做支持和指导。总的来说,人人投的五大核心优势:

① 专注——专注于实体店铺股权众筹平台;

② 首家——中国首家获得《互联网经营许可证》的股权众筹平台;

③ 不控资——不涉及资金操控,与第三方支付平台易宝支付形成全面战略合伙伴关系,从而保障资金 100% 安全;

④ 团队——目前,拥有国内规模最大的专业股权众筹团队;

⑤ 财务——人人投拥有一套完善财务监管系统,涉及美食、娱乐、教育、生活等多个方面,投融资双方可随时监察资金流向。

从项目方来看,在中小型餐饮美食行业风起云涌的当下,韩一锅创始人韩德全选择了通过众筹募集爱健康、爱美食的执行合伙人和投资资金,共同运营好韩一锅,是非常明智的选择。未来,韩一锅会增开更多实体品牌直营店、完善营销网络平台,将拥有百年历史的健康美食理念传递给每一位大众消费者。另外,众筹分红项目韩一锅连锁餐饮加盟管理公司在新品与调味品研发方面不断进取和创新。有经典有创新,是韩一锅对于产品管理的重要原则。面对不断变化的餐饮市场和激烈的竞争环境,韩一锅专门成立产品研发中心,在发扬传统的基础上不断求新求变,积极开拓与发展新项目,从而实现企业的可持续发展。

8.3.6 众投邦

（1）平台概况

众投邦是深圳市众投邦股份有限公司倾力打造的国内首家新三板互联网股权投融资平台,主要通过领投（GP）+ 跟投（LP）的模式帮助拟挂牌或已挂牌新三板的成长期企业进行股权融资,在帮助企业获得资金的同时,努力从平台、资源、人才等多个方面支持企业后续发展,以实现企业价值最大化。

（2）案例介绍

定位为互联网金融第一媒体的金评媒是众投邦成功众筹的经典案例,该项目上线仅仅四小时即达成募集意向 1 000 万元。

① 企业概况

金评媒（JPM.cn）隶属于北京金评传媒科技有限公司,是关于互联网金融的垂直网站,致力于打造中国该领域最具影响力媒体,成为中国互联网金融第一媒体。同时,通过旗下开发的产品和工具,为互联网金融及泛金融企业提供整体营销服务方案。公司成立于 2014 年 7 月,在 2014 年 8 月通过股权众筹募得 700 万元天使资金,是当时国内最大的股权众筹案例。

② 产品介绍

目前,金评媒产品形态主要由金评媒门户网站（PC 端 + 移动端）、微信端金评媒公众号、旗下视频访谈类节目（包括《姿色》《一线》《你会说》）与旗下撮合企业和作者约稿、发稿、投稿的平台"一笔"和整体营销服务方案组成。总体的产品结构如图 8-6 所示:

③ 投资方案

本次投资方的拟投资金额为不超过 1 000 万元人民币,其中文投国富旗下基金作为领投机构投资 300 万元,旗下或指定主体通过平台融资 700 万元。平台方投资后持有金评媒完全摊薄后 20% 的股权。该项目于 2015 年

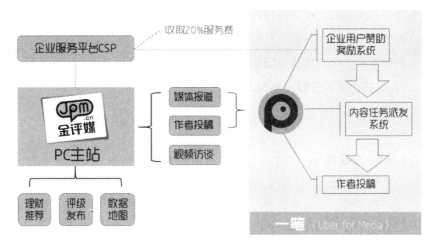

图 8-6　金评媒产品形态

12 月 2 日上线,上线四小时,获意向投资金额 1 280 万元,超募 128％。

（3）案例分析

金评媒致力于成为互联网金融第一媒体,此次快速超募从侧面体现了其本身拥有强大的实力,也在业内引起热议。该案例具有以下几项亮点：

① 互联网金融拥有万亿级别的市场容量,市场规模庞大且尚在高速增长。互联网金融企业对于品牌塑造的需求与日俱增。2015 年伊始,各互联网金融企业对于品牌的打造、推广及引流的需求与预算投入不断增加,利于金评媒的业务拓展。

② 准确的品牌定位与创新性的商业模式。互联网金融领域分支与参与者众多,不乏资金与背景实力深厚的机构。但是互联网金融媒体这一细分领域尚处于蓝海,金评媒已成为该细分领域第一品牌。优质内容通过媒体运营获得用户流量,通过对用户需求的分析,开发产品,实现用户流量的转化,通过数据分析,反馈产生更加优质的内容。

③ 核心团队是互补型创业团队,拥有较好资源整合能力,实际控制人朱江拥有多次创业经验,是股权众筹领域的开拓者,被称为"中国股权众筹第一人",在业内具有较高的知名度与影响力；核心团队多来自百度,且公司一直与百度有深度合作,对流量的运营有较大帮助。

④ 金评媒具有很强的运营团队,数据从上线后一直保持良好的态势,且发展迅速。

⑤ 估值较低,有对赌回购条款。本轮企业估值投前 4 000 万元,投后估值 5 000 万元,核心团队承诺,公司在完成投资后的完整 12 个月内(以当月 30/31 号为截止日期),公司完成销售收入 2 500 万元。如公司无法达到上述业绩目标,则以股权方式进行估值调整。如本轮投资期限届满,投资人无法通过转售第三方、被并购或公司 IPO 等方式退出,则公司实际控制人承诺以单利 10% 的年化利息进行回购。

虽然金评媒项目亮点多多,但是也不可不防范其可能存在的风险。潜在风险表现在:

① 业务持续性不足的风险。金评媒的收入结构主要是面向企业端的整体营销服务方案与"一笔"服务合约的签订,前期需要通过发动员工力量及个人关系拓展业务,尚不能有效自主吸引客户,业务的持续性存在较大的不确定性。

② 市场竞争风险。待这套模式走通后,未来市场上同类产品必将涌现,在初期必定会有大量类似产品涌现,面临一定的竞争。还会面临财经媒体转型的直面竞争。

③ 客户结构不均衡的风险。目前互联网金融中主要分为两种企业,一种是资金端企业,一种是资产端企业,而资产端企业是未来发展的趋势和重点。目前金评媒的主要客户均为资金端的互联网金融企业,缺少资产端的互联网金融企业。公司的未来发展可持续性可能会受到客户结构的影响。

8.3.7　点筹金融

(1) 平台概况

点筹金融是国内"实物 + 权益"众筹服务平台,旗下拥有点筹农场(简称 D.C 农场)、点筹二房东(简称 D.C 二房东)两大业务板块。采用"首席合伙人 + 乡村合伙人/城市合伙人"的先进管理模式及激励机制,依托点筹金融平台大数据、场景社交金融、专业的运营团队,打造的立体式的农村经济权益众筹 + 城市房产租赁众筹专业平台。截至 2015 年 9 月,点筹金融注册资本为 1 亿元,实收资本为 3 千万元,总交易规模近 2.5 亿,活跃投资人数近 3 千万人,APP 下载量近 100 万次。

(2) 案例简介

"开心羊场"是点筹金融成功众筹的经典案例。"开心羊场"项目的所在地是湖北恩施某养羊基地,该养羊基地专业养羊多年,投资人以1000元/头的价格(包括小羊的购买费,人工,饲料,防疫费用等)认购该基地的小羊,项目到期,基地将育肥羊进行销售,并将收益或者加工好的实物羊肉返还给投资者。该项目获得实际认筹金额1820余万元,有1801个投资者支持。

(3)案例分析

① 项目发起审核、募资

羊场递交项目申请书;乡村合伙人进行项目初审与申报;羊首席合伙人二次审核;风控委员会终审;在平台上发布与推广;1小时内获得128位投资者支持,募得85万元。

② 投后管理

羊场将羊妈妈编号,安装RFID芯片,并建立生产档案;D.C农场连线养殖基地,根据羊妈编号进行现场抽签直播,近千名投资人在线观看互动;乡村合伙人定期回访检查,采集生产视频传回总部。

③ 返还收益

项目到期,羊场将小羊进行销售,并将收益返还给投资者。

8.3.8 云筹网

(1)平台概况

云筹网为深圳前海云筹互联网金融服务有限公司的简称,云筹网集私募股权融资、创业孵化、筹后管理为一体,具有朝气蓬勃斗志昂扬的云筹团队,立志将自己打造成"帮创业者融资、帮项目成长、帮投资增值"的服务型私募股权融资平台。截至2015年12月3日,云筹有47个项目,其中成功项目34个,众筹中项目3个。实际众筹融资额达到14220万元,交易投资人共有1549人。

(2)案例简介

Mr.Bear宠宠熊项目是云筹网成功众筹的经典案例。宠宠熊于2012年创建,总部位于深圳,业务涵盖线上宠物用品销售、线下中高端宠物美容护理服务以及酒店式宠物寄养服务,同时计划筹建线下宠物医疗连锁和宠物社交,成为集电商、宠物美容连锁、宠物酒店连锁、宠物医疗连锁、宠物社交为一体的综合性品牌。该项目于2014年9月与云筹达成战略合作,启动A轮融资。于 9 月 12 日开始预热,10 月 11 日正式上线。出让股份 10%,整体估值 1 亿元。

① 创始人简介

徐成:曾任职德资企业销售总监等高管职务,2009 年创办服装公司,已有 500 多人团队,同时也是一位养宠人士。

吕少华:宠物业界人士,进入行业十年,2004 年开始创办宠物公司,2008 年起推出自有宠物保健品品牌。

② 企业概况

宠宠熊于 2012 年由徐成、吕少华二人联合创办,以电商起步,先后上线淘宝、天猫、京东等网店,主营各类宠物用品;2014 年成立线下宠物美容机构,专门为宠物提供高品质的美容护理服务以及酒店式宠物寄养服务,第一家门店于深圳南山区开设,凭借舒适的环境、标准化的服务以及透明的价格,宠宠熊在业内掀起一阵热潮,深受养宠人士喜爱。公司已拥有 12 家自营门店,分布在深圳、上海、重庆的中高端生活区。

③ 项目众筹情况

Mr.Bear 宠宠熊项目初始已完成天使轮融资 1 000 万元,本次 A 轮融资以后整体估值 1 亿元,计划在云筹上募资 1 000 万元,股份占比 10%,目前已成功融资,超募 197%。

(3)案例分析

两位创始人都处于事业的上升阶段,偶然的相识、共同的爱好让他们一拍即合,共同创建宠宠熊。徐成抽出了大量的精力和资源投入该项目,吕少华更是退出宠幸公司的管理,仅保留股东身份,全身心经营宠宠熊。这一切都源自于两人看到了行业的巨大前景,中国宠物行业正处于爆发性增长的前夕,两人的合作以期通过双方的努力共同打造中国宠物行业的领导者。

宠宠熊项目之所以一开始选择电商作为切入点,是因为综合了吕少华的产品优势和徐成在电商运营的优势。2013 年 9 月,项目方开始调整策略,店铺运营进入打基础阶段。2014 年 1 月到 7 月,月销售额从 50 万元左右增长到了 200 万元,保持每月 20%的复合增长率,行业排名从 100 来名进入到前20,毛利也很好地控制到盈亏平衡点。历经两年,宠宠熊在电商领域找到了自己的定位。电商是基于产品的买卖关系,很难和用户建立强黏度。宠物美容中洗澡修毛只是最基础的刚性需求,但宠物更需要毛发护理、spa、时尚造型等附加需求,这些需求也将大大地改变单价,而这样的服务在一个拥挤的杂货店内显然是无法施展的。

2014 年 4 月,宠宠熊的第一店在深圳试营业,全新的理念给业内带来一股风潮,体验的客户络绎不绝。该项目的模式经过验证是可行的,于是开始向全国推进。同时,宠宠熊项目已开始启动宠物酒店项目,在一个区域内给多个美容店的会员提供高端寄养服务。

宠宠熊以社交媒体的构建作为宣传的重点。2014 年 7 月起宠宠熊的微博以"熊叔、宠物摄影"为定位开始正式推广,当月策划的一次"熊叔为宠物画肖像"的活动获得了高关注,阅读量达到 600 多万,成功被新浪热门话题推荐,增粉数千。熊叔的形象深入人心,接下来持续打造"熊叔",并在此基础上建设和完善宠宠熊品牌的微博、微信、官网、app 为一体的社交媒体集群。电商,线下的宠物美容、酒店、医疗连锁机构,社交媒体,这三者当下均在独立布局,未来将会实现贯通。这就是宠宠熊想做的事情,宠物行业线上线下为一体的 O2O 项目。宠宠熊在打造一个宠物行业的综合品牌,有清晰的战略、充裕的资源以及管理和团队力量,有理由相信宠宠熊会站到行业的制高点。但同时,当行业发展到一定阶段的时候,除了综合性品牌,细分领域需要更多的专业选手。目前宠宠熊与一个拥有 50 万粉丝的微博账号达成了合作框架,完成微博账号、公司、品牌以及店铺的整体收购后,将其品牌更精准地定义为宠物医生,主力运作药品销售和医疗。

宠宠熊使用 O2O 模式。消费者成为会员后,即可享受免费接送服务。同时可以通过官网在线上购买宠物用品,由设立于各城市的仓库配送到门店,再由门店的司机配送到家。

8.4 问题项目盘点

众筹作为只有几年发展历史的行业,市场还远不成熟,大众认知程度也不够,众筹平台普遍面临着自身创业和发展的困难,为了生存,一些平台公布虚假信息,或者利用不正当的手段来为项目做宣传,造成了投资人利益受损,影响了平台的公信力,也打击了投资人对众筹行业的热情。以下列出曾出现过的较典型问题。

8.4.1 同一项目在多平台融资

存在着一个项目在多个平台同时融资的情况。多平台同时融资的含义是指,在同一时期内,同一公司或企业的同一项目在两个或两个以上的众筹平台上同时筹资的现象。从项目方角度考虑,这样可以快速筹集资金;从投资人角度考虑,不同的平台同时筹资可能会造成出让股份和项目估值的差异,从而使投资人利益受损;而对于平台方,项目上线之前的调研和审核花费了大量的人力和财力,却要与其他平台共分一杯羹。

如,某平台于 2015 年 1 月 29 日发布了股权型众筹项目"挂壁式折叠智能干衣机",该项目预期融资金额 52.6 万元,出让股份 13.15%,并于 2015 年 5 月众筹成功,完成意向投 71.5 万元,实际融资 52.6 万元。而另一个平台在 2015 年 3 月 2 日发起了"挂壁式折叠智能干衣机"的同名项目,发起人为同一公司,项目详情的介绍也是一模一样,不同的是在该平台项目的预期融资额为 8 万元,而出让股份有 20%。该项目于 2015 年 4 月 28 日完成众筹,认投金额 14 万元。

发起方在两个平台上发起了同一个项目,项目发起的时间一个为 2015 年 1 月至 2015 年 5 月,另一个为 2015 年 3 月至 2015 年 4 月,具有相重叠的时间,可见该项目在一个平台上融资的同时又在另一个平台融资。令人不解的是,既然是同一个项目,项目的估值也应相同,但该项目的估值却有很大的出入,一个估值为 400 万元,另一个估值为 40 万元。因为股权众筹的回报是按占股比例多少来分红,若股权分配不一致,在投后管理上将会出现很大的问题。

8.4.2 成功项目已筹金额为零

成功项目是表示有投资人支持并且支持额度达到了预期金额的项目。然而,有的平台上显示的成功项目并没有投资人支持或筹集资金总额为 0。这显然与成功项目的定义不符。这种问题出现的原因可能是平台方一时疏忽或为了增加成功项目数。但无论如何,这都是不应该出现的现象。

如某平台发布了由北京某游戏公司发起的一款名为"萌倾三国"的游戏

类众筹项目,项目回报为游戏道具,并于 2015 年 3 月 18 日显示筹资成功。然而该项目的支持人数为 0,已筹金额也为 0。

项目并未筹得任何资金,平台却将该项目列为成功项目,其原因可能是平台和项目方在线下已经完成投资洽谈,也可能是平台为了刷成功项目数故意为之。但此类项目确实不符合众筹的相关规定(众筹项目在限定时间内实际融资达到预期融资金额即可认为已成功)。仔细浏览不难发现,平台还有很多类似这样的项目——已筹为 0 元却被列为已成功。没有规矩不成方圆,众筹平台应在众筹的规则下做众筹,这样才能吸引更多的投资者,才能引导行业逐步走上规范化。

8.4.3 项目投资者人数超过规定

《公司法》规定,有限责任公司股东人数不能超过 50 人,股份有限公司股东不能超过 200 人;《证券法》规定,向不特定对象发行证券或向特定对象发行证券累计超过 200 人,均构成"公开发行",因此,利用互联网平台向公众融资,本身具有"向不特定对象发行证券"的特征。

而某些互联网非公开股权融资平台存在实际投资人数超过 200 人的项目。如某平台于 2015 年 10 月 21 日发起的股权型众筹某项目预期融资额为 3 000 万元,出让股份 3.75％,实际筹得 3 062 万元,网站显示 349 人参与投资该项目。根据投资意向列表和网站投资项目规定得到最终投资人数为 209 人,已超出《公司法》《证券法》的规定,对此类项目应当予以重视。

8.4.4 项目起止时间相同

项目的众筹周期不同,一般是项目发起人根据项目所属行业以及自己对项目的理解自行设置,但很少有把项目众筹周期定位一天的,即当天发布项目,当天必须筹集完成,否则项目失败。而有的项目开始时间和结束时间相同,甚至精确到同一分钟,这不免让人起疑,并重新审视这个项目的真实性。

如某平台在 2015 年 8 月 3 日 10 点 45 分上线众筹项目"BIM 培训项目",该项目动态里写明了必须在 2015 年 8 月 3 日 10 点 45 分之前筹得 15 万元才算成功。项目在某时上线,又在同一时刻结束,让人觉得不可思议。

像此类开始结束都在同一天的情形,可能存在以下几种原因:(1)平台信息披露有误,将项目上线时间或结束时间编辑错误;(2)平台或项目发起人擅自更改项目信息,众筹结束后修改材料;(3)项目方和平台方已经在线下和投资人或投资机构协商好投资计划,项目一上线便筹资成功;(4)项目足够吸引人,上线后马上疯抢,这种情况在影响力比较大的平台上时有发生;(5)虚假项目或测试项目,即不存在的项目,只是平台进行网站功能测试而发布的项目。

8.4.5 项目存在刷单现象

刷单现象起源于电商平台,店家为了增加店铺人气,特意请熟人或者专门的刷单水军来帮忙,将商品的人气短时间内抬高。将这一模式运用到众筹行业,也会产生虚假繁荣的错觉。尤其是权益众筹,刷单现象相对较多。项目发起人刷单目的在于吸引投资,增加项目人气。刷单的特点在于项目发起后能极短时间内迅速达到预期融资,投资人数极多而项目的留言、评论、咨询的问题却极少。

对于此类刷单现象,众筹平台是否知情也是众口不一。有人认为这只是项目发起方的个人行为,与平台无关;也有人认为是众筹平台催促的结果,即使没有内部人员直接参与,平台方也不得不承担监管不力的问责。

综上所述,众筹面临很多问题,以上问题形成的原因主要在于以下三个方面。

(1) 平台之间信息不对称,互相缺乏沟通和交流。目前众筹平台没有统一的组织形式,基本都属于单干型。虽业内已成立多家协会和机构,平台间也有不少合作,但这只是区域性的几家平台间的战略合作,缺乏全国性、联动性和具有号召力的监察机制,也没有对项目进行登记在册的相关规定,这导致绝大多数平台间沟通交流存在严重的信息壁垒,故而出现同一个项目在不同平台发起众筹,并且由此类情况导致的纠纷的投后处理办法也不健全和完善。

(2) 平台信息披露有误或故意篡改项目状态。众筹平台数量不断增加,为了能在众筹这片前景大好的蓝海中分得一杯羹,不少平台会做出不利于众筹行业发展的举动,其中不乏恶意竞争和过度宣传等行为,包括信息披露不全或有误、故意篡改数据、发布其他平台的项目、刷单炒作等。这种不公平竞争势必会误导缺乏经验的大众投资人,给投资人带来重大的损失。

（3）相关部门监管力度还不够强。众筹行业虽然整体上正在快速前行,但是如果缺少相关法律和政策的制约,很可能出现阻碍其健康发展的问题,最终只能惨淡收场。平台的信息透明化需要平台自我监管,整个众筹行业良性发展需要相关部门严格监管。在国家政府大力倡导"双创、四众"的背景下,相关部门要加大对众筹行业的监管力度,尽快出台管理办法,打击各种违法行为,使众筹行业在政策的引导下健康发展。

第九章 众筹的市场前景及未来趋势

9.1 众筹行业面临的共性问题

9.1.1 监管及行业规范缺失

（1）法律监管方面存在不确定性。众筹是人们在互联网上的一种合作行为，是向不确定的公众通过互联网上的众筹平台来募集项目资金的一种融资方式。而《公司法》规定，有限责任公司股东人数不能超过50人，股份有限公司股东不能超过200人；《证券法》规定，向不特定对象发行证券或向特定对象发行证券累计超过200人，均构成"公开发行"，因此，利用互联网平台向公众融资，本身具有"向不特定对象发行证券"的特征。目前监管层出台的仅是《征求意见稿》，证监会尚未真正核准。其次，融资方在众筹平台的众筹过程中是否涉及广告、公开劝诱等涉及非法集资的行为很难界定。目前众筹平台普遍采用有限合伙企业及股份代持制度，但股份代持制度中委托人和受托人之间可能存在权属纠纷问题，而成立有限合伙企业也存在被监管部门认为"披着合法形式的违法活动"的风险。此外，我国《公司法》和《证券法》等均未对私募及非法集资有明确定义，公募、私募与非法集资的界限相对模糊，实际操作时要区别对待的难度较大。

（2）某些行业具有特殊的管制。我国出版、影视、音乐等行业与国外有很大不同，出版、影视、音乐行业需要政府部门审批，不能像美国那样大规模众筹，反映在图书的出版上最为明显，即使通过众筹的方式，图书出版仍摆脱不了出版社，因此，这类项目的众筹就会受到一定的局限。

（3）众筹行业标准、规范及制度尚未建立。行业标准、规范及制度尚未建立之前，很多事情都处于模糊状态，需要平台自行决定。众筹平台的责任、义务及权利没有明确的规定，在众筹平台起步阶段，为了吸引投资人，平台往往夸大了自己的责任,包揽了众筹前、众筹中及众筹后的所有事情,这对于平台来说,是不现实也是不公平的;还有些平台为了防止恶意欺诈等风险,事先设定了一些"免责条款",但一旦出事,仍难逃脱监管不力之责;现在有些大的平台,根据在实践中积累的经验及教训,逐步建立起较为客观可行的规则,为将来行业标准的制订奠定了基础。

此外,学术研究未跟上众筹发展的速度,导致众筹各种概念混淆不清,政策解读较为随意,各家机构对众筹行业数据统计口径不一,这些都影响了行业的稳步发展。

9.1.2 征信体系尚不完善

所谓的征信就是专业化的、独立的第三方机构为个人或企业建立信用档案,依法采集、客观记录其信用信息,并依法对外提供信用信息服务的一种活动,实际上它提供了一个信用信息共享的平台。

传统银行业的征信系统主要是中国人民银行征信系统,包括企业信用信息基础数据库和个人信用信息基础数据库,但是征信在中国还处于初级阶段,央行个人征信系统共收录 8.5 亿人信息,其中仅 3 亿多人有信贷数据,其余 5 亿人没有信贷信息。由于所涉及企业和个人的数量有限以及评估的维度不足,使其难以满足当前互联网金融对征信的需求,特别是个人征信的缺失,金融欺诈犯罪等问题难以得到有效的防范。为此,2015 年 1 月,中国人民银行印发《关于做好个人征信业务准备工作的通知》,要求阿里、腾讯等互联网巨头在内的八家机构,做好个人征信业务的准备工作,并对腾讯征信有限公司、芝麻信用管理有限公司等 8 家企业发放了个人征信牌照。

个人及小企业征信对众筹平台风控管理影响重大,为此,2015 年,我国规模最大的实体店铺私募股权融资平台人人投创建了众筹行业首个诚信体系,该体系是以互联网为基础的与众筹业务相关的诚信认证体系,对众筹环节中的项目方、投资人、各类机构等进行信用备案。

人人投诚信认证体系主要是依托自身平台实体店铺融资人的诚信行为数据而建立的,并不能满足其他垂直领域或综合平台的征信需求。除此之外还应该建立领投人信用机制和领投黑名单制度,以防止领投人的欺诈行为。随着更多综合及垂直征信系统的建立,众筹行业的风控能力将会逐步提升。

9.1.3 知识产权保护不力

首先,知识产权侵权及滥用,直接影响发明人的创新动力,这是我国众筹优质项目少的主要原因之一。

我国的知识产权领域存在两方面问题:一方面是侵犯知识产权的行为较多,侵权假冒比较严重;另一方面,知识产权拥有人通过滥用知识产权来排除、限制竞争的情况也较多,特别是在互联网领域,而这两个问题都直接影响到创新者的积极性。目前,众筹平台困难之一就是优质项目太少,在优质项目少的情况下,为了平台的生存,有些平台不惜撮合无市场前景的项目,这直接影响到投资者利益。

其次,创业项目发布在众筹平台上,为了吸引投资,创业者会不同程度地展示创业构想、计划书、商业模式等,众筹平台也鼓励甚至硬性要求公布创业项目的细节,在吸引大量投资人的同时又泄露了商业秘密,过多创意创新的信息披露有可能导致他人抄袭,最终对初创企业造成极大的伤害。Kickstarter上就发生过一个名为"世界上最省钱的3D金属打印机"的项目,虽然上线三天就已经达到了融资目标,但由于平台要求提供创业细节,创业者出于知识产权保护,最终还是选择退出该平台的众筹。此外,众筹的另一大优势是使投资人分散投资,即投资人少量的资金可以投资多个项目,从而减少了投资的风险,但因此也衍生出另一个问题,某些投资者投资了相关行业的多个众筹项目,若有些项目存在竞争关系,就会增大把项目信息泄露给竞争对手的风险。

9.1.4 多层次众筹教育体系未形成

众筹行业在我国已有5年的发展历史,但目前仍是个非常小众的行业,虽然知道众筹两字的人数并不少,但真正了解众筹的人却不多,社会认知度低,参与众筹市场的人更少,行业交流一般局限于众筹从业人员之间。

众筹行业参与者的数量以及参与者的能力直接影响到行业的发展。现在,行业里越来越多的人认识到,众筹行业要发展,教育是根本。如中国人民大学杨东教授认为,2016年股权众筹两大核心是:监管和投资者教育;36氪副总裁欧阳浩认为,整个行业最核心的问题是信任问题,另一个是投资人教育问题;云投汇CEO董刚认为,为投资人创造价值的第一步,是做好投资人教育;智金汇CEO杨溢认为,除了跟投人需要教育,领投人也需要教育。

众筹的教育应该是全方位和多层次的,其中至少包括两方面的教育:第一,投资者教育,通过投资者教育,消除众筹的神秘性,理解众筹的本质,参与的方式及风险控制的方式等,使更多的人源源不断地参与到这个市场来;第二,对众筹的参与者进行不同程度的专业教育,参与者包括普通投资人、领投人、融资人、众筹平台从业人员甚至众筹行业周边相关行业人员。通过教育培训,使投资人认清众筹的风险,提高识别项目和保护相关权益的能力;使融资人学会如何在做好知识产权保护的情况下,进行充分的信息披露,掌握项目融资的技巧,自觉成为诚信守法的融资人;使平台运营商规避各种政策风险,识别欺诈虚假项目及融资人,提高平台的运营能力及服务能力等。

众筹网、京东众筹等一些大平台已着手众筹教育与培训,众筹网出资筹办了全球首家"众筹大学",通过邀请业界资深专家就"众筹模式下创业与投资"主题,对学员进行深入培训交流,目的是在公众领域普及众筹概念,培养创业者在众筹模式下的创业能力。而京东众筹创建了众创学院,包括众创集中营、众创GO窝、众创公开课等,都是为不同层次的创业者进行创业及相关的众筹教育。

9.1.5 科技创新能力不强

麦肯锡近期统计了中国和世界其他国家的2万家上市公司共31个行业的数据,得出结论:中国做得最好的是聚焦顾客和效率驱动的创新,但在工程的创新和科学的创新方面,还需付出很多努力[1]。也就是说,中国模式创新较多,但科学和技术创新能力不足。

科学和技术创新,需要深厚的知识积累。从知识积累上讲,中国国际科技论文数量和专利申请量都位居世界前列,中国拥有全球最大知识产权储量。但是《2012年中国有效专利年度报告》却显示:2012年中国创造水平及科技含量较高的发明专利比重只有15.7%,有效发明专利中,维持年限超过10年的只占4.8%,专利产业化率更是仅为5%左右。在这种情况下,改善产

---

[1] 麦肯锡.中国创新能力的真实水平[EB/OL]. http://www.wtoip.com/news/a/20160215/10060.html. 2016-02-15.

品,提升用户体验的"小创新"较多,而真正能够提升企业经营业绩的"中创新"不多,能够依托自主的关键核心技术,影响产业代际升级的变轨式、颠覆性创新,并足以改变一个行业,提升国家在该行业的整体竞争力,同时能对该行业的全球发展格局产生深远影响的"大创新"数量更少。

因此,很多投资人宁愿投实体店铺这类创新性不强、风险不大并且回报也不是很高的项目,而不敢投资看起来创新性较强的项目。

9.1.6 股权投资流动性差

天使投资或风险投资在进入企业时,就已经围绕退出建立起完善的投资机制。但是,通过众筹模式创办的企业非上市公司,股权投资周期长,投资者拥有的股权难转让交易。虽然第一章中提到,股权投资可以通过"并购退出、回购退出、首次公开上市退出、股权转让退出、单个投资人转让和有限合伙集体转让"几种方式退出,但在事实操作中,以上几种方式难度都很大。"并购退出、回购退出、首次公开上市退出"三种退出方式,对于初创企业是非常困难的;此外,由于众筹企业的相关信息不对外公开,外界很难对需转让的股权价值进行评估,投资人很难通过正常渠道找到接盘的投资人,也就是说,"股权转让退出、单个投资人转让和有限合伙集体转让"这后三种退出方式同样也不容易。各类型的股权交易市场也在建立和完善中,目前交易并不活跃,只有极少量的项目能利用这些渠道退出。

9.2 众筹平台运营中存在的问题

9.2.1 数据披露不完整或有歧义

众筹平台上,项目众筹过程中,预期融资金额、已认筹金额和实际认筹金额是必须明示的三个指标,预期融资金额是项目众筹之前设定的需要融资的金额,已认筹金额表示投资人已在平台上认筹的金额,只有最后项目融资成功,已认筹金额才能转化为实际认筹金额。有些平台模糊了后两者的界线,不注明实际认筹金额,导致行业统计中可能出现将已认筹金额作为实际认筹金额的现象。又如某平台的成功项目显示了其预期融资金额、最大预期融资金额和认筹金额,其实际融资额也未注明,但咨询平台后,平台方给出的解释是："第一,我平台上所有项目的筹资额是指认购金额,即真实发生下单行为的意向筹资金额,因我平台所有项目的认购都是强制要求缴纳保证金的,这点可能和其他平台不同,所以我们的认购额都是具备真实投资意向的金额;第二,成功项目的实际融资额,就是其目标筹资额,如果项目有最高目标筹资额且认购额超过这个最高额,那最终融资金额就是该最高目标筹资额;如果有最高额,但认购额未能超过最高额,那认购额就是实际融资额。"这与一般平台的统计口径具有较大的差异,但网站却不明确标示,而众筹行业报告研究机构一般都是直接抽取平台上数据进行行业数据统计和分析,这样势必造成很大的误差。

9.2.2 项目信息变动或前后矛盾

有的平台,为了使平台业绩看上去好看些,放上一些甚至大量的虚假项目,由于项目本身的不真实,导致项目来源不清,进度状态不明,数据相互矛盾。还有的平台为了增加平台的项目量,让用户自行上传项目,不设任何门槛,导致平台上项目混乱,大量上传的未经审核的项目与真实的项目混在一起,反而影响了用户体验。

有的平台还发生众筹状态变动或融资额变化的情况,如某平台曾公布的两个成功项目,之后突然变成了尽调状态。成功意味着项目融资完成,而尽调应该在项目众筹之初,时间的颠倒,会使平台的受信度受到影响。又如某平台上,曾经显示的是完成融资400万元,过了一段时间,却显示只有100万元,数据前后缺乏一致性。

2015年证监会对众筹行业进行专项检查期间,多个平台出现过原有成功项目下架或者数据变化的情况。

更多的项目问题参见本书的"8.4 问题项目盘点"。

9.2.3 信息组织或网页组织混乱

目前的众筹平台精力放在寻找项目和投资人上面,对网站的建设和信息组织普遍重视不够,有些平台信息组织混乱,用户体验不好,关键信息不易被发现。如某房产众筹专业平台,平台主页的右侧只显示5个项目,只有点击网页顶部广告条上很小的"参与众筹"四个字,才能看到更多的项目;而另一家平台,虽然有成功的融资项目,但在其主页上也很难看到其成功项目,其成功项目放在用户很难看到的位置。成功项目是最能体现平台能力的内容,是平台品牌的体现,平台应将其放在用户较容易看到的页面和位置。

9.2.4　平台的创投服务能力欠佳

众筹是互联网平台与投融资业务的结合,其业务本质是创业投融资服务。有些平台运营团队的背景是互联网,缺乏专业的投融资团队,在项目的前期风控审核评估以及项目的融后管理等方面,无法提出专业性的指导意见并做出有效的制度安排。从而因创投业务能力不足而影响服务。

9.2.5　平台互联网技术应用不够

大多数众筹平台未顾及到互联网技术的应用。众筹与传统 VC/PE 业务的不同点,除了面向更为广泛的人群以外,还有更多的优势,如用户数据更便于积累和分析,具有更多更高效的互联网传播手段、更为灵活和便捷的交易方式、更为透明的信息披露和后期监控方法、更为即时的用户交流沟通等。现在人人投、众筹界等极少数平台已注意到技术手段的应用,开发了财务监管系统、在线视频和监控系统,即通过软件实现监管的信息化,提高管理效率。但更多的平台只是简单的项目展示,在运用大数据、知识发现、协同合作等互联网技术来提高项目评估、平台管理及风险控制的效率方面,还未给予关注。

9.3　众筹行业发展的趋势及机遇

9.3.1　政策逐步明朗,行业走向规范

在政策和监管层面,近两年国务院多次在常务会议和文件中提及“开展股权众筹融资试点”,证监会多次在每周发布会谈起“股权众筹融资”,并出台了《意见征求稿》《指导意见》和《专项检查》等多项通知。随着众筹的快速发展,相关的法规、政策及监管办法会在 2016 年逐步出台。明确众筹的合法地位,将吸引更多的人参与到众筹中来。公募股权众筹的宣传和示范效应可能引发新一轮的股权投资热潮。同时,2016 年,中央政法委、公安部、金融监管

部门等会加大力度整顿市场,打击伪众筹和非法集资,行业将在整治和规范中发展。

9.3.2 行业呈现国际化发展趋势

众筹行业的国际化,意味着围绕众筹活动,将国内外资源及业务有效连接。国内外具有信息不对称以及技术差异和政策差异等问题,而这些差异化也意味着具有更多中间机会。目前已有机构将视野从国内扩展到国外,主要模式有:(1)国外项目引入国内投资,相当于引进国外先进技术。如定位于生物医药这一垂直细分领域的投壶网,在北美成立团队,寻找优质项目引入国内平台众筹,从而解决了国内优质项目少的痛点。(2)国外品牌引进来。博纳众投正在打算采用"众筹+商业地产+国外品牌"的模式。该平台通过国外品牌实体店铺众筹,将品牌实体店铺引入其商业广场。(3)国内众筹平台融资,投资国外的项目,如通过国内一家众筹平台,澳大利亚企业得到了中国境内投资者 2 000 万元人民币的股权投资;2015 年 8 月国内诞生了首家专注于海外商品及投资项目的众筹平台海筹啦,以邀请制的形式让生产商直接入驻海筹啦平台,发起众筹项目。通过海外供应商直供,还原一手底价;海外房地产众筹投资模式最近受到广泛的关注,该模式被认为是"房地产+海外投资+互联网金融"。(4)国外众筹平台到中国寻找项目。2015 年 12 月全球第二大众筹平台 Indiegogo 的中国项目加速计划(China Pilot Program)在深圳首发,目的是发现国内早期智能硬件创业公司,并帮助他们进行海外市场推广;越来越多的项目(主要是权益众筹项目)直接到国外融资,但股权融资由于政策问题,目前到国外融资的并不多。(5)国外资本投资国内众筹平台的项目。

9.3.3 出现更多的"行业+众筹"模式

现在已有平台属于"传统 VC/PE+众筹",也可以说是传统 VC/PE 的互联网+,如投壶网、爱就投、合伙圈等。随着互联网+的深入,今后会有更多的传统金融机构及投资机构通过与众筹的结合,走上行业转型升级之路。

除了金融机构及投资机构,其他很多行业可以与众筹结合,从而创新出更多的模式。在权益众筹的项目中可以看到,很多线下机构,通过众筹的方式,实现了线上线下的结合以及圈子的形成,众筹成为其营销的手段之一。

9.3.4 资源整合形成各自众筹生态

众筹发展已有 5 年的历史,但现在全行业仍面临着无盈利、参与者少等一系列问题。2015 年下半年开始,整个行业出现一种很好的态势,即不再过多地关注盈利,而是追本求源,认为培养市场整合资源才是最重要的事情。一些平台开始着手发展、整合自己的生态资源以构建生态闭环。这种生态圈的构建主要体现在三点:一是通过建立孵化器,联合创投机构、中介机构,开展投资和创业培训等形式,发现优质项目,同时培养合格投资人,如微投网与万科地产共同打造的首家"互联网+"主题孵化器;点筹金融自建孵化器,通过孵化器基地,带动农业众筹;e 人筹募集了 5 亿元的投资基金,建立孵化基地,自产自销项目。二是以内部资源为核心整合产业链,京东、淘宝这类电商具有供应端、销售端和物流端,他们更容易将这些资源与众筹整合起来。三是与各类交易市场建立衔接,除了已成立的浙江股权交易中心、天津股权交易所、上海股权交易中心、齐鲁股权交易中心、前海股权交易中心等多家股权交易中心外,还有垂直定位众筹的贵阳众筹金融交易所。平台或项目可以成为这些股权交易市场的交易目标的输送者和提供者。众投邦是与新三板对接最成功的平台,而信蓝筹、浙里投选择了区域性股权交易平台。

各平台依据自己的核心资源,进行内部和外部资源的整合,将形成各种不同的模式,原有资源具有优势的平台将形成强大的生态闭环。未来,行业围绕资源整合而发生的企业并购及合作等事件会增多,强者恒强,特色平台占据细分市场,而小平台面临被兼并或倒闭的风险。

9.3.5 技术创新及应用会有所提升

互联网技术实际上并没有很好地应用到众筹领域,因为众筹平台多是几十人的创业小公司,全行业不盈利也导致行业里很难吸引高技术人才,同时各平台精力都放在业务成交上,很少关注到技术的研发和应用。未来,众筹平台将会更务实地考虑如何通过互联网技术提高自身的运营能力。技术应用可以首先发生在最重要的三个方面:一是社交圈的构建,在平台等媒体上形成活跃和庞大的社交网络,增强平台的活跃度和用户黏性,现在平台将业务链条延伸到创业辅导等方面,有利于扩大人群,形成社区。二是大数据的应用,用户现在分散在不同的平台上,用户数据的整合及挖掘、用户分析将成为较大的众筹平台的日常业务,此外,在用户的信息服务、推送、项目推送及营销方面也会有所加强。三是资源共享方面的创新,现在各家平台都在做项目评估、投资者教育等完全一样的工作,因此合作共建和资源共享,会提高平台的运营效率。

9.3.6　行业出现更多的创新模式

众筹行业虽然处于亏损状态,但各平台一直在进行各种模式的尝试,有的模式已初见成效。未来,将会出现更多的模式创新,如在盈利模式方面,已出现了投壶网后端收费的模式,随着各大平台着手构建生态圈,业务体系更加丰富,服务链条更加完善,将会出现更多的盈利点;在机构合作方面,机构间的合作将更加紧密,并会派生出各种资源共建、共享模式;"四众"(众创、众包、众扶、众筹)融合的新业态有可能出现。2016 年 2 月,国务院办公厅发布《关于加快众创空间发展服务实体经济转型升级的指导意见》,众创、众包、众扶、众筹的核心是众筹,随着众筹的发展和政策的支持,众筹有可能会与众创、众包、众扶其他模式或平台融合,建立起一个以众筹为核心的"四众"生态体系。

推进大众创业、万众创新是增强发展新动能、促进社会就业、提高发展质量的重要途径,是实施创新驱动发展战略的重要支撑,众筹已不再是单纯的融资,它与创业创新紧密相连,中国众筹行业必将在我国新一轮产业升级和创新型国家建设中,发挥应有的作用。

参考文献

［1］Agrawal A.K., Catalini C., Goldfarb A. The geography of crowdfunding[J]. National Bureau of Economic Research, 2011.

［2］Alexander V.Sokolov. Russian Political. Crowdfunding[EB/OL]. http://muse.jhu.edu/login?auth=0&type=summary&url=/journals/demokratizatsiya/v023/23.2.sokolov.pdf.

［3］Andrea Ordanini, Lucia Miceli, Marta Pizzetti. Crowd-funding: transforming customers into investors through innovative service platforms[J]. Journal of Service Management, 2011, 22(4):443—470.

［4］Armin Schwienbacher, Benjamin Larralde. Crowdfunding of Small Entrepreneurial Venture[J]. Book chapter for Entrepreneurial Finance(ED. D.J. Cumming), Forthcoming at Oxford University Press, 2010.

［5］CROWDFUNDING IN MEXICO[EB/OL]. http://www10.iadb.org/intal/intalcdi/PE/2014/14161en.pdf.

［6］Crowdfunding's Potential for the Developing World. 2013. info Dev, Finance and Private Sector Development Department. Washington, DC: World Bank.

［7］Equity crowdfunding[EB/OL]. https://en.wikipedia.org/wiki/Equity_crowdfunding.

［8］Gordon Burtch, Anindya Ghose, Sunil Wattal. An Empirical Examination of the Antecedents and Consequences of Contribution Patterns in Crowd-Funded Markets[J]. Social Science Research Network, 2012.

［9］Hemer, Joachim. A snapshot on crowdfunding[J]. Working Papers Firms and Region R2, 2011.

［10］Hesuk Chun. Creative Project and Reward Based Crowdfunding: Determinants of Success, 2015.

［11］Ibrahima N, Verliyantina D. The model of crowdfunding to support small and micro susinesses in Indonesia through a web-based platform[J]. Procedia Economics and Finance, 2012.

［12］Jason Best, Sherwood Neiss, Davis Jones. How Crowdfund Investing Helps Solve Three Pressing Socioeconomic Challenges[R], www.gateimpact.com, 2012.

［13］Kevin Lawton and Dan Marom. The crowdfunding revolution: how to raise venture capital using social media. McGraw-Hill, New York, 2013, 224.

［14］Kickstarter[EB/OL]. https://en.wikipedia.org/wiki/kickstarter.

［15］Krisberg, Kim. The Nation's Health. Scientists Turn to Public to Gain Funding for Health Research: Passing the Hat, The Nation's Health, April 2015.

［16］Kuppuswamy V., Bayus B.L. Crowdfunding creative ideas: the dynamics of projects backers in Kickstarter[J], 2013.

［17］PATRYK GALUSZKA and VICTOR BYSTROV. Crowdfunding: A Case Study of a New Model of Financing Music Production. Faculty of Economics and Sociology, University of Lodz, Lodz, Poland. Journal of Internet Commerce, 2014.

［18］Pledge Music Looks To Change The Future Of The Album Release Digital Music News Digital Music News. Digitalmusicnews.com, 2014-01-30.

[19] T. Lambert, A. Schwienbacher. An empirical analysis of crowdfunding[J]. 2010.

[20] Tanya Prive. What is crowdfunding and how does it benefit the economy[J]. FORBES, 2012.

[21] 仇飞.众筹刷单:刷出虚假繁荣涉嫌侵权及不正当竞争[EB/OL]. http://tech.sina.com.cn/i/2015-04-16/doc-icczmvun9597664.shtml, 2015-04-16.

[22] 初创企业两种众筹模式解析:股权型与奖励型[EB/OL]. http://it.sohu.com/20140817/n403513798.shtml, 2014-08-17.

[23] 葱葱.辗转三年点名时间为何从智能硬件首发回归众筹[EB/OL]. http://tech.163.com/15/0916/01/B3JLDFHE000915BF_4.html, 2015-09-16.

[24] 大卫华.众筹思维:打造中小企业产融新模式.北京:中国财富出版社,2015.8.

[25] 东方早报.房地产众筹的功能与分类[EB/OL]. http://www.zhongchoujia.com/Article/eeec77d5-13de-4af5-b9bd-1815e65e49a7.html, 2015-09.

[26] 股权众筹正走向国际化提高平台自身竞争能力是关键[EB/OL]. http://toutiao.com/i6238703044670784002, 2016-01-12.

[27] 郭彦君,柴华奇,卢青.采用 FAHP 方法的国家高新区技术创新能力评价研究[J].现代制造工程,2009(4).

[28] 郭泽德.众筹出版模式对出版业创新的启示[J].出版发行研究,2014,08:57-59.

[29] 郭勤贵.股权众筹:创业融资模式颠覆与重构.北京:机械工业出版社,2015.5.

[30] 海草众筹.浅析股权众筹与新三板对接方式[EB/OL]. http://www.qianzhan.com/analyst/detail/463/150602-60739e88.html, 2015-06-02.

[31] 何国英,高炜.基于 AJAX 和 CSS 技术的教师在线评价系统设计[J].昆明学院学报,2013(6).

[32] 胡世良.众筹模式成功的关键要素[J].中国电信业,2015(1).

[33] 黄河,刘琳琳.出版众筹运作方式及发展路径[J].中国出版,2014,20:6-9.

[34] 黄升民,刘珊."互联网思维"之思维[J].现代传播(中国传媒大学学报),2015(2).

[35] 揭秘京东众筹是如何建立创业孵化产业链[EB/OL]. http://news.pedaily.cn/201412/20141226375919.shtml, 2014-12-26.

[36] 康斯坦丁.被刷单毁掉的众筹路在何方?[EB/OL]. http://kangsitanding.baijia.baidu.com/article/56928, 2015-05-05.

[37] 科技产品众筹:成功须知[EB/OL]. http://ianpo.com/article-8601.html.

[38] 雷华顺.众筹融资之信息失灵与制度克服[J].征信,2015(4).

[39] 李建军,张雨晨.众筹与小微经济体融资的匹配性——基于信息搜寻的视角[J].河北经贸大学学报,2014(6).

[40] 李雪静.众筹融资模式的发展探析[J].上海金融学院学报,2013.

[41] 李湛威.股权众筹平台运营模式比较与风控机制探讨[J].当代经济,2015(5).

[42] 理奥资讯.淘宝科技众筹,硬件创业的春天来了[EB/OL]. http://mt.sohu.com/20150316/n409876287.shtml, 2015-03-16.

[43] 林成刚,黄春荣,谢刚,唐亮东.科技计划项目的定量评价方法优化探讨[J].软科学,2012,27(7).

[44] 零壹财经.2015 中国互联网众筹年度报告:股权众筹规模暴增 5 倍[EB/OL]. http://01caijing.baijia.baidu.com/article/329138, 2015-2-24.

[45] 零壹财经.众筹服务行业白皮书 2014[M],2014.

[46] 刘希宋,曹霞,李大震.风险投资及投资风险评价[J].中国软科学,2000.

(3):42.

[47] 刘子仪.中美股权众筹平台商业模式对比分析[J].经济师,2016(1):118—119.

[48] 罗显华.图书出版与众筹模式[J].出版参考,2014,21:22—23+25.

[49] 马旭晨,马尔航.构建项目评估体系的探讨[J].项目管理技术,2009,7(12).

[50] 麦肯锡.中国创新能力的真实水平[EB/OL].http://www.wtoip.com/news/a/20160215/10060.html,2016-02-15.

[51] 苗文龙,严复雷.众筹融资、项目选择与技术进步[J].金融经济学研究,2014(04):118—128.

[52] 盘点2015股权众筹元年:标志性四大转折[EB/OL].http://tech.163.com/15/1222/19/BBFCJ1GT000948V8.html,2015-12-22.

[53] 戚安邦,陈海龙.项目评估学知识体系的起源、构成及现有缺陷分析[J].项目管理技术,2012(7).

[54] 任翔.众筹与出版新思维——欧美众筹出版的现状与问题[J].科技与出版,2014,05:4—7.

[55] 山西财经大学法学院、晋商研究院.国外是如何监管股权众筹的[EB/OL].http://zhongchou.hexun.com/2016-02-09/182170416.html,2015-10-09.

[56] 盛佳,柯斌等.众筹:传统融资模式颠覆与创新.北京:机械工业出版社,2015.5.

[57] 施慧洪.众筹的典型模式及案例解析[J].商业经济研究,2015(16).

[58] 汤佳.众筹平台的商业模式研究[D].广州:暨南大学,2015.

[59] 特权使用[EB/OL].http://www.chinaroyalties.com.

[60] 腾讯网.美SEC新规:创业公司最多可众筹5 000万美元[EB/OL].http://www.5pao.com/theuser/hydetail-49185.html,2015-03-29.

[61] 王安琪."互联网＋"背景下农业众筹面临的机遇与挑战——以"大家种"网为例[J].电子商务,2015,09:42-43+79.

[62] 王曙光,贺潇,贾镝.众筹模式的激励相容、运作机制与风险监管[J].金融与经济,2015(3).

[63] 王啸,马妍妍.股权众筹的美国经验与本土之路[EB/OL].http://zhongchou.hexun.com/2016-01-25/181992370.html,2016-01-25.

[64] 魏可新.大众参与众筹行为影响因素的实证研究[D].杭州:浙江财经大学,2013.

[65] 吴雁飞.浅析互联网进入电影产业后带来的颠覆性发展变化[J].视听,2015(03).

[66] 吴有祯.项目评估中敏感性和风险分析方法运用[J].西南民族大学学报(人文社科版),2006,27(9).

[67] 徐孟南.商家曝京东众筹刷单细节:官方暗示拒退款[EB/OL].http://bbs.paidai.com/topic/376685,2015-05-12.

[68] 徐琦,杨丽萍.大数据解读国内众筹出版的现状与问题[J].科技与出版,2014,11:14—20.

[69] 徐珊."众筹"救梦[J].二十一世纪商业评论,2012,(8):76—77.

[70] 徐宪平.风险投资的风险评价与控制[J].中国管理科学,2001.9(4):75—80.

[71] 徐艳.众筹出版发展趋势研究[J].青年记者,2014,24:110—111.

[72] 杨明.论中国股权众筹模式的法律定位与监管[D].北京:中国社会科学院,2014.

[73] 尹煜.股权众筹平台的盈利模式[EB/OL]. http://www.360doc.com/content/15/0608/09/20625606_476473338.shtml, 2015-06-08.

[74] 于延磊,潘旭华.国内外众筹发展的对比分析[J].电子商务,2015(1):29-31.

[75] 袁毅.2015中国众筹行业报告[R].上海:人创咨询,2015.

[76] 岳品莹.盘点众筹最火的6个领域[EB/OL]. http://www.enet.com.cn/article/2014/0821/A20140821403926.shtml, 2014-08-22.

[77] 张国政,杨青.风险企业价值评估体系及模糊综合评价[J].武汉理工大学学报,2004, 17(1).

[78] 张吉军.模糊层次分析法(FAHP)[J].模糊系统与数学,2000, 14(2):80—88.

[79] 张立红.众筹出版:互联网助力纸媒出版[J].科技与出版,2014, 05:14—17.

[80] 张书勤.众筹出版运营机制探析[J].科技与出版,2014, 05:22—25.

[81] 张新钰."大家投"网众筹融资模式分析[D].辽宁大学,2014.

[82] 张新钰."大家投"网众筹融资模式分析[D].沈阳:辽宁大学,2014.

[83] 赵树宽,耿希海,尹兆明.工业产品竞争能力分析及指标体系研究[J].山东工业大学学报,2000, 30(2).

[84] 赵泳梅.众筹中投资者参与动机影响因素的研究[D].北京:对外经济贸易大学,2013.

[85] 中国报告大厅.房地产现状及2015年我国房地产行业发展趋势分析[EB/OL]. http://www.chinabgao.com/k/fangdichan/14938.html, 2015-01-08.

[86] 中国大金融高峰论坛.中国权益众筹行业研究报告[EB/OL]. http://mp.weixin.qq.com/s?_biz=MjM5MDUzODczNA==&mid=204620120&idx=2&sn=bea95ad3029fb999dc2926bacf690a10&scene=1&srcid=0604PmOiiYVjGHMhGdgovsBD#wechat_redirect, 2015-03-23.

[87] 中国电商研究中心.股权众筹流动性难题如何破解[EB/OL]. http://www.askci.com/news/2015/11/19/1584689ug.shtml, 2015-11-19.

[88] 中国电子商务研究中心.分析:"房地产众筹"六大模式详解[EB/OL]. http://b2b.toocle.com/detail-6255253.html, 2015-06-04.

[89] 中国电子商务研究中心.分析:JOBS法案第三部分对我国众筹行业会有什么影响? [EB/OL]. http://b2b.toocle.com/detail-6289498.html, 2015-11-05.

[90] 中国电子银行网.法国众筹立法与监管介绍[EB/OL]. http://efinance.cebnet.com.cn/20141222/101102526.html, 2014-12-22.

[91] 中国国际金融法网.股权众筹专题[EB/OL]. http://chifl.shufe.edu.cn/structure/rdgz/gnjrsc_content_175748_1.htm, 2015-08-11.

[92] 中国投资咨询网.加拿大众筹市场靠什么赚钱盛宴还是泡沫? [EB/OL]. http://www.ocn.com.cn/qiche/201506/twloo19142752.shtml, 2015-06-19.

[93] 中国信息通信研究院.《国务院关于加快构建大众创业万众创新支撑平台的指导意见》解读[EB/OL]. http://www.miit.gov.cn/n1146290/n1146402/n1146445/c4325532/content.html, 2015-09-28.

[94] 中国音乐财经网.一千个"粉丝"与音乐互联效应[EB/OL]. http://www.chinambn.com/show-153.html, 2014-09-03.

[95] 众筹被玩坏了,股权众筹的颠覆遭质疑[EB/OL]. http://caijing.qlwb.com.cn/2015/1118/497027.shtml, 2015-11-27.

[96] 众筹发展四大新趋势:服务综合化、社交化、垂直化、营销化[EB/OL]. http://news.pedaily.cn/201407/20140714368462.shtml, 2014-07-14.

[97] 众筹眼.参与房产众筹要注意哪些问题[EB/OL]. http://www.zhongchouyan.com/zcfc/1025.html, 2015-05-09.

[98] 周硕.一小时破百万有你的贡献? 众筹乱象你了解了吗? [EB/OL]. http://tech.qq.com/a/20150521/008733.htm, 2015-05-21.

[99] 邹辉文,陈德锦,张玉臣.风险投资项目的终选方法和评估指标[J].科研管理,2002, 23(5):104—109.

图书在版编目(CIP)数据

中国众筹行业发展报告.2016/袁毅,杨勇,陈亮
著.—上海:上海人民出版社,2016
ISBN 978-7-208-13840-7

Ⅰ.①中… Ⅱ.①袁… ②杨… ③陈… Ⅲ.①融资模
式-研究报告-中国-2016 Ⅳ.①F832.48

中国版本图书馆CIP数据核字(2016)第121200号

策　　划　吴　申
责任编辑　曹怡波　赵蔚华
封面设计　张志全

中国众筹行业发展报告(2016)
袁　毅　杨　勇　陈　亮 著
世 纪 出 版 集 团
上海人民出版社出版
(200001　上海福建中路193号　www.ewen.co)
世纪出版集团发行中心发行　　上海商务联西印刷有限公司印刷
开本720×1000　1/16　印张20　插页4　字数300,000
2016年6月第1版　2016年6月第1次印刷
ISBN 978-7-208-13840-7/F·2381
定价 56.00元